FATİH'İN KANATLARI

-Roman-

Yusuf DURSUN

nar yayınları

© Nar Yayınları, 2014

Bu kitabın yayın hakları
Nar Yayınları'na aittir.
Şirketin yazılı izni olmaksızın
elektronik, mekanik, fotokopi ya da
herhangi bir kayıt sistemi ile çoğaltılması,
yayılması, işlenmesi ve depolanması yasaktır.

Nar Yayınları	: 389
Dizi	: Roman
Dizi No	: 17
Kapak Tasarım	: Hüseyin Özkan
Baskı ve Cilt	: Özener Matbaacılık, Kale İş Merkezi Topkapı-İstanbul, Tel: 0212 481 97 88
Birinci Baskı	: Şubat 2014, İstanbul

T.C. Kültür Bakanlığı Sertifika No: 14734

© Nar Yayınları Müzik Film ve Reklamcılık Ltd. Şti.
Ankara Cad. Vilayet Han 10/204 Cağaloğlu / İstanbul
Tel.: (0212) 512 37 69 Faks: (0212) 512 31 42
www.naryayinlari.com / info@naryayinlari.com

FATİH'İN KANATLARI

-Roman-

Yusuf DURSUN

nar yayınları

YUSUF DURSUN

1949 Yozgat Musabeyli doğumlu olan yazar; 1968'de Yozgat Öğretmen Okulunu, 1971'de Erzurum Eğitim Enstitüsü Türkçe Bölümünü, 1991'de Anadolu Üniversitesi Lisans Tamamlama Programını bitirdi,1996'da Türk Dili ve Edebiyatı öğretmenliğinden emekli oldu.

Şiir dalında birçok ödülü bulunan yazarın bazı şiirleri bestelenmiş, bazı şiirleri de ders kitaplarına girmiştir. 2009 ESKADER (Edebiyat Sanat Kültür Araştırmaları Derneği) ÇOCUK EDEBİYATI ÖDÜLÜ sahibi olan Yusuf Dursun; şiir, masal, hikâye ve roman türlerindeki eserleriyle Türk edebiyatına hizmete devam etmektedir.

Yayınlanmış eserlerinden bazıları:

1. *Ninnilerde Büyümek (Şiir, Milli Eğitim Bakanlığı Yayınları, 2000.)*
2. *Bir Goncadır Peygamberim (Şiir, Nehir Yayınları, 2005.)*
3. *Peygamber Çiçekleri (Şiir, Nehir Yayınları, 2005.)*
4. *Kuş Yuvası Yüreğim (Şiir, Nar Yayınları, 2006.)*
5. *En Gür Seda – İstiklal Marşı (Çocuk romanı, Nar Yayınları, 2006.)*
6. *Yarınlarla Gel (Şiir, Nar Yayınları, 2007.)*
7. *Gönül Coğrafyası (Şiir, Nar Yayınları, 2007)*
8. *Masal Okulu (Masal, Nar Yayınları, 2007.)*
9. *Tatlı mı Tatlı Duam Kanatlı/Çocuk ve Dua (Hikâye, Timaş Yay. 2008.)*
10. *Yıldız Gözlü Melek Yüzlü Şiirler (Şiir, Nesil Yayınları, 2009.)*
11. *Masal Doktoru Serisi, 3 kitap (Masal, Nar Yayınları, 2009.)*
12. *Sultandım Fatih Oldum (Roman, Nar Yayınları, 2009.)*
13. *Kutlu Günlerim Mutlu Gecelerim (Hikâye, Timaş Yay., 2010.)*
14. *Anadolu Fatihi Sultan Alp Arslan (Roman, Nar Yayınları, 2011.)*
15. *Bir İncidir İstanbul (Roman, Nar Yayınları, 2011.)*
16. *Benim Canım Anadolu'm (Şiir, Gonca Yayınları, 2011.)*
17. *Babamın Oyuncakları (Şiir, Gonca Yayınları, 2012.)*
18. *Cennet Kapısı Çanakkale (Roman, Nar Yayınları, 2013.)*
19. *Çocukluğum Sobe (Roman, Nar Yayınları, 2013.)*
20. *Aşk İsterse (Şiir, Nar Yayınları, 2013.)*

www.yusufdursun.com.tr
yusufdursun66@gmail.com

İçindekiler

1. Bölüm
Fetih Rüyası

Küpünü Doldurman Gerek / 9
Fetih Aşkına / 15
Ninni Yavrum Mehmet'im / 18
Her Doğumla Dünya Yeniden Kurulur / 24
Şehzadeler Size Emanet / 28
Amasya'da Üç Şehzade / 31
İlk Ders / 34
Cennet Nasıl Bir Yer? / 37
Sadece Mehmet'im / 41
Ver Elini Manisa / 46
Şehzade Mehmet Dersten Kaçar Mı? / 50
Kol Kırılır Yen İçinde Kalır / 54
Bu Hoca Başka / 58
Aramızda Kalsın / 63
Haberler... Haberler / 66
Gerektir ki Köşeme Çekileyim / 70
Bahçede Bir Gezinti / 75
Şehzade Mehmet Padişah Oluyor / 80
Padişahlık Stajı / 85
Hristiyanlar Bayram Ediyor / 88
Bu Çocuk Bu Savaşı Kazanamaz / 90
Şehzade'nin Düğünü / 103
Babanız Öldü Siz Sağ Olun Padişahım / 106

2. Bölüm
Fetih Aşkına

Beni Seven Arkamdan Gelsin / 113
Şehzade Mehmet Padişah Oluyor / 119

İlk Günler İlk İcraat / 123
Topçu Ustası Urban / 131
Bizans'ın Kalbini Ver Bana Paşa! / 134
Kaldır Başını Yeniçeri / 139
Çoban Kavgası / 144
Toplar Dökülüyor / 147
Bu İş Olmadan Asla! / 152
Toplar Taşınıyor / 157
Korku Dağlardan Büyük / 159
Harekette Bereket Vardır / 166
Kuşatma Günlüğü / 169
Ulubatlı Hasan Burçlarda / 226
Delinir Topkapı Yollar Açılır / 228

3. Bölüm
Yeniçağ Fatihi
Ayasofya'da Cuma Namazı / 233
Fetihnameler / 239
Avrupa Kan Ağlıyor / 244
Ahidnameler / 246
Doğruyu Söylemenin Cezası / 250
Fatih Kanunnamesi / 253
Şehrin Çehresi Değişiyor / 254
Fetihten Sonra... / 261
Şair Padişah / 265
Acıyı Bal Eylemek / 271
Padişahın Eli Kesile... / 273
Fetih Aşkı Bitmez / 277
Fatihler de Ölür... / 284

1. BÖLÜM
FETİH RÜYASI

KÜPÜNÜ DOLDURMAN GEREK

Genç yazar, hayranı olduğu usta yazarın ölüm haberini almıştı. Aslında bu, beklediği bir haberdi. Ölümün kime, ne zaman, nasıl geleceği belli olmazdı ama ustası yerine koyduğu yazarın durumu çoktan beridir ciddiydi. Hatta ülkenin Cumhurbaşkanı kendisini ziyarete gelmişti. İki hafta sonra da hastane yönetiminden beklenen açıklama geldi: "Türk edebiyatının usta kalemi, yakalandığı amansız hastalığa yenik düşerek bu dünyadaki ömrünü tamamlamıştır. Merhuma Allah'tan rahmet, kalanlarına ve sevenlerine başsağlığı dileriz."

Genç yazar, bu haberi aldığında karışık duygular içine girdi. Böyle bir durumda ne yapılır, bilmiyordu. Bildiği tek şey ustasının cenaze namazına katılması gerektiğiydi. Cenaze namazının, cuma namazının ardından Fatih Camii'nde kılınacağı, sonra da cenazenin Eyüp Sultan Mezarlığı'na defnedileceği sosyal medya aracılığıyla duyurulmuştu. Cep telefonlarına ardı ardına gelen mesajlar da aynı konuyu işliyordu.

Ramazanın son günlerine yaklaşılmıştı. Günlerden cumaydı, bir gün sonra Kadir Gecesi idrak edilecekti. Ağustos ayının bu ilk günlerinde İstanbul'da hatırı sayılır bir sıcaklık vardı. Genç yazar, kendini Fatih Camii'nin avlusunda bulduğunda cenaze henüz camiye getirilmemişti.

Avluda kısa bir tur attı. Cuma namazına bir saatten fazla bir zaman vardı. Ani bir kararla Fatih Sultan Mehmet Han'ın türbesine yöneldi. Türbe, avlunun aksine serin olmalıydı. Ağır adımlarla içeri girdi. Yanılmamıştı. Burası, insanın içini bile serinletiyordu.

Fatih Sultan Mehmet Han'ın gümüş bir çerçeve içine alınan devasa sandukası, türbenin tam ortasındaydı ve üstündeki sim işlemeli puşideyle etrafa uhrevi bir hava vermekteydi. Sandukanın baş ve ayakucuna yerleştirilen gümüş şamdanlar, kubbeden sarkan avize, pencereleri süsleyen hakiki kadifeden perdeler, insanda hayranlık uyandırıyordu. Evet, bunlar muhteşem şeylerdi fakat yok olmaya mahkûmdu. Yok olmayan tek şey, işte bu sandukanın içinde ebedi hayatını yaşayan Fatih Sultan Mehmet'in İstanbul'u fethederek dünyaya yeni bir çağ hediye etmesiydi.

Huşu içinde dua eden, Kur'an okuyan, el bağlayıp divan duran insanlar, sandukanın çevresini sarmıştı. Bu insanların ortak bir özelliği vardı: Hepsi de İstanbul fatihinin huzurunda olduğunun bilincindeydi. Hepsi de omuzlarında Hazreti Muhammed'in (sav) müjdesine kavuşan bu dini bütün padişahın huzurunda bulunmanın ağırlığını hissediyordu.

Genç yazar bir köşeye çekildi, gönülden gelen bir sesle dua etmeye başladı:

"Ya Rabbi,
Cennetmekân Fatih Sultan Mehmet Han'ın hürmetine, yine Senin izninle, birazdan cenaze namazını kılacağımız ustamın günahlarını affeyle, kabir azabını kaldır, makamını cennet eyle."

Biraz durakladıktan sonra bu sefer mahcup bir edayla duaya devam etti:

"Ya Rabbi,
Sana malumdur ki ben de iyi bir yazar olmak istiyorum. Ustam gibi ben de eserlerimle bu millete hizmet etmek niyetindeyim. Fakat ne yazık ki yazdığım ilk romanı basacak bir yayınevi bulamadım. Kime gittiysem sadece nasihat aldım. Henüz çok gençmişim. Kitap bastırmak için acele etmem doğru değilmiş. Önce küpümü doldurmalı, sonra boşaltmalıymışım.
Ya Rabbi,
Küpümü doldurmam için bana yardım et.
Senin her şeye gücün yeter.
Âmin"

Türbeden çıktığında cuma namazına yarım saatten fazla bir zaman vardı. Bu sefer doğrudan camiye yöneldi. İçeri girdi. Fatih Camii'nde restorasyan çalışması yeni bitmişti. Cami, âdeta ışıl ışıl parlıyordu. Böyle bir padişaha böyle bir cami yaraşır, diye düşündü. Cemaat, akın akın içeriyi dolduruyordu. Vaiz, bütün samimiyetiyle dünya hayatının geçiciliğinden bahsediyordu. Asıl ebedi hayat, bizi beklemekteydi. Üstelik ebedi hayatın geri dönüşü de yoktu. İnsanlar, orada bu dünyadan götürdüklerine göre yaşayacaklardı. Bütün mesele iki kelimeyle özetleniyordu: İman etmek ve çalışmak.

Genç yazar, bir an kendini düşündü. İmanından şüphesi yoktu. Ama çalışmak? İşte bundan emin değildi. Daha çok çalışması gerektiğini biliyordu. Huşu içinde bir karar verdi: Çok çalışacaktı, hem de çok.

Namaz bitip de avluya çıktığında sıcaktan bunalır gibi oldu. Cenaze namazı için kendine güçlükle bir yer buldu. Çevresinde tanıdık simalar vardı. Fakat bunların çoğu genç yazarı tanımıyordu bile. Olsun, dedi içinden; gün gelir, tanıtırım kendimi.

Birkaç bakan ve milletvekiliyle İstanbul Valisi de gelmişti cenaze namazına. Onların bu davranışları hoşuna gitti, hatta bundan garip bir haz bile duydu. Bu sefer de kendi cenaze namazını düşündü. Acaba, dedi içinden, benim cenaze namazım nasıl olacak? İnşallah iyi olur, dedi; bu, biraz da bana bağlı, benim çalışmama... İş, dönüp dolaşıp çalışmaya geliyordu. Aldığı kararı tekrarladı: Hiçbir zamanını boşa geçirmeyecek, başarılı bir yazar olmak için elinden geleni yapacaktı.

Cenaze namazı kılındı. İmam, ebedi hayatla ilgili kısa bir konuşma yaptı. Tabut, eller üstünde cenaze arabasına taşındı. Servisler, isteyenleri Eyüp Sultan Mezarlığı'na taşıdı. Genç yazar da mezarlığa gidenler arasındaydı. Cenaze, mezara indirilirken imam efendi Kur'an okudu ve kısa bir konuşma yaptı: "Mezarda, ölüye sorulacak ilk sorular Rabbi, dini ve peygamberi hakkında olacaktır. Bunlara doğru cevaplar veren, mahşer gününü, sanki bir cennet bahçesindeymiş gibi bekler. Veremeyen ise..."

İmam efendinin bu sözleri, genç yazarın kafasında şimşek gibi çaktı. Demek ki ustasına da öncelikle bunlar sorulacaktı. Sorulardan hiçbiri, yazarlığıyla ilgili değildi! İyi bir yazar olmanın, insanlığa faydalı eser bırakmanın ne kadar önemli olduğunu biliyordu. Bu sayede insanın amel defteri kapanmaz, sevaplar hanesi doldukça dolardı. Ama işte, kabirdeki ilk sorular bunlara ait değildi. Öyleyse diye düşündü, iyi bir yazar olmadan önce iyi bir Müslüman olmak gerekiyor, gerisi zaten kendiliğinden gelir.

Rahatlamıştı. Üstünden ağır bir yükün kalktığını hissetti. Dönüş yolunda da içindeki huzur, yüzüne yansımıştı. Etrafa daha bir sevgiyle bakıyordu.

Genç yazar bu düşüncelerle evine gitti. Annesi,
- Oğlum, hâline bakılırsa eğlenceden geliyorsun.
- Hayır anne, cenazeden geliyorum.
- Yüzündeki gülümseme öyle demiyor ama...
- Ha o mu, bir karar verdim de...
- Yoksa evlenmeye mi karar verdin?
- Aman anne, hele dur, onun da zamanı gelecek.
- Zamanı gelecek... Eh buna da şükür... Eskiden bunu da söylemezdin.
- Kısmet anne, zamanı gelince bakarız.
- Ne karar verdin öyleyse?
- Çok çalışacağım.
- Bu muydu seni gülümseten?
- Buydu anne, önce iyi bir Müslüman sonra iyi bir yazar olmak için çok çalışacağım.
- Şimdi oldu işte. O zaman Allah da sana yardım eder.
- Sen de yardım edersin değil mi anne?
- Ederim de yavrum ben ne anlarım yazarlıktan?
- Sofrayı hazırlayabilirsin mesela. O kadar acıktım ki...
- İlahi çocuk, istediğin sofra olsun. Sen şöyle biraz dinlen. Yarım saat içinde sofra hazır.

Yemekler yendi. Çaylar içildi. Sohbetler edildi. Yatma vakti geldi. Genç adam, yatakta bir sağa, bir sola dönüyor, gözüne bir türlü uyku girmiyordu. O gün yaşadıklarını düşündü. Aldığı kararı hatırladı. Yayıncıların basmadığı romanı geldi aklına. Ondan vazgeçmeliydi. Zor bir şeydi bir yazarın eserinden vazgeçmesi, ama yapmalıydı bunu. Demek ki henüz küpü dolmamıştı. Yayıncılar eseri geri çevirmekte haklı olabilirdi. Yeni bir konu bulmalı, onun üzerinde çalışmalıydı. Yeni bir konu? Yazacağı yeni konu ne olmalıydı? Birden ustasından dinlediği bir sözü hatırladı: "Neyi yazdığın değil, nasıl yazdığın önemlidir." Öyledir de insan, önce kendi içine sinen bir konuda daha başarılı olmaz mıydı? Olurdu elbette. Kendi içine sinen, gönlüne taht kuracak bir konu bulmalıydı. Bu düşüncelerle ne kadar zaman geçti bilinmez, uykuya yenik düştü.

FETİH AŞKINA

Genç yazar için bu geceki uyku da farklıydı. Gün boyu yaşadığı olaylar birer birer rüyasına giriyordu. Üzüntüyü ve mutluluğu bir arada yaşıyordu rüyalarında. Ustasının ölümüne ne kadar üzülmüşse aldığı karara o kadar seviniyordu. Küpünü dolduracak, sonra bir pınardan akan billur sular gibi bir eser verecekti. Fakat henüz hangi konuda yazacağına karar verememişti.

Komşu camiden gelen ezan sesiyle uyandı. Müezzin, etkili bir sesle sabah ezanını okuyordu. Derhal kalktı, abdest aldı, caminin yolunu tuttu. Giderken annesinin, "Ya Rabbim, bana bu günleri de gösterdin ya Sana binlerce şükür... Oğlum, namaza camiye gidiyor." deyişini duymadı bile. Namaz dönüşü yeniden uykunun kollarında buldu kendini. Aradan kısa bir zaman geçmişti ki rüyasında yemyeşil kırlarda gezindiğini gördü. Etraf, mis gibi bahar kokuyordu. Çevreye göz attığında acayip kıyafetli askerlerin nöbet tutmakta olduklarını gördü. İçlerinden birinin buyurgan sesini duydu:

- Hey sen, destur almadan ne gezersin burada?
- Destur almak da ne demek?
- Bre densiz, bilmez misin destur almak, izin almak demektir?
- Öyle söylesene kardeşim.
- Anlamadığına göre yabancı olmalısın.

- Hayır, buralıyım, İstanbullu.
- Güldürme beni, buralarda İstanbul diye bir yer yok!
- İstanbulluyum dedim ya, Haliç'in yakınlarından.
- Demek Haliç'in yakınlarındansın. Konstantiniyye'denim desene şuna.

Genç yazar bir an düşündü. Galiba konuyu anlamıştı. Bu askerler, İstanbul'un fethinden önceki bir zamanda yaşıyorlardı. Ya korumakta oldukları şu çocuk kimdi? Etrafındaki onca yetişkin insan kime hizmet ediyordu? Birisi, çocuğun eline yay ve ok veriyor, diğeri hedef tahtasını ayarlıyordu. Çocuk kendinden beklenmeyen bir kuvvetle yayı geriyor, geriyor, bir müddet öyle bekliyordu. Bu arada nefesler tutuluyordu. Duyulur duyulmaz bir sesle "Bismillah!" diyen çocuk büyük bir hışımla fırlatıyordu oku. Okun vınlama sesi, gökyüzüne yayılan "FETİH AŞKINA'" sözüyle karışıyor, sakin gökyüzü birden bulutlanıyor, kızgın bir şimşek, alevlerini âdeta hedef tahtasının üstüne yağdırıyordu.

Hedef tahtasının ortasına yazılan "Konstantiniyye" kelimesi tam ortasından vurulmuş ve "n" harfi paramparça olmuştu.

Şaşkınlık içinde kalan genç adam, askere sormadan edemedi:

- Sizler, Fatih'in askerleri olmalısınız. Bu çocuk da Fatih...
- Yine yanıldın, ama bu seferki güzel bir yanılma. Bizler, Şehzade Mehmet'in askerleriyiz. Şehzade'miz, önce padişah olacak, sonra inşallah Konstantiniyye'yi fethederek gerçek bir fatih olacaktır. Şimdilik sadece Şehzade Mehmet'tir.

Genç yazar, şimdi hangi zamanda ve nerede olduğunu çok iyi anlıyordu. Yaşına bakılırsa Şehzade Mehmet, Ma-

nisa Sancakbeyi'dir ve Konstantiniyye Fatihi olmasına çok da fazla bir zaman kalmamıştır. Askerden izin alarak, Şehzade Mehmet'in ok atma talimini baştan sona takip eder. Şehzade her defasında aynı imanla "Bismillah" diyerek yayı gerer ve oku, aynı hışımla "Fetih aşkına" diyerek fırlatır. Her seferinde aynı vınlama, aynı gök gürültüsü, aynı şimşek, aynı sonuç... Atılan her ok, "Konstantiniyye" kelimesinin bir harfini yerle bir eder. Son harf bittiğinde koşturan görevliler, okla yayı alırlar elinden. Birisi terini silmeye seğirtir Şehzade'nin. Genç Mehmet,
- İstemez, diye engel olur. Daha terlemedik!

Genç yazar uyandığında zihninde bir berraklık hissetti. Galiba aradığı konuyu bulmuştu. Bu konuda bulabildiği bütün kitapları topladı. Artık gece gündüz okuyor, okuyordu. Ve nihayet bir sabah namazından sonra abdestini tazeledi ve yazmaya koyuldu:

NİNNİ YAVRUM MEHMET'İM

Hüma Hatun, bir yandan ninni söylüyor, bir yandan sırmalı beşikteki yavrusunu sallıyordu. Her anne çocuğuna ninni söylerdi fakat onunki başkaydı. O, bir şehzade annesiydi; ninnilerinin de şehzadeye yaraşır olması gerektiğini düşünüyordu. Onun ninnileri bir tohumu fidan, bir fidanı ağaç, bir ağacı orman yapmalıydı. Dahası, dokunmaya kıyamadığı bu sırmalı beşikten dünyaya yayılan bir çınar olmalıydı onun ninnileri.

"Ninni yavrum yiğidim
Budur sana öğüdüm:
Osmanlı'ya çınar ol
Adınla bahtiyar ol..."

Hüma Hatun ninniye kendini öyle kaptırmıştı ki ne söylediğini fark ettiğinde birden telaşa kapıldı. Bunlar, ninni de olsa, uluorta söylenecek sözlerden değildi. Yerin kulağı vardı çünkü.

Osmanlı sarayında hareme adım atan her kadın, önce padişah hanımı sonra padişah annesi olmayı arzu ederken, Hüma Hatun, nasıl olmuş da rakiplerine aldırmadan böyle ninniler söylemişti, hem de yüksek sesle:

*"Yiğit soylu Mehmet'im,
Fidan boylu Mehmet'im,
Bir gün padişah olsun,
Sahibi Allah olsun!"*

Hüma Hatun, bir an soluklandı. Etrafı kolaçan etti. Galiba ninnisini, yavrusundan başka duyan olmamıştı. Onun da söylenenleri anlaması mümkün değildi. Rahatladı. Sonra yavrusunu kucağına aldı, cennet gülünü koklar gibi kokladı. Bebeğin yüzüne dikkatle baktı. Bu mini minnacık yavrunun, günün birinde Osmanlı'ya padişah olduğunu hayal etti. Aslında normal şartlarda Mehmet'in padişah olması mümkün değildi. Çünkü önünde küçük ağabeyi Alaaddin ve büyük ağabeyi Ahmet vardı. Hâl böyleyken Hüma Hatun, büyük oğullarında dillendirmediği padişahlık fikrini niçin bu yavrusunda açığa vurmuştu? Yıllardır içinde büyüttüğü padişah annesi olmak fikri, ne olmuştu da şimdi gün yüzüne çıkmıştı? Hüma Hatun, kocası Sultan Murat'tan dinlediği olayı hatırladı. Bu olaydı onun padişah annesi olma hayallerini gün yüzüne çıkaran:

O gün, sadece evinin değil, Osmanlı yurdunun direği, üç oğlunun babası, Sultan Murat Han'ın önemli misafirleri vardı. Anadolu'nun manevi mimarlarından Hacı Bayram Velî, padişahın karşısında el bağlamıştı. Oysaki padişahın kendisine ne kadar bağlı olduğunu biliyordu. Fakat Osmanlı'da herkesin yeri belliydi. Ona düşen, devletin bir numaralı ismine saygıda kusur etmemekti. Hacı Bayram Velî'nin yanında bir de genç adam vardı. Orta yaşına rağmen sakalları çok seyrek çıkan bir dervişti bu. Tepeden tırnağa beyaz giyinmişti. Padişah huzurunda bulunmanın verdiği heyecanı yenmeye çalışıyordu. El bağlayarak divan duran bu derviş, gözlerini ayaklarına dikmiş, öylece bekliyordu.

Murat Han, yavaş yavaş sallamakta olduğu beşiği kendi hâline bıraktı. Bir iki defa da kendi kendine sallanan beşik, nihayet hareketsiz kaldı. İçinde bir şehzade vardı bu beşiğin. Babası ona Hazreti Muhammed'in (sav) adına hürmeten Mehmet adını vermişti. Niyeti, minik şehzadeyi Hacı Bayram Velî'ye göstermek, onun hayır duasını almaktı. Bu arada bu mübarek insandan öğrenmek istediği önemli bir şey daha vardı. Sırası gelince aylardır zihnini meşgul eden soruyu soracak, ondan alacağı cevaba göre hareket edecekti.

Murat Han, misafirlerini kendine yakışır bir şekilde karşıladı.

- Hoş geldiniz efendi hazretleri; davetimizi kabul buyurup buralara kadar zahmet ettiniz...
- Estağfirullah Hünkâr'ım, zâtıâlinizi ziyaret, bizim için bir şereftir.
- Bağışlayın efendim, yanınızdaki dervişi tanıyamadım.
- Asıl siz bağışlayın Sultan'ım, Akşemseddin'i size takdim etmeyi unuttum. Kendisi, çok değer verdiğim bir kişidir.

Akşemseddin, kıvrak bir hareketle padişahın elini öpmek istedi. Murat Han, buna izin vermedi. Eliyle dervişin omzunu sıvazladı.

- Hocamızın değer verdiği kişi, bizim için de değerlidir.

Akşemseddin ilk defa konuştu:

- Allah size ve devletimize zeval vermesin Sultan'ım.
- Berhudar ol derviş.

Padişah, bir an beşikteki şehzadeye baktı. Sonra bebeği yavaşça kucağına aldı, Hacı Bayram Velî'ye uzattı.

- Hepimizin olduğu gibi bebeğimiz Mehmet'in dahi

duanıza ihtiyacı vardır.
Hacı Bayram, bebeği kucağına aldı. Gönülden gelen bir sesle dua etti. Bebeğin başını okşadı.
- Buyurun Hünkâr'ım, dedi. Adı güzel Muhammed; vatana, millete, din-i İslam'a hayırlı olsun.
Padişah, şehzadeyi beşiğine koydu. Bir müddet seyretti bebeği. Sonra, bir ileri bir geri dolaşmaya başladı. Belli ki söyleyecek bir sözü daha vardı. Sonra, Hacı Bayram Velî'ye dönerek,
- Hocam, yıllar var ki rahat yüzü görmem. Hele son zamanlarda gözüme uyku girmez.
- Hayırlar olsun Sultan'ım, nedir sizi böyle tedirgin eden?
- Bilirsiniz ki atalarımın hep bir amacı oldu.
Hacı Bayram Velî, aslında çok iyi bildiği bu amacı bir de padişahtan dinlemek istiyordu.
- Hangi amaçtan bahsedersiniz Hünkâr'ım?
- Konstantiniyye'den efendim Konstantiniyye'den...
Hacı Bayram Velî, anlamamış gibi yaparak,
- Ne olmuş Konstantiniyye'ye? Durduğu yerde çürüyüp gidiyor işte.
- Allah şahit ki biz, bu şehrin durduğu yerde çürümesini değil, bizim elimizde İslamiyet'le şereflenmesini murat ederiz.
Hacı Bayram Velî, Murat Han'ı sıkıntılarından kurtarmak istedi:
- Yani, dersiniz ki Peygamberimizin müjdesine nail olmak isteriz.
- Doğru dersiniz efendim. Peygamberimizin bu mübarek hadisleri, atalarımın olduğu gibi benim de hayallerimi süsler.

Osmanlı Padişahı, vecd içinde hadisi tekrar etti: "Konstantiniyye, bir gün mutlaka fetholunacaktır. Onu fetheden kumandan, ne büyük kumandan; onu fetheden asker, ne büyük askerdir."

Sultan Murat, biraz da utanarak sordu:
- Acaba derim, bu fetih bana nasip olacak mı?

Hacı Bayram Velî, çoktandır bu soruyu bekliyordu. Büyük veli, belli ki padişaha vereceği cevabı önceden hazırlamıştı:
- Büyük fetih, size değil, inşallah beşikteki şu minik şehzadeyle bizim Köse'ye nasip olacak Hünkâr'ım. Bu yüzden onu saraya getirmişliğimiz vardır. Sonra da izin verilirse kendisini burada bırakmak dileriz. Ta ki Şehzade Mehmet'in her daim yanında buluna, geleceğin fatihini yetiştirmekte kusur etmeye.

Hüma Hatun, Sultan Murat Han'dan bunları dinleyince heyecandan bayılacak gibi olmuştu.
- İnşallah Sultan'ım, inşallah derken içi içine sığmamıştı.
Beşiği daha bir aşkla sallamaya başladı. Dudaklarında yeni ninniler vardı:

"Ninni yavrum Mehmet'im,
Bu sözü boş demedim.
Çabuk büyü çabuk koş,
İslam ateşiyle coş.

Ninni yavrum Mehmet'im,
Bu sözü boş demedim.
Övülmüş beldeyi al,
Peygamber'e selam sal."

Şehzade Mehmet, tatlı bir uykuya dalmıştı. Hüma Hatun, yavrusunun masum yüzünü seyrederken gözleri bir noktaya sabitlendi, yüzüne hafif bir tebessüm yayıldı. Çok değil, birkaç ay öncesinde, yavrusu Mehmet'in doğumu sırasında yaşadıklarını hatırladı:

HER DOĞUMLA DÜNYA YENİDEN KURULUR

O gün Osmanlı İmparatorluğu'nun 6. padişahı Sultan Murat Han'ın heyecanı her hâlinden belli oluyordu. Bütün bir imparatorluğa hükmeden "Koca Murat Han" kendi gönlüne hükmedemiyor, heyecanını bir türlü dizginleyemiyordu. Çareyi Kur'an-ı Kerim okumakta buldu. Belki bu sayede heyecanına hâkim olabilirdi.

Edirne, çoğu zaman olduğu gibi, soğuk bir mart ayını yaşıyordu. "Mart kapıdan baktırır, kazma kürek yaktırır." atasözü, sanki Edirne için söylenmişti. Buna rağmen Edirne Sarayı'nın sakinleri kuru ayazı hissetmiyordu bile. Bunun sebebi, sadece devasa odun sobaları değildi elbette. Asıl sebep, saraydaki koşuşturmaydı.

Büyükçe bir konağı andıran Edirne Sarayı'nda birkaç gündür hummalı bir faaliyet göze çarpıyordu. Hekimbaşı, yardımcılarıyla birlikte saraydan ayrılmıyordu. Ebe Kadın, sık sık hekimbaşının yanına geliyor, ondan aldığı talimatları harfiyen uyguluyordu. Ebe Kadın'ın da yardımcıları vardı. Gerçi, bu kadar yardımcıya, hele de hekimbaşı ve diğer doktorların sarayda âdeta nöbet tutmasına gerek yoktu; ama konu Hüma Hatun'un doğum yapması olunca, işin rengi değişiyordu.

Tarihler 29 Mart 1432'yi gösteriyordu. Günlerden pazar, vakitlerden şafak vaktiydi. Hüma Hatun'un doğum sancıları artınca Ebe Kadın ve Hekimbaşı'yla yardımcıları, sağlıklı bir doğum için kolları sıvamıştı. Sultan Murat Han sessizce Kur'an-ı Kerim okumaya devam ediyordu. Veziriazam Osmancıklı Danişmendoğlu Koca Mehmet Nizamüddin Paşa, diğer vezirler ve kâhyalar ayakta kendi aralarında konuşuyorlardı:

- Hünkâr'ımızı hiç bu kadar heyecanlı görmemiştik.
- Haklısınız, bir evlat sahibi daha olacak; az şey mi bu?
- Hele bir de erkek olursa doğan çocuk...
- O zaman değmeyin keyfine Sultan'ımızın.
- Padişah efendimizin iki oğlu daha var ama...
- Olsun, erkek çocuk, saltanatın devamı için önemli...

Veziriazam,

- Efendiler, unutmayın ki her doğumla dünya yeniden kurulur fakat Osmanlı ailesine bir şehzade daha katılması demek dünyanın daha kolay kurulması demektir.

Vezirler, başlarıyla evet anlamında tasdik ettiler veziriazamı.

Nizamüddin Paşa, bir el hareketiyle sessizlik istedi ve saygıyla Hünkâr'a yaklaştı. Murat Han başını kaldırarak,

- Diyeceklerin var galiba Koca Paşa...

Padişah, en yakın çalışma arkadaşına Koca Paşa diye seslenirdi. Doğrusu bu hitap, veziriazamın hoşuna giderdi.

- Evet, Hünkâr'ım, izin verilirse diyeceklerim vardır.
- De bakalım Koca Paşa'm, de hadi...
- Görüyorum ki Hünkâr'ımız heyecanlıdır, hem de ziyadesiyle...
- Demek o kadar belli oluyor ha!
- Demem o ki padişahımız efendimizin heyecanı yersizdir. Hekimbaşı ve Ebe Kadın, yardımcılarıyla birlikte

ellerinden geleni yapmaktalar. Bu doğum, dünyada ne ilktir, ne de son olacaktır.

- Doğru dersin Paşa'm, ama bilesin ki (sözün tam burasında veziriazamın kulağına eğilerek) ben de insanım. Padişah da olsam, doğacak çocuk, benim çocuğum. Hele bir de erkek olursa...
- İnşallah Hünkâr'ım, inşallah...

İç odanın kapısı, yavaşça açıldı. Bütün gözler o tarafa çevrildi. Ebe Kadın, kundakta bir bebekle huzura girmek için bekliyordu. Kısa bir an sessizlik oldu. Huzura girmesine izin verilen Ebe Kadın'ın,
- Şükürler olsun, Hünkâr'ımızın sağlıklı bir oğlu oldu, sözleri salonla birlikte salonu dolduranların gönüllerinde yankılandı. Herkesle birlikte Padişah da rahatlamıştı.

Veziriazamın bir işaretiyle kâhyalardan biri bebeği aldı, vezirine verdi, o da veziriazama. Koca Paşa, bebeği Padişah'a uzattığında, Murat Han'ın sevinçten ağladığı görüldü. Kısa bir süre bebeği seyreden Padişah, yavrusunu cennet gülünü koklar gibi kokladı. Sonra da, "Ravza-ı Murat'ta bir gül-i Muhammedi açtı." diyerek bebeği annesine gönderdi. Sonra, unuttuğu bir şeyi hatırlamış gibi,
- Tiz Ebe Kadın ve ekibi memnun edile... Hekimbaşı ve ekibi de unutulmaya, diye emir buyurdu.

Koca Paşa, Padişah'a sordu:
- Bir şenlik düşünür müsünüz Hünkâr'ım?
- Bize, şenlik değil, şükür yaraşır Paşa...
- Sizden de bu beklenirdi Hünkâr'ım; Allah size ve devletimize zeval vermesin.
- Âmin Paşa, âmin! Yine de fakire, fukaraya yemek dağıtılsın, her türlü ihtiyaçları giderilsin.
- Başüstüne Hünkâr'ım.

Veziriazam, diğer vezirler ve kâhyalar padişahın eteğini öperek salondan ayrıldılar.

Sultan Murat Han, şükür namazı kılmak için abdest tazelemeye gitti.

ŞEHZADELER SİZE EMANET

Hüma Hatun'un yüreğine iki top ateş birden düşmüştü. 14 yaşındaki oğlu Ahmet, Rum (Anadolu) Sancakbeyi olarak Amasya'ya gideli çok olmuştu. İşte o zamandan beri kalbine alevden bir ok saplanmış gibiydi. Şimdi ise ortanca oğlu Alaaddin ve küçük oğlu Mehmet, Amasya'ya, ağabeylerinin yanına gidiyordu. Büyük oğlunun hasreti yüreğinde bütün tazeliğini korurken iki küçüğüne de hasret kalacak olması, Hüma Hatun'un yaralarına tuz biber ekiyordu. Bir anne için evlat hasreti çekmek, yaşadıklarını bildiği hâlde onları görememek acı bir şey olmalıydı. Hüma Hatun da bu acıyı derinden hissediyor fakat acısını çevreye yansıtmamaya çalışıyordu. Biliyordu ki Osmanlı hanedanında böyle bir kural vardı. Şehzadeler, çok küçük yaşlardan itibaren Anadolu'nun önemli vilayetlerine gönderilirdi. Orada, ciddi bir eğitimden geçirilir, bir bakıma devleti yönetmenin stajını yaparlardı.

Bir çift doru at tarafından çekilen saltanat arabası, sarayın kapısına yanaştığında Hüma Hatun daha fazla dayanamadı. Gözyaşları, kabından taşan bir sel gibi akmaya başladı. Cariyelerin yetiştirdiği ipek mendiller bile yetmedi gözyaşlarını silmeye. Sadece o mu, sarayda ne kadar kadın varsa ağlıyordu. Sanki gidenler kendi çocuklarıydı.

Biraz sakinleşen Hüma Hatun, ortanca oğlu Alaaddin'i güçlükle de olsa sütannesine teslim etti. Alaaddin'in burnunu çeke çeke ağlaması dayanılacak gibi değildi ama Hüma Hatun, dayandı işte. Onu asıl zorlayan, Mehmet'ten ayrılmak oldu. Yavrucuk, henüz iki yaşındaydı. Kömür gözlerini kocaman kocaman açmış, hayretler içinde annesine bakıyordu. Belli ki anneciğinin ağlaması ürkütmüştü yavruyu. Hüma Hatun, şehzadeyi kucağına aldı. İki yıldır her daim yaptığı gibi bağrına bastırdı. Yavrusunu öpmeye doyamadı, doyacak gibi de değildi. Ta ki cariyelerden biri,

- Şehzade Mehmet'i isterler efendim; bir an önce yola çıkalım derler, diyene kadar.

Bu istek, aynı zamanda bir emir sayılırdı. Hüma Hatun biliyordu ki kendisi ne kadar üzgünse Osmanlı padişahı da o kadar üzgündür. Fakat yapılacak bir şey yoktur. Devletin güçlü gelenekleri bunu gerektirmektedir. Şehzadeler, bir yandan hasreti tadacaklar, diğer yandan padişah adayı olarak yetiştirileceklerdi.

Padişah adayı?

Dahası, padişah...

Acaba hangi oğlu padişah olacaktı?

İşaretler, küçük oğlunu gösteriyordu. Bu ne demekti? Bu, büyük oğulları devreden çıkacak demekti. Nasıl olacaktı bu? Hüma Hatun, burasını düşünmek bile istemedi. Acılı kadın, şimdilik herhangi bir oğlunun padişah olacağı fikriyle teselli bulmaya çalıştı. En iyisi bekleyip görmek, dedi kendi kendine. Gerisi Allah kerimdi.

Şehzade Mehmet'in sütannesi, Kızlarağası'nın izniyle Hüma Hatun'un yanına kadar gelmiş, çocuğu almak için el pençe divan durmuş, bekliyordu.

Yapılacak bir şey yoktu. Şehzade Mehmet, bir kucak-

tan diğer kucağa geçerken huysuzlandı. Annesinin saçına dolanan elini açmak kolay olmadı. Yine de minicik eller, dalından koparılan bir gül gibi yer değiştirdi. Parmaklarının arasında annesinin birkaç tane saç teli kalmıştı. Hüma Hatun, çaresizlik içinde bulunduğu yere yığılırken dışarıdan bir kamçı sesi duyuldu:
- Haydi aslanlarım, şehzadeler size emanet!

Saltanat arabasının önünde koruyucu birlikler vardı. Arkadaki arabalar ise cariyelerle kalfaları taşıyordu. Bir araba daha vardı ki bunda padişahın güvendiği adamlarından Burhaneddin Ağa ve ailesi yer alıyordu. Bu yiğit adam, varını yoğunu Sultan Murat Han'a adamış bir komutandı. Hanımı Canfeda, söz konusu padişah emri oldu mu soru sormaz, verilen emre itaat ederdi sadece. İşte şimdi, iki yaşındaki oğulları Bayram ile yollara düşmüşlerdi. Oğulları, Şehzade'ye arkadaşlık edecekti. Bu şerefli göreve seçilmek onlar için son derece önemliydi.

Hüma Hatun, neden sonra kendine gelip dinlenmeye çekildiğinde, gözünün önünde hâlâ minik Mehmet'in kömür gözleri vardı. Belli ki bu gözler Hüma Hatun'u takip etmeye devam edecekti.

AMASYA'DA ÜÇ ŞEHZADE

Şehzadeler şehri Amasya, o gün olağanüstü günlerinden birini yaşadı. Şehzade Alaaddin ve Mehmet, ağabeyleri Ahmet'in yanına gönderilmişti. Günün birinde Osmanlı padişahı olacak şehzadeler, gerekli eğitim ve terbiyeyi ancak burada alabilirdi. Şehir, devletli misafirlerine bu ortamı sağlamakta üstüne düşen görevi hakkıyla yapmaktaydı.

Sırt sırta dizilmiş ahşap Amasya evlerinden uzanan başlar, misafirlerin Şehzade Sarayı'na gidişlerini gururla ve gıptayla seyrediyordu. Ortasından Yeşilırmak geçen bu şehir, iki yakasıyla birden misafirlerine kucak açmış gibiydi. Amasya Kalesi, yiğitliğin kuralını öğreten bir hoca edasıyla karşılıyordu gelenleri. Kim bilir belki de Kral Mezarları'nın eski sakinleri, bu muhteşem tablonun ezikliğini hissediyorlardı. Aşkı uğruna dağları delen Ferhat, şehzadelere bir sır veriyor olmalıydı: "Âşıksanız, dağları delecek yüreğiniz olmalı." Yeni gelenler pek farkında olmasa da onlarla gelenler ve dahi ağabeyleri Ahmet, bu devlete âşıktı! Devletin devamı için delemeyecekleri dağ yoktu!

Murat Han'ın iki büyük oğlu, "tenhasında bir at eşinse, toynağı bir medeniyete dokunan" Amasya'daki saraylarında koyu bir sohbete dalmışlardı. Yanlarında yârenleri de vardı hocaları da... Hocalar ki her biri kendi dalında bir numara...

Daha çok Ahmet soruyor, Alaaddin cevap veriyordu. Mehmet, iki yaşın verdiği masumiyetle sütannesinin kucağındaydı.

- Diyesin bana karındaşım Alaaddin, Edirne'den bize hangi haberleri getirdin?
- Bilirsin, bizim için Edirne, saray demekti. Bir de sarayın içindekiler.
- İyi ya onlardan bahset işte.
- Babamız Murat Han'ı görmüşlüğümüz azdır.
- Bilmez miyim? Ne kadar isterdim babamla şöyle doyasıya bir oyun oynamayı.

Ahmet'in kılıç-kalkan hocası hafifçe öksürerek söze karıştı. Sesinde bir gücenmişlik vardı:

- Anlaşılan bizim oyunlarımız Şehzade'mize yetmiyor!
- O başka Palabıyık Hocam. Bizim yaptığımız, oyundan ziyade derse benziyor.

Palabıyık Hoca, boynunu büktü. Biliyordu ki çocuklar haklıydı. Hem de yerden göğe kadar.

Ahmet, 14 yaşın verdiği tezcanlılıkla Mehmet'in yanına geldi.

- Nasılmış benim küçük kardeşim?

Mehmet, sütannesinin kucağından inmeye çalışıyordu. İnecek ve gördüğü ne varsa karıştıracaktı. Eline geçirdiklerinin bir kısmını fırlatacak, bir kısmını ayağıyla ezecek, bir kısmını yemeye çalışacaktı. Zavallı sütanne bu durumu bildiğinden çocuğu sımsıkı kavramıştı. Bu hâliyle Mehmet, kapana kısılmış bir aslan yavrusunu andırıyordu. Bir kurtulsa ne yapacağını biliyordu.

Ahmet,

- Nasılmış benim küçük kardeşim, diye tekrarlayınca

olanlar oldu. Mehmet, bir hamlede ağabeyinin saçlarına asıldı. Öyle hızlı çekti ki Ahmet'in gözünde yıldızlar uçuşmaya başladı. Can havliyle,
- Hey, sen ne yaramaz şeysin böyle, diyerek saçlarını kurtardı. Minik kardeşinden uzaklaşırken kendi kendine, "Çok çetin cevize benziyor. Ama ben, çetin cevizleri de kırmayı bilirim!" diye söyleniyordu.

İLK DERS

Amasya Şehzade Sarayı'nda hocaların dersleri birbirini kovalıyordu. Her türlü spor dalları bir yandan; dinî ilimlerle dilbilgisi, matematik, astronomi gibi ilimler diğer yandan, şehzadelere faydalı olacağı düşünülen ne kadar ders varsa, o dersin en seçkin hocaları, kendilerine verilen görevi en iyi şekilde yerine getirmeye çalışıyordu.

Mehmet, 4 yaşına girince onun için özel bir tören tertiplendi.

Şehzade, okula başlayacaktı; daha doğrusu okul, onun ayağına gelecekti.

Nitekim öyle oldu. Şehzade'ye alfabeyle birlikte ilk bilgileri öğretecek hoca, salonda sim işlemeli bir minderin üstüne bağdaş kurarak oturmuş, öğrencisini bekliyordu. Önünde, kenarları altın işlemeli, ahşap bir rahle vardı. Rahlenin üstünde yine kenarları altın yaldızlarla süslenmiş bir "elifba" (alfabe) vardı.

Kapıda beliren irikıyım bir görevli, hocaefendiye hitaben,

- Efendim, Şehzade Hazretleri, huzurunuza girmek için izin isterler, deyince hoca, ayağa kalkarak kendine çekidüzen verdi.

- Estağfirullah efendim, buyursunlar.

Mehmet, sütannesinin elinden tutmuş olduğu hâlde salona girdi. Kartal gözlerini hocaya dikti. Öylece kaldı. Ne ileri, ne geri... Sütanne, eğilerek Mehmet'in kulağına,
- Haydi yavrum, hocaefendi seni bekliyor. Sana okuma yazma öğretecek, dedi.
Çocuk, merakla sordu:
- Okuma yazmayı öğyeniysem ne olacak?
- Her bir şeyleri okuyup yazacaksın. Dünyada olan biten her şeyden haberin olacak.
- Hey şeyden mi?
- Evet yavrum, her şeyden.
- Annemden de habeyim olacak mı?
Sütannenin yüreği burkuldu.
- Annenden de haberin olacak, babandan da?
- İyi öyleyse. Okuma yazmayı çabuk öğyeneyim o zaman.
Sütanne, biraz da havayı yumuşatmak için sordu:
- Okuma yazmayı öğrenince ilk işin ne olacak?
- Annemle babama mektup yazacağım!
- Ne yazacaksın mektubunda?
- Beni buyaya niye göndeydiniz diyeceğim.
Sütanne, sorduğuna soracağına pişman olmuştu.
- İyi, dedi; yaz. Ama bunun için derse başlaman gerek.
Mehmet'i yavaşça getirdi, hocanın önündeki kuştüyü mindere oturttu. Hoca, yaşından beklenmeyen bir çeviklikle yerinden kalktı, Mehmet'in yanına geldi. Şehzade'yi yanaklarından öptü, sonra yerine geçti.
- Haydi yavrum, dedi; söylediklerimi tekrarla: Bismillahirrahmanirrahim.
Mehmet, dili döndüğünce tekrarladı hocasının ağzından çıkanları.
- Bismillahiyyahmaniyyahim.

- İşimize Allah'ın adıyla başlayalım Şehzade'm olur mu?

Şehzade tekrarladı:
- İşimize Allah'ın adıyla başlayalım Şehzade'm oluy mu?

Hoca, bıyık altından gülmeye başladı:
- Öyle değil Şehzade'm, dersimizi tekrarlayacaksın.

Cevap gecikmedi:
- Öyle değil Şehzade'm, deysimizi tekyaylayacaksın.

Hoca bu sefer yerinden kalktı; Şehzade'yi kucağına aldı. Elifba'nın ilk harfini gösterdi:
- Bak, buna "elif" derler.

Mehmet, aynı ciddiyetle devam etti:
- Bak, buna "elif" deyley.

Hoca, kahkahayla gülmemek için kendini zor tutuyordu. Salonun açık kapısında beklemekte olan görevliye seslendi:
- Sütanneyi çağırın, bugünkü dersimiz bitti.

Dersin bu kadar kısa sürmesine şaşıran sütanne, heyecanla sordu:
- Nasıl buldunuz hocam Mehmet'i?
- Harika efendim, harika.
- Demek çok beğendiniz.
- O kadar beğendim ki hayran bile oldum.
- Allah razı olsun efendim.
- Sizden bir ricam var...
- Söyleyin efendim, sizin ricanız bizim için emir sayılır.
- Bu çocuğa iyi bakın. İleride büyük adam olacak, büyük adam... Hatta...

Sözün devamını getirmedi. Zira sözün devamı, Şehzade Ahmet'in padişahlığa hazırlandığı bir ortamda sakıncalı olabilirdi.

CENNET NASIL BİR YER?

Şehzade Ahmet, hocaları ve lalaları tarafından büyük bir itinayla padişahlığa hazırlanıyordu. Bunu, elbette kendisi de biliyordu. Murat Han'ın büyük oğlu olmakla bu hak zaten kendisinindi. Başka türlüsü düşünülemezdi.

Şehzade Ahmet'in padişahlığı konusunda başka türlü düşünenler de vardı. Bunlar, hekimbaşı ve ekibiydi. Onların sarayı ziyareti önceleri hiç yadırganmazdı. Saraydaki herkes, hekimbaşının, çocukların sağlığıyla zaten ilgilenmesi gerektiğini biliyordu. Ancak, hekimbaşının ziyaretleri sıklaştıkça birtakım şüpheler duyulmaya başlandı. Gerçi hekimbaşı, üç şehzadeye de aynı ilgiyi gösteriyordu ama ortada olağan dışı bir şey olduğu kesindi.

Ne yazık ki Şehzade Ahmet'in sağlığında normal olmayan bir durum vardı. Hekimbaşı ve ekibi çocuğun yakalandığı amansız hastalığı öğrenince bunun çaresi için ellerinden geleni yaptılar. Ama ellerinden gelen yetmiyordu işte, nitekim yetmedi; sonunda Allah'ın takdir ettiği ömür tükendi ve Şehzade Ahmet, ebedi âlemdeki yerini aldı.

Amasya Şehzade Sarayı, Sultan Murat'ın büyük oğlu Ahmet'in ölümüne ağlıyordu.

Saraydaki herkes, anne babalarından uzaktaki diğer iki

şehzadenin, birbirlerine sarılarak ağlaması karşısında ne yapacağını şaşırmıştı.
Özel ulaklar hazırlandı. Kara haber Edirne'ye ulaştırılacaktı.
Şehzade Mehmet, hüzün ve öfkeyle karışık bir sesle sütannesine söylendi:
- Ben de biy mektup yazmak istiyoyum. Ulaklar, benim yeyime mektubumu götüysünley annemle babama.
- Nasıl istersen Şehzade'm, nasıl istersen...
Şehzade Alaaddin,
- İstersen mektubu birlikte yazalım kardeşim, deyince Mehmet,
- Oluy abi, dedi; ben söyleyeyim sen yaz.
Sağa sola emir verildi. Kâğıt, mürekkep, divit temin edildi. Küçük Mehmet, aklından geçenleri bir bir söyledi, ağabeyi bunları düzenleyerek kâğıda geçirdi:

"Sevgili Anneciğim, Babacığım,

Ben daha küçük bir çocuğum.
Bu yüzden size çocukça şeyler yazacağım.

Ne kadar çok isterdim normal çocuklar gibi yanınızda yaşamayı. Kokularınızı içime çeke çeke büyümeyi ne kadar çok isterdim. Hâlbuki ben sizin kokunuzu bile hatırlamıyorum. Sahi, sizin kokunuz nasıldı? Sütannem, 'Annelerin kokusu cennet kokusu gibidir.' diyor. Gerçekten öyle mi, merak ediyorum. Bir şeyi daha merak ediyorum anne, sen de benim kokumu özlüyor musun?

Sevgili Babacığım,

Sen de savaş meydanlarında at koştururken beni düşünüyor musun? Alaaddin'le Ahmet ağabeyimi düşünüyor musun?
Hem biliyor musun babacığım, ağabeyim Ahmet, artık senden sonra tahta çıkmaktan vaz geçmişti.
Ben artık padişah olmak istemiyorum, diyordu. Son günlerde sürekli olarak,
'İnşallah cennete giderim.' diye dua etmeye bile başlamıştı.
Bugün de lalamız, Ahmet ağabeyimin, dönüşü olmayan bir yere gittiğini söyledi.
Dönüşü olmayan yer, neresi baba?
Yoksa cennet mi dönüşü olmayan yer?

Dedim ya, ben daha çocuğum.
Bu yüzden çocukça şeyler söyledim işte.
Ellerinizden öperim.
Alaaddin ağabeyim de size selam edip ellerinizden öpüyor."

Mektup, Edirne Sarayı'na âdeta bir bomba gibi düştü.
Hüma Hatun, yalvaran gözlerle baktı Sultan Murat'a.
- Bu kadar acı yeter, dedi Padişah. Derhal Amasya'ya gidiyorsun!

Bir sabah, gözlerini açtığında karşısında sütannesini değil de gerçek annesini gören Şehzade Mehmet ne yaptı dersiniz? Ne yapmadı ki?
Önce gördüğünün rüya olduğunu sandı, uyanmamak

için gözlerini yeniden yumdu. Annesinin ipek saçları yanağını okşadığında, mis kokulu nefesi odayı doldurduğunda hâlâ inanamıyordu rüya görmediğine.

Hayır, rüya değildi gördüğü. Gerçeğin ta kendisiydi. Ayrılırken nasıl sarılmışsa annesine, öyle yaptı. Ayrılırken nasıl koklamışsa annesini, aynısını yaptı. Ayrılırken nasıl ağlamışsa, öyle aktı gözyaşları; şu farkla ki o zaman üzüntüden ağlamıştı, şimdi sevinçten ağlıyordu. Ne zaman ki ağabeyi Alaaddin,

- Annemi biraz da bana ver, dedi o zaman bıraktı annesini.

Şimdi iki kardeş, birlikte sarılmışlardı Hüma Hatun'a.

- Bizi bir daha bırakma, dedi şehzadeler.

- Bırakmam, dedi; Hüma Hatun, dünya üstüme gelse yine bırakmam!

SADECE MEHMET'İM

- Devlette boşluk olmaz Şehzade'm. Ahmet ağabeyinden boşalan sancakbeyliğinin acilen doldurulması gerek.

Lalası, Şehzade Mehmet'in yanına gelmiş ve ona bu sözleri söylemişti. Henüz 6 yaşında olan Mehmet, bundan bir şey anlamadı. Şaşkın şaşkın lalasının yüzüne baktı. Yılların verdiği tecrübeyle nice zorlukların üstesinden gelmeyi başaran lala, diz üstü eğilip çocuğun yanaklarını avuçlarının içine alarak konuşmaya devam etti:

- Demem o ki Şehzade'm, babanın da emriyle sen artık Rum Sancakbeyi (valisi) oldun.
- Sancakbeyi mi, o da ne?
- Bu bölgeyi sen idare edeceksin.
- İdare etmek ne demek lala?
- İnsanların her türlü sorunlarına sen çare bulacaksın.
- Vay be... Ben mi çare bulacağım bütün sorunlara?
- Evet sen...
- Nasıl yapacağım bunu?
- Öncelikle sen iyi bir yönetici olmayı öğreneceksin.

Şehzade Mehmet, tam da yaşına uygun bir nazlanmayla,

- Bana ne, önce ağabeyim Alaaddin öğrensin; ben daha çocuğum, dedi.
- Ağabeyin Manisa'ya gidecek. Ona Saruhan Sancak-

beyliği verildi.

Şehzade Mehmet, bu son cümleyle iyice sarsıldı:

- Ne yani, ağabeyimden ayrılacak mıyım?
- Çok üzgünüm ama devletin kuralları böyle. Baban, ikinizin de iyi yetişmesi için böyle bir karar almış.
- Karar, karar, karar... Bize niye sormamış bu kararı alırken?
- Dedim ya Şehzade'm; devletin kuralları...
- Devletin kuralları değişmez mi lala?
- Değişirse devlet zayıflar... Osmanlı, bu sayede büyük devlet olmaya başladı.

Mehmet, buna mecbur olduğunu anlamıştı. Çaresiz boyun büktü. Neden sonra fısıltı hâlinde konuştu:

- Ben bu işi nasıl yaparım lala?
- Sen rahat ol Şehzade'm, bizler sana yardım edeceğiz.
- Sizler...
- Evet bizler; saraydaki bütün insanlar...
- Sorunları siz mi çözeceksiniz?
- Birlikte çözeceğiz diyelim; kararları biz vereceğiz, emirleri sen.
- Emirleri ben mi vereceğim?
- Evet...
- İstediğim her emri verebilecek miyim?
- Şey, verdiğin emirlerin devletin yararına olması lâzım...
- Tamam. Anladım. İlk emrimi veriyorum öyleyse.
- Emredin Şehzade'm, diyen lala el pençe divan durarak beklemeye başladı.

Bu durum Şehzade'ye komik geldi.

- İlk emrim...
- Evet...
- İlk emrim... Saraydaki bütün çocuklar bahçede top-

lansın!
- Başüstüne Şehzade'm.
- Hem de çabuk...
- Ne yapacağınızı sorabilir miyim?
- Oyun oynayacağız lala, oyun!

Tam iki yıl sürdü Şehzade Mehmet'in sancakbeyliği. Mehmet, bu sürenin çoğunu oyun oynayarak geçirdi. En çok Bayram'la oynuyordu. Kendisiyle birlikte Edirne'den gelen bu çocuk, Mehmet'le yaşıt olmasına rağmen ona göre daha iri yarı, daha kuvvetliydi. Tıpkı babası gibi gözünü budaktan esirgemeyen bir çocuktu.

Oynadığı oyunların bile kendisini adım adım padişahlığa götürdüğünü, Şehzade Mehmet gibi çevresindekiler de bilmiyordu. Onlar, sadece Murat Han'ın emrini yerine getiriyorlardı. Bu arada bir şey kimsenin dikkatinden kaçmadı: Şehzade Mehmet, oyunlarda bile hep emir veren oluyordu. Bütün yarışları o kazanıyordu. Onu sadece Bayram zorluyordu, o kadar. Hatta o bile sonunda Şehzade'ye yenilmekten kurtulamıyordu. Diğer çocuklar, önceden kendilerine tembihlendiği için, şehzadeyi hiç zorlamıyorlardı bile.

Bir gün, Şehzade Mehmet, yaşıtı olan çocuklarla güreş tutuyordu. Bir, iki derken tam üç çocuğu arka arkaya yenmişti. Sonra da büyük bir gururla,

- Kimse beni yenemez bre, deyivermişti.

İşte bu söz, güreşte bilerek yenilen çocuklardan birinin gücüne gitti. Kimsenin duymayacağını zannederek söylendi:

- Sen öyle zannet, şehzade olduğun için bilerek yenilmeseydik görürdün gününü!

Bu sözü duyan Bayram, yumruğunu sıkmış çocuğun

üstüne yürüyecekken Şehzade Mehmet, hışımla orada bitiverdi:

- Sen ne söylersin bre?
- Hiç, Şehzade'm; senin çok iyi bir güreşçi olduğunu söylerim.
- Yalan söyleme derim sana!
- ...
- Dediklerin doğru mu? Yalancıktan mı yenilirsiniz bana?
- ...
- Demek doğru. Şehzade olmasaydım beni yenebilir miydin?
- ...
- Sana derim sana, beni yenebilir miydin şehzade olmasaydım?
- ...
- İşte üstümdeki urbaları çıkarıyorum. Sen de çıkar üstündekileri. Yalnız şalvarlarımız kalsın.

Şehzade Mehmet baktı ki kendi şalvarı meydan okuduğu çocuğunkinden çok daha süslü, hemen onunki gibi bir şalvar istedi. Getirdiler. Şimdi iki küçük pehlivan aynı vaziyetteydi. Kıyafetlerine bakarak kim şehzade, kim değil, belli olmuyordu. Güreş hocasının hakemliğinde oyun başladı.

İki çocuk, pehlivanlar gibi kafa kafaya verdiler, kollarıyla birbirlerini tartmaya başladılar. Mehmet, ilk hamleyi karşıdan bekledi. Rakip çocuk kuvvetli bir el ense çekti. Bununla şehzadeyi yere sereceğini düşünüyordu fakat öyle olmadı. Mehmet, kımıldamadı bile.

Yeniden kafa kafaya verip ortada dönmeye başladılar. Birden Mehmet'in tek daldığı görüldü. Rakibinin sağ ba-

cağını kavradığı gibi çocuğu sürmeye başladı. O kadar hızlı hareket ediyordu ki görenler hayretten donakaldı. Birden yavaşlayan Mehmet, rakibine bir fırsat vermek istedi. Çocuk toparlanıp kendini yüzükoyun yere attı. Mehmet, çocuğun bacaklarını altına aldı, belinden sıkıca kavradı. Nihayet oyunun bütün kurallarını uygulayarak çocuğu kündeye getirdi. Yenilen çocuk kadar, seyirciler de şaşkındı. Şehzade Mehmet,
- Var mı kendine güvenen, diye gürledi. Şu anda şehzade değilim, sadece Mehmet'im!

Şehzade'nin karşısına başka çıkan olmadı.

Zaman su gibi akıp giderken Murat Han'dan yeni bir emir geldi:

Şehzade Mehmet, Saruhan Sancakbeyi olarak Manisa'ya gidecekti. Ağabeyi Alaaddin de Rum Sancakbeyliği için Amasya'ya geliyordu. Kısaca iki kardeş, yer değiştiriyordu. Yeni yerlerde yeni tecrübeler kazanacak, devlet yönetimini iyice öğreneceklerdi.

Şehzade Mehmet, bu yeni kararı sorgulamadı.

Anlaşılan yavaş yavaş alışıyordu devleti yönetmeye.

VER ELİNİ MANİSA

1443 yılının bir yaz günüydü. Şehzade Mehmet'i taşıyan saltanat arabası Manisa'ya doğru hareket ettiğinde Amasya Şehzade Sarayı'nda hüzünlü bir hava vardı. Özellikle sarayın çocukları, çok sevdikleri Şehzade'nin gidişine ağlıyordu. Onlar için giden, sadece bir şehzade değildi; oyun arkadaşlarıydı aralarından ayrılan. Ne güzel olurdu daha uzun yıllar birlikte olsalardı. Ama her istedikleri olmuyordu çocukların. Sonuçta giden bir şehzadeydi ve 12 yaşına gelen Mehmet'in devlet yönetimine hazırlanması gerekiyordu. Kim bilir sevgili şehzadeleri ileride padişah bile olabilirdi. Bu gurur, onlara yeter de artardı bile. Biz, derlerdi; padişahımız efendimizin çocukluk arkadaşıyız!

Şehzade Mehmet'in arabasında sütannesi vardı. Bir çift doru atın çektiği araba, uzun yolculuklara dayanıklı olarak yapılmıştı. Arabacı, kendine ayrılan bölümde oturuyor; elindeki dizginlerle atların hareketini kontrol ediyordu.

Önde giden bir araba daha vardı. Bunda, Şehzade Mehmet'le birlikte ta Edirne'den Amasya'ya gelen aile yolculuk ediyordu. Burhaneddin Ağa, hanımı Canfeda ve oğulları Bayram, hâllerinden oldukça memnun görünüyordu. Bayram, Şehzade'nin yakın arkadaşı olmaktan büyük bir gurur duyuyordu. Demek ki aynı gururu bu sefer Manisa topraklarında yaşayacaktı.

Önde giden bir başka araba daha vardı ki bunda Şehzade Mehmet'in hocaları yer alıyordu.

Arabaların dört bir yanında silahlarını kullanmaya hazır sipahiler gidiyordu. Bu seçme askerlerin görevi, yolcuları her türlü tehlikeden korumaktı.

Kafile gün boyu yol alıyor, arada bir subaşlarında mola veriyordu. Atlar ve at üstündekiler iyice dinlendikten sonra yola devam ediliyordu. Geceleri ise yolculuğa ara veriliyordu. Yol üstündeki kervansaraylar, onları ağırlamaktan büyük bir memnuniyet duyuyordu.

Çorum'u geçip Ankara'ya geldiklerinde akşam olmak üzereydi. Ankara'nın tek katlı, toprak damlı evlerinde pencerelerden sarkan insanlar, misafirlere el sallıyor, "Allah, devletimize zeval vermesin!" nidaları göklere yükseliyordu. Sokakların iki tarafına dizilmiş vatandaşlar, sevgi gösterisinde diğerlerinden hiç de aşağı kalmıyorlardı.

Kafilenin yolu, Ankara'nın merkezine çevrildi.

Önceden haber gönderildiği için Hacı Bayram Velî Dergâhı'nda dervişler, misafirleri bekliyordu. Nihayet bir dervişin, "Geliyorlar!" diye ünlemesiyle bahçedeki hareketlilik iyice arttı. Atlar, seyisler tarafından teslim alındı; karınları doyuruldu, suları içirildi, tımarları yapıldı. Dervişler, misafirleri birer ikişer odalara aldı. Her odada mükemmel sofralar hazırlandı. Karınlar doyuruldu.

Şehzade Mehmet, ilk defa bir dergâh görüyordu. Burada çok sakin bir ortam vardı. İnsanlar âdeta fısıltıyla konuşuyor, birbirlerine yardım etmekte yarışıyordu. Giydiği elbiseler de farklıydı buradaki insanların. Uzun cübbeli, geniş şalvarlı, külahlarının etrafına sarılmış sarıklarının ucu bellerine kadar sallanan dervişler, sanki bu dünyada emanetmiş gibi duruyorlardı.

Vakit iyiden iyiye ilerleyince yorgun bedenler, uykunun kollarında dinlenmeye çekildi.

Sabah olup da hareket zamanı gelince bütün dervişler büyükçe bir salonda toplandı. İçlerinden biri, Şehzade Mehmet'le lalasını, salona davet etti. Dervişlerin şeyhi olduğu anlaşılan bembeyaz sakallı, nur yüzlü bir ihtiyar, oturduğu minderden kalkarak misafirleri karşıladı. Lala, büyük bir nezaketle,

- Lütfen Şeyh Hazretleri, ayağa kalkmayınız; size oturmak, bize el öpmek düşer.

Şehzade Mehmet, lalasının bu sözlerinden şeyhin önemli bir kişi olduğunu hemen anladı.

- Şehzade'mize hürmet, devletimize hürmettir. Pirimiz Hacı Bayram Velî'den böyle görmüşüzdür.
- Devletimiz çok yaşasın efendi hazretleri.
- Pirimizden bir işaret daha almışızdır...
- Ne gibi efendim?
- Pirimiz buyurmuştu ki "Şehzade Mehmet, gün gelecek dergâhı ziyaret edecektir, zinhar ona hizmette kusur etmeyesiniz."
- İltifat buyurmuşlar efendim, sağ olsunlar.

Mehmet, ikili arasındaki konuşmayı dinlerken birden seslerin yavaşladığını fark etti. Neredeyse fısıltıyla konuşuyorlardı, yine de biraz dikkatle konuşulanları anladı:

- Pirimiz buyurmuştu ki "Şehzade Mehmet, Allah'ın izniyle padişah olacak ve Sevgili Peygamberimizin (sav) mübarek hadislerindeki müjdeye kavuşacaktır."
- Bunu, bizim dahi anlamışlığımız vardır... Bu yüzden üstüne titreriz Şehzade'mizin...

Şehzade Mehmet, konuşulanlardan ileride padişah olacağı sonucunu çıkarıyordu ama önünde ağabeyi varken nasıl olacaktı bu? Uygun bir zamanda bunu lalama sorarım, diye düşündü.

Veda vakti geldi. Önce lala, sonra da Şehzade Mehmet, Şeyh'in elini öptü. Şeyh ise Mehmet'i kucaklayarak,
- Allah'a emanet ol Şehzade'm, dedi.

Kafile dergâhtan ayrılırken dervişlerin yüzünde mutluluk ve hüzün birbirine karışmış gibiydi.

Yolculuk büyük bir güven içinde devam ediyordu.

Eskişehir, Kütahya derken uzaktan Manisa'nın ışıkları göründü. Vakit akşamüstüydü. Şehrin girişinde bekleyen sipahiler, misafirleri doğruca Şehzade Sarayı'na getirdi.

Yolculuk ne de olsa yorucuydu.

Yorgun bedenler ancak uykuyla dinlenebilirdi.

Nitekim öyle yapıldı.

Şehzade Mehmet uyandığında sabah ezanı okunuyordu.

Saraydaki herkes gibi o da abdest aldı. Birazdan cemaatle namaz kılınacaktı.

ŞEHZADE MEHMET DERSTEN KAÇAR MI?

Şehzade Mehmet, Amasya'da bulunduğu zamanlar, arkadaşlarıyla oyun oynamayı ihmal etmese de yavaş yavaş büyüdüğünü, hatta olgunlaştığını hissediyordu. Osmanlı devlet sistemi onu öyle bir kuşatmıştı ki neredeyse attığı her adımda devletin çıkarlarını düşünmesi gerektiğini anlamıştı. Söz konusu "devlet" olunca, artık bu "oyun çağı"nın bitmesi gerekiyordu. Şehzade Mehmet'se ne oyundan vaz geçiyordu ne devlet anlayışından... Bunun için orta bir yol bulmuştu: İyi bir devlet adamı olmak için aldığı bütün dersleri aslında büyük bir oyunun parçasıymış gibi görmeye başladı. Böylece en sıkıcı derslerde bile eğlenecek bir taraf buluyordu. Bunu bazen o kadar ileri götürüyordu ki özellikle hoşlanmadığı hocaları kızdırmak için derslerden kaçmaya bile başlamıştı. Bu durum, saray içinde kısa bir krize yol açsa da sonunda ya hocasının adamları tarafından yakalanıp getirtiliyor ya da hiçbir şey olmamış gibi kendisi çıkıp geliyordu. Hesap sormaya kalkışanlara şakayla karışık bir sertlikle, "Şehzadeniz biraz hava aldı canım, ne var bunda?" diye karşılık veriyordu.

Amasya'da olduğu gibi burada da canı istediği zaman derslerden kaçabilecek miydi? Bunu zaman gösterecekti.

Kısa sürede hocalarının huyunu suyunu öğrenmişti. Hiçbiri, Şehzade Mehmet üzerinde tam bir otorite kuracak gibi görünmüyordu.

Yalnız, bir hocası vardı ki ondan bir türlü kurtulamıyordu. Akşemseddin, diğer hocalarda olmayan bir özelliğe sahipti. Çalışma salonunda Şehzade'yi beklemek yerine kendisi onun yanına gidiyordu. Bu durumda Şehzade için dersten kaçmanın bir manası kalmıyordu. Mehmet, aslında onun yanında kendini çok rahat hissediyordu. Akşemseddin'in bembeyaz saçı ve seyrek sakalı, yüzüne tatlı bir hava veriyordu. İpek gibi sesiyle yumuşak yumuşak konuşması Şehzade'nin hoşuna gidiyordu. Akşemseddin'in öyle derin bir bakışı vardı ki âdeta insanın içini okurdu. Çoğu zaman buna şahit olan Şehzade dehşete kapılır,

- Affedersiniz hocam, içimden geçenleri nasıl biliyorsunuz, derdi.

Akşemseddin, büyük bir tevazu ile

- Estağfirullah Şehzade'm, söylenmeyeni ancak Allah duyar, bilinmeyeni ancak Allah bilir...

- Onu bilirim de senin bilgin beni şaşırtır.

- İstersen buna tecrübe diyelim, bir de sezgi...

- Tecrübeyi anlarım da sezgi ne oluyor?

- Olayları birleştirip tahminde bulunmak Şehzade'm.

- Niye ben senin içinden geçenleri tahmin edemiyorum öyleyse?

- Onun da zamanı gelecek Şehzade'm. İnsanların yüz hatlarına bakarak; el, kol, ayak hareketlerini takip ederek durumlarını tahmin etmeyi sen de öğreneceksin.

- İnşallah hocam.

- Bunun için çok çalışman gerektiğini biliyorsun değil

mi?

Şehzade Mehmet, "çalışma" sözünü duyunca yüzünü ekşitti. Akşemseddin,

- Sen şimdi içinden, "Yine mi çalışma, bıktım artık bu kelimeden." diyebilirsin.

Şehzade, bir kere daha hayretler içinde kaldı. Tam da hocasının dediği gibi düşünmüştü. Kızaran yanaklarını göstermemek içi başını öne eğdi.

- Seni anlıyorum Mehmet, bütün zeki çocuklar böyledir. Az çalışarak çok iş yapmak isterler. Ama sonuç...

- Hiç de istedikleri gibi olmaz değil mi?

- Aferin sana Şehzade'm, diyeceklerimi ağzımdan aldın...

Mehmet, biraz şaşkınlıkla,

- Sözün böyle biteceğini tahmin ettim sadece.

- İleride daha başka şeyleri de tahmin edeceksin ve inşallah tahminlerin doğru çıkacak. Biliyor musun Mehmet, bir derviş varmış...

Şehzade, Akşemseddin'in en çok da bu tür hikâyelerini seviyordu. Bunlarda hayatın kendisini buluyordu. Farkına varmadan pek çok şey öğreniyordu hocasının bu türlü konuşmalarından.

Akşemseddin devam etti:

- Ne diyordum, evet, bir derviş varmış. Bir gün demiş ki Allah, herkesin rızkını verdiğine göre elbet benim de rızkımı verecektir. Öyleyse ne diye çalışayım? Odama çekilir, kapımı kapatır, beklerim. Bakalım, Allah benim için ne gönderecek?

Böyle diyen derviş, gerçekten odasına çekilmiş, kapısını kapatmış, beklemeye başlamış. Akşama kadar beklemiş, gelen giden yok. Gün ola harman ola, demiş; belki gece gelecektir kısmetim. Geceyi boş yere bekleyerek ge-

çirmiş. Karnı da iyiden iyiye acıkmış. Sabah olmuş, yine ne gelen var ne giden. Akşama kadar da acından oflaya puflaya beklemiş. Tam ümidini kesmişken, kapısının çalındığını duymuş.
- Komşu, evde misin, sana helva getirdim.
Derviş, helva sözünü duyunca iyice ümitlenmiş; fakat istiyormuş ki helva, ayağına kadar gelsin. Öyle olmamış tabii. Dışarıdan komşunun sesi tekrar duyulmuş:
- Galiba komşum evde değil, eh ne yapalım kısmeti yokmuş.
Helva getiren komşunun oradan uzaklaşmaya niyetli olduğunu anlayan derviş, önce kuvvetlice bir öksürmüş, sonra aceleyle kapıya koşmuş. Gerçekten öksürük sesini duyan adam, kapının açılmasını beklemiş ve helva dolu tabağı uzatmış. Derviş, teşekkür ederek helvayı almış. Odaya dönüp bu ikramı afiyetle midesine indirdikten sonra şöyle konuşmuş:
- Allah'ım bir helva gönderdin ama bunun için de beni iyi bir öksürttün!
Şehzade mesajı almıştı.
- Her zamanki gibi yine haklısınız hocam, hem de yerden göğe kadar.

KOL KIRILIR YEN İÇİNDE KALIR

Günler, bu şekilde geçiyor, tıpkı Amasya'da olduğu gibi istediği dersi, özellikle Akşemseddin hocasının dersini can kulağıyla dinliyor; diğer derslerde canı istediği zaman yağız atına atlayıp kendini kırlara bırakıyordu. Kırlarda yalnız olmuyordu. Bayram, buluşma yerinde arkadaşını bekliyordu. Bayram da yalnız olmuyordu elbette. Babası Burhaneddin Ağa ve iki muhafız yakınlarında bulunuyor, gençlere göz kulak oluyorlardı.

Şehzade Mehmet'in yine dersten sıkıldığı bir gündü. Oturduğu yerde esnemeye başladı. Hocası,

- Sıkıldın galiba Mehmet, istersen git bir hava al da gel, demesin mi?

- Mademki böyle düşünüyorsunuz, sizi kırmayayım bari, demesiyle soluğu dışarıda alması bir oldu. Yağız atına atladı, bir hamlede buluşma yerine geldi. Bayram, çoktan oradaki yerini almıştı.

İki genç, kırk yıldır hasret çekiyormuş gibi kucaklaştılar. Öteden bu sahneyi izleyen Burahaneddin Ağa, muhafızlara,

- Allah bu çocuğa uzun ömür versin; çok iyi yetişiyor, çok, dedi ve ekledi:

- Baksanıza yine yarışa başladılar.

Muhafızlardan biri cevap verdi:

- Evet Ağa'm, bu seferki çıkışları daha bir güzel oldu.
Diğeri, dua makamında konuştu:
- Nazar değmesin inşallah.

"Nazar değmesin inşallah." diyenin nazarı mı değdi bilinmez, her nasılsa oraya kadar gelmiş bir ayı, gök gürültüsünü andıran bir sesle bağırınca atlar ürktü. Önce Mehmet'in, sonra Bayram'ın atı olanca gücüyle koşmaya başladı.

Burhaneddin Ağa ile iki muhafız kılıçlarını, kargılarını çekerek ayının üstüne yürüdüler. Ayı, dev gibi cüssesine rağmen yeterince çevik değildi. Neredeyse adım atmaya mecali yok gibiydi. Üstelik muhafızlardan aldığı birkaç kargı darbesiyle yaralanmıştı. Çareyi gerisin geriye dönüp geldiği yöne gitmekte buldu. Giderken çıkardığı hazin sesler, yenilmeyi gururuna yediremediğini anlatır gibiydi.

Atlar, duydukları sesin etkisiyle âdeta uçuyorlardı. Uçmakla kalsalar iyi, sanki binicilerini özellikle düşürmek için akla hayale gelmedik hareketler yapıyorlardı. Sonunda olan oldu. Ne kadar iyi binici olursa olsun, Şehzade Mehmet, kendini bir anda yerde buldu. Bereket versin düşerken biraz dikkat etti de kafasının üstüne değil, sağ kolunun üstüne düşmeyi başardı. Düşmesiyle de "çat!" diye bir ses duyuldu. Şehzade'nin kolu kırılmıştı.

Bayram ise hâlâ atından düşmemek için uğraşıyordu. Nihayet çılgın at, sakinleşti. Bayram, büyük bir hızla Şehzade'nin yanına koştu. Bu arada babası ve iki muhafız çoktan gelmişlerdi Mehmet'in yanına.

Muhafızlar, iki tahta parçası buldular. Kırık kolu iki tarafından sabitleyip bellerinden çıkardıkları kuşakla sardılar. Atına binen Burhaneddin Ağa, Şehzade'yi kucağına

aldı. Mehmet'in, çoktan sakinleşen yağız atını, muhafızlardan biri yedekledi. Bu hâlde sarayın yolunu tuttular.
Yolda iki muhafız, aralarında konuşuyordu:
- Gördün mü başımıza gelenleri, Şehzade'yi koruyamadık.
- Şehzade'yi korumak kolay mı kardeş; mübarek, çocuk değil, ateş parçası, ateş...
- Doğru dersin ama gel de bunu Sultan Murat'a anlat...
- Artık ölümlerden ölüm beğensek yeridir...
Bu son sözü, Burhaneddin Ağa da duymuştu.
- Gün ola harman ola ağalar, Allah büyüktür elbet, dedi.
Konuşulanları Mehmet de duymuştu. Kolunun acısını bir kenara bırakarak Burhaneddin Ağa'nın sözünü tekrarladı:
- Allah büyüktür elbet, gün ola harman ola...

Bu sözler, muhafızları biraz olsun rahatlattı.
Saraya girdiler. Etrafa emirler yağdırıldı. Hekimbaşı derhal huzura çağırıldı. Kısa bir muayeneden sonra,
- Kırılmış, dedi; Şehzade'm rahat olsunlar, gereken yapılacaktır.
- Ben rahatım da hekimbaşı, muhafızlara bir bak; onlar benden daha çok korktular!
Hekimbaşı, muhafızları yanına çağırdı. Gerçekten her ikisinin de yüzleri sapsarıydı.
Hekimbaşı sordu:
- Anlatın bakalım ne oldu?
Muhafızlar ne diyeceklerini bilemedi. Bir yandan terliyor bir yandan göz ucuyla Burhaneddin Ağa'ya bakıyorlardı. Fakat imdatlarına o değil, Şehzade yetişti:
- Ormanlık alanda geziniyorduk. Birden âdeta gökleri yırtan bir ses duyduk. Bir ayı, bir yandan ağzını göğe dik-

miş bağırıyor, bir yandan bize doğru geliyordu. Ürken atlarımızı zaptetmek kolay olmadı. Biraz sonra ben kendimi yerde buldum. Benim küheylan yapacağını yapmış, beni yere fırlatmayı başarmıştı. Sadece kolumun kırıldığına şükrediyorum. Daha kötüsü de olabilirdi. Bereket versin Bayram'ın atı biraz sonra sakinleşti de ona bir şey olmadı.

Hekimbaşı sormadan edemedi:
- Bağışlayın Şehzade'm, ayıya ne oldu?
- Burhaneddin Ağa ile muhafızlar, ayıyı kargıyla yaralamışlar. Koca hayvan, geldiği yöne doğru uzaklaşmış.

Burhaneddin Ağa, söze karıştı:
- Ayı, kocaman cüssesine rağmen mecalsiz gibiydi. Tahminimize göre aç kalmıştı. Yiyecek bulmak ümidiyle buralara kadar geldiğini sanıyorum.

Hekimbaşı,
- Verilmiş sadakanız varmış Şehzade'm, ucuz kurtulmuşsunuz, dedi.

Şehzade Mehmet'in kolu sarıldı, bir müddet dinlenmesi gerektiği ifade edildi.

Şehzade Mehmet, odasına çekilirken baştan beri büyük bir üzüntüyle olanları takip eden lalasına, tatlı sert bir ifadeyle,
- Üzülme lalam, Allah büyüktür elbet. Kolumuz inşallah tez zamanda iyileşir. Yalnız bir isteğim var senden...
- Emredin Şehzade'm,
- Yok, emir değil; bir rica bu: Ormandaki bütün vahşi hayvanlar, tez zamanda doyurula... Zamanımızda değil bir insanın, hayvanların bile aç kalmasına tahammülümüz yoktur.

BU HOCA BAŞKA

Şehzade'nin zaman zaman dersten kaçması, Sultan Murat'ın kulağına kadar gitti. Bu konuda ne yapabilirim diye düşünürken fırsat ayağına geldi:

Sultan Murat'ın çok değer verdiği âlimlerden Molla Yegân, hacca gitmişti. Orada, hac görevini yapmak üzere Suriye'nin Güran kasabasından gelen Molla Gürani ile tanıştı. Onun, dinine bağlılığına ve ilimdeki yüksek derecesine hayran oldu. Böyle bir insanın, Osmanlı sarayında bulunması gerektiğini düşündü. Padişah'ın dahi onun ilmine ihtiyacı olduğu fikrindeydi. Düşüncelerini Molla Gürani ile paylaştı ve onu Edirne'ye, Padişah'ın yanına gitmeye ikna etti. Hac dönüşü saraya gelen Molla Yegân'a Sultan Murat sordu:

- Söyle bakalım Molla Yegân, hacdan bize ne getirdin?
- Dini ilimlerde çok iyi yetişmiş bir âlim getirdim, Hünkâr'ım.
- Öyle mi? Âlâ, âlâ... Nerededir bu âlim?

Molla Gürani, zaten saraydadır ve padişahın huzuruna çıkmak için çağrılmayı beklemektedir. Emir verilir ve Gürani, padişahın huzuruna çıkar. Padişah, onun ilminden önce tavrından ve duruşundan etkilenir. Zira Molla Gürani, dağ gibidir ve sert görünüşlü bir adamdır. Bu hâliyle tuttuğunu koparacak birine benzemektedir. Padişah, Mol-

la Gürani'ye gerekli hürmeti gösterdikten sonra aklından geçenleri söyler:
- Öğrenci okutmuşluğunuz var mıdır Molla Efendi?
- Vardır, Hünkâr'ım. Elhamdülillah ömrümüz öğrenci yetiştirmekle geçti.
- Öğrencilerinizden, dersinizi ciddiye almayan, ne bileyim sizi atlatıp dersten kaçan oluyor muydu?

Molla Gürani'nin zaten çatık kaşları iyice çatılır.
- Ne münasebet efendim, kimin haddine?
- Âlâ, âlâ...
- Efendim...
- İyi dedim, hem de çok iyi...

Sultan Murat, kararını vermiştir.

Molla Gürani, çok geçmeden iki muhafızla birlikte Manisa yollarına düşer. Sultan tarafından Şehzade Mehmet'e hoca olarak tayin edilmiştir. Yanında gül dalından yapılmış bir sopa vardır. Padişah, bu sopayı gerektiği zaman Şehzade'ye karşı kullanmasına izin vermiştir.

Molla Gürani, at sırtında yapılan uzun bir yolculuktan sonra Manisa'ya ulaşır. Doğruca Şehzade Sarayı'na gider. Muhafızlara durumu anlatır. Padişahın fermanını gösterir. Derhal içeri alınan Molla Gürani, önce Şehzade'nin lalasıyla tanışır. Bu gece dinlenecek, yarın ilk derse başlayacaktır.

Sarayda haber tez yayılır. Osmanlı'nın başkentinden bir hoca gelmiştir ki demeyin gitsin. Dağ gibi bir adamdır. Yüzüne bakan, korkudan küçük dilini yutmazsa iyidir. Bir de sopa getirmiştir yanında. Acıması yoktur yani. Bundan sonrasını Şehzade Mehmet düşünmelidir. Öyle her fırsatta dersten kaçmanın zamanı geçmiştir.

Şehzade'ye münasip bir dille anlatılır ki Sultan Murat,

yeni bir hoca göndermiştir. Bu hoca çok değerli bir âlimdir. İlminden, herkes gibi Şehzade de istifade etmelidir.

Mehmet, ilk ders için odaya girdiğinde gözleri faltaşı gibi açıldı. Molla Gürani, yer minderinde diz üstü oturduğu hâlde ayakta duran bir adam gibi heybetlidir. Kaşları çatılmıştır. Hafif kısılmış gözleri, bir kartal heybetiyle şehzadeyi süzmektedir. Kömür boyasına boyanmış kirpi sakalı, heybetine heybet katmaktadır.

Şehzade, bir an nasıl davranacağını bilemez. Aklından türlü fikirler geçer. İlk derste hocanın her dediğini yaparsa bundan sonrası için rahat edemeyeceğini düşünür. Rahat tavırlarla kendisine ayrılan mindere bağdaş kurarak oturur. Bu hareketiyle, senin karşında diz üstü oturmuyorum, ne yapacaksan yap, demek istemiştir.

Karşısında yıllarını bu işe vermiş bir hoca vardır. Olanca sert görünüşünün altında, insan davranışlarını kolayca çözümleyen bir gönül taşımaktadır. Hiçbir şey olmamış gibi kendini tanıtır:

- Şehzade Hazretleri, bendeniz sizin yeni hocanızım. Bu görevi bana Padişah Efendimiz verdiler. İnşallah size faydalı olabilirim.

- Hoş geldiniz hocam, inşallah sizden istifade etmek şerefine erişirim.

Şehzade Mehmet her insanın hoşuna gidecek bu cümleyi söylerken için için gülüyordu. Belli ki hocanın sadece görünüşü sertti. Onu yumuşatmak hiç de zor olmayacaktı. Diğer yandan Molla Gürani, ne kadar zeki bir çocukla karşı karşıya olduğunu anlamıştı. İşi zordu. Zamanla bu zorluğun üstesinden geleceğine inanarak derse başladı.

İlk dersleri Arapça idi. Şehzade, önceki hocalarından Arapça'yı öğrenmeye başlamıştı. Mehmet'in Arapça seviyesinin çok da iyi olmadığını anlayan Molla Gürani, Şehzade'nin defterine bir cümle yazdırdı: "Terbiye etmek ve eğitmek maksadıyla onu dövdüm."

Bu nasıl cümleydi böyle? Başka bir cümle mi yoktu? Dövmek de neyin nesiydi? Hele de bir şehzadeyi? Kim buna cüret edebilirdi? Anlaşılan hoca, öğrencisinin gözünü korkutuyordu.

- Bu cümleyi dilbilgisi bakımından inceleyeceğiz. Her yanlış yapışında cümleyi yeniden yazacak, yeni baştan incelemeye başlayacaksın.

- İyi, dedi; Şehzade Mehmet içinden, macera başlıyor.

İlk denemesinde cümleyi doğru inceleyeceğinden emindi, fakat öyle olmadı. Hocası yeniden yazmasını istedi. Doğru yaptığı anda dersin biteceğini söyledi.

Mehmet yeniden denedi, yine olmadı.

Bir daha denedi, yine başaramadı.

Hocasına baktı, elindeki sopayla oynuyordu. Sopa da sopaydı ha! Gül dalından yapılmıştı ve kolay kolay kırılmazdı.

Şehzade'yi hırs bastı.

Defalarca denedi, hiçbirinde istenilen sonuca ulaşamadı. Hocası, her defasında küçük bir hatasını buluyordu. Şehzade, hırsından hocasını tam dinlemiyor olacak ki hata yapmaya devam ediyordu.

Şehzade, içinden, bu sefer tamam, dedi. Dikkatlice dinleyince hatasını anladı ve cümleyi kolayca inceledi. Molla Gürani,

- Aferin Şehzade'm, dedi; dikkatini topladığında kolayca yaptın. Aklında sadece ders olmalı. Seni hep böyle görmek istiyorum.

Ders bitince Şehzade ayağa kalktı, saygılı bir şekilde hocasının elini öptü. Onun övgü dolu sözleri hoşuna gitmişti. İçinde hocasına karşı güzel duygular belirmeye başladı. Molla Gürani de ayağa kalkarak Şehzade'yi kapıya kadar uğurladı.

ARAMIZDA KALSIN

Şehzade Mehmet, sert görünüşüne rağmen Molla Gürani'nin iyi bir insan olduğunu anlamıştı. Dahası devrinin büyük âlimlerindendi. Böyle olmasaydı babası onu kendisine hoca olarak gönderir miydi? Tamam, biraz disiplinliydi ama kendisi de uslu bir çocuk değildi ya!

Aradan zaman geçtikçe hoca ile öğrencisi, birbirlerine iyice alıştı. Şehzade Mehmet, Molla Gürani'nin ilminden istifade etmek istiyordu. Onun bu yöndeki isteklerini yerine getirmek için çok çalışıyordu.

Molla Gürani, bir gece yarısı Şehzade'nin odasında ışık yandığını gördü. Merak etti. Kapıyı çalarak bekledi. Şehzade de meraklanmıştı. Gece vakti kapısı çalındığına göre önemli bir şey olmalıydı. Dışarıya seslendi:

- Kim o?
- Benim Şehzade'm...

Bu ses hocası Molla Gürani'nin sesiydi. Şehzade derhal kapıyı açtı. Hocasını içeri buyur etti.

- Buyurunuz hocam, bir emriniz mi vardı?
- Estağfirullah evladım. Baktım, odanın ışığı yanıyor. Gecenin bu vaktinde ne yaptığını merak ettim. Bunun için sizi üzdüysem bağışlayın.
- Üzülmek ne kelime hocam? Aksine gece gündüz beni düşünmenizden memnun oldum. Yalnız odamın dağınık-

lığı için kusura bakmayın.

Molla Gürani, etrafa bir göz attı. Oda gerçekten çok dağınıktı. Üstüne çizim yapılmış kâğıtlar, krokiler, planlar odanın her tarafını kaplamıştı. Molla Gürani, bunlardan bir tanesini almak için izin istedi. İzin ne kelimeydi, istediğini alabilirdi. Gürani, eline aldığı ilk kâğıdı görür görmez irkildi. Aynı anda benliğini bir heyecan dalgası kapladı. Kâğıtta Konstantiyye şehrinin krokisi vardı. Ve genç Şehzade şunları yazmıştı kâğıdın altına: "Allah'ın izniyle alınamayacak şehir yoktur!"

Bu kâğıt ve odanın hâli, her şeyi anlatıyordu. Şehzade Mehmet, kendini büyük fethe hazırlıyordu. Molla Gürani, ondaki cevheri zaten biliyordu. Fakat bu kadarını o da beklemiyordu. Maşallah dedi içinden, kırk bir kere maşallah...

Şehzade bir ricada bulundu hocasından:

- Gördüklerinizin aramızda kalmasını istesem?
- Elbette evlâdım, elbette.
- Hazır bu konu açılmışken size bir soru sorabilir miyim?
- Seni dinliyorum.
- Konstantiniyye, ta sahabe-i kiram devrinden beri defalarca kuşatılmış fakat...
- Fakat kimse bu şehri alamamış. Sen de bunun sebebini merak ediyorsun.
- Merak ne kelime hocam, bu konuyu düşünmekten gözüme uyku girmiyor.
- Evladım, bu büyük zafere ulaşmanı bütün kalbimle isterim. Zaten bu konuda peygamberimizin hadisi olduğunu sen de bilirsin.
- Bu hadis, aklımdan hiç çıkmıyor ki...

- Güzel, çok güzel... Öyleyse geriye sadece bir şey kalıyor:
Şehzade, heyecanla sordu:
- Nedir efendim, yapmam gereken şey nedir?
- Âlim, âdil, dirayetli bir komutan olacaksın. Önceki kuşatmaların niçin başarısız olduklarını araştırıp gerekli tedbirleri alacaksın. Bunun için de,
- Evet, bunun için de...
- Maddi ve manevi bütün ilimlere sahip olacaksın.
- Bunun için var gücümle çalışacağıma emin olabilirsiniz.
- Eminim evladım, eminim.

HABERLER... HABERLER

Şehzade Mehmet'in Manisa'da geçirdiği en güzel günlerden biriydi. Hocası Akşemseddin'le sarayın bahçesinde ders yapıyorlardı. Dersin bahçede olmasını Akşemseddin istemişti. Sarayın çiçekli bahçesinde, hem de gezinti hâlinde ders yapmak Şehzade'yi memnun etmişti elbette. Hoca ve öğrencisi, ağır adımlarlarla yürürken Akşemseddin, sesinin en yumuşak tonuyla konuşmaya başladı:
- Şehzade'm, Manisa'daki hayatınızdan memnun musunuz?
- Buna tam olarak "evet" diyebilmeyi çok isterdim doğrusu.
- Öyleyse sizi üzen bir şeyler olmalı.
- Üzülmüyorum da hocam, zaman zaman sıkıldığım oluyor.
- Ne gibi?
- Günde neredeyse 14-15 saat çalışıyorum. Sağ olsunlar, birbirinden değerli hocalarım var, lâkin...
- Lâkin...
- Diyeceğim şu ki hocam, bazı derslerle bazı hocalar bana göre değil.
- Biraz daha açık konuşursan sana yardımcı olabilirim.
- Her ders, sizin dersiniz gibi olsa ne güzel olurdu.
- O zaman diğerlerinden mahrum kalırdınız.

- Hele şu Avrupa Tarihiyle, Antik Yunan Felsefesi dersleri yok mu, iyice canımı sıkıyor.
- Canını sıkan bu dersler mi yoksa bunların hocaları mı?
- Özellikle İtalyan hocaların kendini beğenmiş hâlleri...
- Onlar da insan nihayet, hata yapabilirler.
- İstiyorlar ki Avrupa'ya ve eski Yunan felsefesine hayran olayım.
- Oluyor musun peki?
- Benim tarihim, inancım ve kültürüm onlardan kat kat üstünken neden onlara hayranlık duyayım ki?

Akşemseddin, elini genç Şehzade'nin omuzuna koydu. Gözleri dolmuştu. Böylece birkaç adım attılar. Sonra bahçenin bir köşesine hazırlanmış minderlere oturdular. Akşemseddin, sevinçten ve gururdan uçacak gibiydi. Yeniden söze başladı:
- İtalyan hocalar olmasaydı bu sonuca nasıl varacaktın?
- ....
- Demek ki onların da sana faydası olmuş.
- Her zamanki gibi haklısınız hocam. Bizde, onlarda olmayan bir üstünlük daha var.
- Neymiş o?
- Gönül hocam, gönül... En çok da sizde var. Maşallah, insanın gönlüne girmeyi çok güzel başarıyorsunuz.
- Berhudar olasın Şehzade'm.

Akşemseddin, biraz durduktan sonra,
- Şimdi sana bazı haberlerim var, dedi.
- Sizi dinliyorum.

Akşemseddin, içinde bulundukları 1443 yazında Sultan Murat'ın, Karaman Bey'i İbrahim'i Anadolu'da bozguna uğrattığını anlattı. Bu zaferin, Osmanlı birliği için ne kadar önemli olduğunu vurguladı. Bu haber Şehzade'yi fazla ilgilendirmedi. Akşemseddin, bu tavrı normal karşıladı. Şehzade, padişah olamayacağıma göre bundan bana ne, diye düşünmüş olabilirdi.

Birkaç dakika böyle konuşmadan geçti. Mehmet, dayanamadı:
- Haberlerim var demiştiniz hocam, devam edin lütfen.
Akşemseddin, bir müddet iç âlemine daldı. Âdeta kendi kendiyle konuşuyordu. Şehzade, meraklandı.
- Bir şeyiniz yok ya hocam?
Akşemseddin bambaşka bir cevap verdi:
- İnna lillahi ve inna ileyhi râciun...
Mehmet dondu kaldı. Bu ayetin anlamını da biliyordu, daha çok, ölen bir kişinin yakınlarını rahatlatmak için okunduğunu da.
- Hocam, lütfen merakımı bağışlayın. Kim ölmüş?
- Evladım her canlı, Allah'ın takdir ettiği ömrü yaşar.
- Biliyorum efendim, kim ölmüş siz onu söyleyin.
- Bazı ölümler vardır ki insanı daha çok üzer.
Şehzade, heyecanlandı:
- Yoksa babam mı?
- Hayır, evladım; baban değil ama...
- Annem mi yoksa?
- Annen de değil.
- İnsanı çıldırtmayın hocam, kim ölmüş çabuk söyleyin!
- Ağabeyin Alaaddin...
- Ne?
- Evet, ağabeyin Alaaddin...
Şehzade şaşkındı:

- Nasıl, niçin?
- Bu işin nasılı, niçini sorulmaz oğlum. Gerçek şu ki Ahmet ağabeyinden sonra Alaaddin ağabeyin de Hakk'ın rahmetine kavuştu.

Şehzade Mehmet, bu sefer ağlamaya başladı. Neden sonra gözyaşlarını silerken,
- Allah rahmet eylesin, demeyi akıl edebildi.
- Bitmedi, dedi Akşemseddin. Haberlerim bitmedi...
- Daha ne olabilir ki, diyen Şehzade Mehmet'in sesi güçlükle çıkıyordu.
- Baban Sultan Murat, tahtın tek varisini Edirne'ye çağırıyor.
- Tahtın tek varisi?
- Evet, Şehzade'm; baban, "Tahtın tek varisi derhal Edirne'ye gönderile!" diye emir buyurmuş. Yani seni!

Şehzade Mehmet o zaman anladı ki Osmanlı tahtının tek varisi kendisidir. İçi bir hoş oldu. Ağabeyleri Hakk'ın rahmetine kavuşmuş, kendisine padişahlık yolu açılmıştı. Sevinsin mi üzülsün mü bilemedi. Belli belirsiz bir sesle,
- Padişah Efendimiz'in iradesi başımız üstüne, diyebildi.

GEREKTİR Kİ KÖŞEME ÇEKİLEYİM

1443 yılının sonbaharında Edirne, her zamanki soğuk günlerinden birini yaşıyordu. Halk, soğuğa aldırmadan bir araya geliyor, durum değerlendirmesi yapıyordu. Osmanlı başkentinin devletine sadık insanları, bir yandan Sultan Murat'ın Karaman Bey'i İbrahim'i yenilgiye uğratmasına seviniyor, diğer yandan Hristiyan ordusunun Tuna'nın güneyindeki Osmanlı topraklarını istila etmesine üzülüyordu. Neyseki Sultan Murat, güçlükle de olsa Hristiyan ordusunu durdurmayı başarmıştı. Üstelik Macarlar ve Sırplarla barış görüşmelerine başlanmıştı. "Barış" kelimesinin adı bile vatandaşları rahatlatmaya yetiyordu.

Hristiyan ordusu, 25 Aralık'ta yapılan savaşın ardından barış görüşmelerini kabul etmişti. Bunun sonucunda Osmanlılarla 100 yıl sürecek bir dostluk anlaşması imzalandı. Buna göre iki taraf da birbirlerinin toprak bütünlüğüne saygı gösterecekti.

Sultan Murat, Edirne Sarayı'nda Divanı Hümayun'u toplamıştı. Veziriazam Çandarlı Halil Paşa ile kubbe vezirleri (sayıları yediye kadar çıkan diğer vezirler) el bağlamış, padişahı dinliyorlardı. Bunlar arasında Şehabettin, Zağanos ve Turahan Paşaların birbirine yakın durmaları ve her fırsatta birlikte hareket etmeleri dikkatlerden kaçmıyordu.

- Devletli vezirlerim; Allah'ın izni, siz değerli vezirlerimin dirayetli yönetimi ve komutanlarımın cansiperane gayretleri neticesinde zor da olsa Hristiyanları durdurmayı başardık ve onları barışa zorladık. Anlaşma şartları aleyhimize gibi görünse de neticede bu barış bize nefes aldıracaktır.

Veziriazam Çandarlı Halil Paşa, yavaşça öksürdü. Bu hareketi, konuşmak için izin istediği anlamına geliyordu. Padişah'ın canı sıkılır gibi oldu. Çünkü Çandarlı, hemen her konuda olduğu gibi bu konuda da Sultan Murat'tan farklı düşünüyordu.

Hünkâr, yine de söz verdi veziriazamına.

- Çandarlı Paşa'mız ne söylemek ister?
- Hünkâr'ımızın da kabul ettikleri gibi Hristiyanlarla barış yapmak, savaşmaktan daha hayırlıdır.
- Paşa, Paşa, bakma sen şimdi barış yapmak zorunda kalışımıza; gerektiği zaman savaştan çekinmeyeceğimizi, en iyi sen bilirsin.
- Ben de onu derim ya Sultan'ım; gereken zaman şimdi değildir. Mazallah savaşa devam etseydik askerimiz çok zayiat verecekti.

Sultan Murat, Çandarlı'nın bu tür konuşmalarından bıkmıştı. Onun, hemen her fırsatta Osmanlı askerini korumak adına, ordunun seferlerine karşı çıkmasını bir türlü kabul edemiyordu. Çoğu zaman ondan kurtulmak istiyor fakat bunu bir türlü başaramıyordu. Görünüşe göre Çandarlı haklıydı. Askerin daha fazla kırılmasındansa şartları ağır da olsa barış yapmak daha iyiydi.

Çandarlı, bir eliyle sim işlemeli kaftanının eteğini tutmuştu. Diğer elini göğsüne götürerek konuşmaya devam etti:

- Yaptığınız bu anlaşmanın ordumuz ve dahi devletimiz için hayırlı olacağına inancım tamdır Hünkâr'ım. Bunu siz başardınız. Ben dahi, bir kulunuz olarak size minnettarım.
- Kullarımın, kararlarımızdan hoşnut olması sevindirir bizi. Hele de böyle hüzünlü günlerimizde.

Padişahın, bu son sözüyle oğlu Alaaddin'in ölümünden duyduğu derin üzüntüyü kastettiğini, divanda bulunan bütün vezirler anlamıştı. Her biri dili döndüğünce Sultan Murat'ı rahatlatmaya çalıştı:

- Hünkâr'ımıza Allah sabırlar versin.
- Ne çare, emir büyük yerden gelmiştir.
- Ölenle ölünmez diyen atalarımız doğru söylemiş.
- Şükür ki Padişahımız Efendimiz'in bir oğlu daha var.
- Üstelik Şehzade Mehmet'in güzel haberleri gelmekte...
- Öyle diyorlar, Şehzade Mehmet, genç yaşında olmasına rağmen devleti bile yönetecek olgunlukta imiş.

Sözün burasında yine Çandarlı'nın çatlak sesi duyuldu:

- Hünkâr'ımız Sultan Murat Hazretleri dururken devleti yönetmek bir çocuğa mı kalmış?

Sultan Murat, ilk defa sinirlendi. Kavuğunu düzeltti. İşaret parmağını Çandarlı'ya doğru sallayarak,

- Bre densiz, devleti kimin yöneteceğine sen mi karar vereceksin?

Ortada buz gibi bir hava esti. Buna rağmen Şehabettin, Zağanos ve Turahan Paşaların birbirlerine bakarak bıyık altından gülmeleri dikkatlerden kaçmadı. Belli ki Çandarlı'nın düştüğü duruma sevinmişlerdi. Çandarlı ise padişahı ilk defa bu kadar sinirli görüyordu. En iyisi alttan almaktı.

- Haşa Hünkâr'ım; demem o ki siz sağken ve de sağlıkken...
- Sus derim sana Paşa, sus!

Çandarlı sustu.

Padişah, bir ileri bir geri dolaşmaya başladı. Siniri geçmemişti.

- Ayaklar baş, başlar ayak olmaya başlarsa sonumuz hiç de iyi olmaz. Ve ben buna müsaade etmem. Herkes iyice anlasın, müsaade etmem buna ben!

Sultan Murat, bu sefer hüzünlü ve kırgın bir sesle, "Allah sabredenlerle beraberdir." anlamına gelen ayeti okudu. Biraz rahatlamıştı. Vezirleri, oğlunun vefatından sonra Padişah'ın neredeyse içine kapandığını görüyorlardı. Bu seferki çıkışı, hepsini de şaşırtmıştı. Yine de içinde bulunduğu zor durumdan dolayı böyle davrandığını düşündüler. Haklıydılar. Padişah, zor günler geçiriyordu. Bir köşeye çekilip dinlenmek istiyordu. Dahası, sadece ibadetle meşgul olmak, dünyadan elini eteğini çekmek gibi bir düşüncesi bile vardı. Hatta bu konuda Muradî mahlasıyla bir şiir bile yazmıştı:

"Gerekdir-kim idem âheng-i üzlet
Koyub gayri tutam nefsi ülfet"

(Artık nefsimin isteklerini bir kenara koyup bir köşeye çekilmem gerekir.)

Padişah düşündü ki toplantıya daha fazla devam etmek lüzumsuzdur. Canı sıkılmıştır, içi daralmıştır ve açık havaya ihtiyacı vardır. Bir el hareketiyle toplantıyı bitirir. Vezirleri, bir biri ardına saygılarını sunarlar padişaha. Sonra da toplantı salonundan ayrılmaya davranırlar. Padişahın cılız sesi bir an duraklatır vezirleri:

- Şehabettin, Zağanos, Turahan Paşalarım, siz kalın. Bahçede birlikte yürüyelim.

Çandarlı, padişahın bu tavrına sinirlendi. Ama yapacak bir şeyi yoktu. Devlet adamlığı bazı şeyleri yutmayı gerektirir, diye düşündü. Boyun bükerek toplantı salonunu terk etti. Diğer vezirlerin böyle bir derdi yoktu. Onlara göre padişahın her emrine kayıtsız şartsız itaat edilmeliydi. Öyle yaptılar.

BAHÇEDE BİR GEZİNTİ

Sarayın çiçekli bahçesi... Tertemiz bir hava... İnsanın içinin açılması lazım... Lakin öyle değildi. Padişahın gönlü açılacağına yüreği kabarıyordu. Bunca sıkıntıya nasıl dayandığına kendisi de şaşıyordu. Evet, Macarlarla ve Sırplarla uzun süreli bir barış anlaşması yapılmıştı ama Osmanlı, topraklarının önemli bir kısmını kaybetmek zorunda kalmıştı. Üstelik tehlike büsbütün geçmiş de sayılmazdı. Hristiyanlar, fırsatını buldukları ilk anda Osmanlı'yı yeniden köşeye sıkıştırmaktan kaçınmayacaklardı. Bütün bunlar yetmiyormuş gibi iki oğlunu gencecik yaşlarında toprağa vermişti. En çok da bunlar üzmüştü Padişah'ı. Ya Şehzade Mehmet'in, yüreğinde açtığı yangınlara ne demeliydi? Amasya'da daha 4 yaşında bir çocukken ağabeyi Alaaddin'e yazdırdığı mektup, unutulacak gibi değildi. Hele bir cümlesi vardı ki aklından hiç çıkmamıştı koca Padişah'ın:

"Sen de savaş meydanlarında at koştururken beni düşünüyor musun?"

Düşünmez olur muydu? Padişah da olsa bir baba değil miydi? Çocuklarını öpüp koklamayı, onlarla oyun oynamayı o da istemez miydi? Ama olmuyordu işte. Devletin içinde bulunduğu durum buna izin vermiyordu.

Padişah, hemen arkasında yürüyen vezirlerin varlığını unutmuş gibiydi. Düşünceleri yüzüne yansımıştı. Durdu. Vezirleri de durdu. Bir müddet etrafı seyretti. Gözü, kendisine önemli haberleri ileten ulakbaşının üzerine odaklandı. Ulakbaşı, epey uzakta bir noktada bekliyordu. Padişah'ın ısrarlı bakışlarına, "Henüz verecek önemli bir haberim yok." der gibi karşılık verdi. O zaman Padişah vezirlerine döndü:

- Paşalarım, bilirim devletimiz için ve dahi padişahınız için yapamayacağınız şey yoktur.

- Yoktur Sultan'ım.

- Devletimiz için boynumuz kıldan ince.

- Öl de ölelim, kal de kalalım!

Padişah duygulandı.

- Hayır, dedi; ben sizin ölmenizi değil, vatana hizmet için yaşamanızı istiyorum.

- İnşallah Hünkâr'ım.

- Ömrümüzü vatana adadık biz.

- Canımızı da.

- Âlâ Paşalarım, âlâ. Şimdi size diyeceklerim var.

Üç Paşa, âdeta kulak kesilip padişahı dinlemeye koyuldu.

- Bilirsiniz Osmanlı tahtına varis olarak bir Mehmet'im kaldı.

- Biliriz Sultan'ım, Allah size uzun ömürler versin.

- Şehzade Mehmet'in ne kadar zeki, ne kadar cevval ve dahi ne kadar inatçı olduğu haberlerini siz de almışsınızdır.

- Aldık Hünkâr'ım.

- Sadece bunlar mı? Şehzade'mizin at binişi, kılıç kuşanışı dillere destanmış.

- Daha şimdiden Arapçayı, Farsçayı, İtalyancayı ana dili gibi konuşur, yazarmış.

- Hem aklı hem gönlü zenginmiş Şehzade'mizin.
- Allah, Şehzade'mizi nazardan saklasın.
- Âmin Paşalarım. Demem o ki Şehzade'yi tez zamanda tahta hazırlamak isterim.

Paşalar, bir an durakladı. Şehzadeler zaten ve sürekli olarak tahta hazırlanmıyor muydu? Öyleyse bu acele niyeydi?

- Padişahımız Efendimiz'in iradesini sorgulamak bize düşmez, lâkin...

Padişah oldukça sakindi. Karşısında Çandarlı değil, en güvendiği adamları vardı.

- Çekinmeyin, sözlerinizi yüzüme karşı söyleyin.
- Lâkin Hünkârım, "tez zamanda" deyişinizi anlayamadık.
- Yani Sultan'ım, siz sağ iken...

Padişah, böylesine açık konuşmak istememişti. Asıl niyetini şimdilik gizli tutmakta fayda vardı. Hele ortalıkta Çandarlı gibi her icraatını baltalamaya çalışan bir adam varken...

- Demem o ki paşalarım, günü gelip de Mehmet'im padişah olunca hiçbir eksiği kalmamalı. Bizim isteyip de başaramadıklarımızı o başarmalı.

Paşalar rahatlamıştı. Yine de Sultan Murat'ın tavırları onları yadırgatıyordu. İkide birde bir köşeye çekilmekten bahsedişi hayra alamet değildi. Kendisini tamamen dine vermek istemesi de doğru değildi. Padişahlar, dünya işlerini öyle canları istediği zaman terk edemezlerdi. Tamam, dinin emirlerini yerine getirsinlerdi, ama dünyayı da boşlamasınlardı. Zaten, "Yarın ölecekmiş gibi ahiret için, hiç ölmeyecekmiş gibi dünya için çalış." denilmemiş midir? Bu dünyayı boşlayan bir padişah, devlet işlerini nasıl yürütürdü? Yok, bu olacak iş değildi. Neyse ki Sultan Murat, şimdilik dünya işlerinden tamamen elini eteğini çekmemişti. Daha az önce Çandarlı'yı böyle bir konuda haşlamamış mıydı?

Padişah konuşmaya devam etti:

- Paşalarım, Şehzade Mehmet'i Manisa'dan Edirne'ye getirtsek, şöyle yanı başımızda bir yöneticilik görevi falan versek; ha, ne dersiniz?

Paşalar, iyice rahatlamıştı.

- Siz, daha iyi bilirsiniz Hünkâr'ım...
- Sultan'ımıza güvenimiz sonsuzdur, o ne yaparsa iyisini yapar.
- Berhudar olasınız paşalar. Bir şey daha düşünürüm.

Vezirler dikkatle dinlemeye koyuldu.

- Şu Çandarlı meselesi...

Paşaların canı sıkıldı. Yine de boyun bükerek beklediler.

- Devlet işlerinde küslük olmaz. Bilirim ki Çandarlı, Osmanlı'ya hizmette kusur etmez.
- Öyledir de her işte karşınıza dikilmesini kabullenmek zor.
- Olsun, onunki sadece olaylara farklı açıdan bakmak gibi bir şey. İstiyor ki Osmanlı'da askerin burnu bile kanamasın.
- Bağışlayın Hünkâr'ım ama gerektiği zaman askerin burnu da kanayacak, canı da bu vatan için feda olacak.
- Ben de sizin gibi düşünürüm. O yüzdendir ki sizi ondan ayrı tutarım. Yine de bu kadar tecrübeli bir devlet adamını bir kalemde silip atmak içimden gelmiyor.
- Siz bilirsiniz Sultan'ım.
- Şehzade Mehmet'in sorumluluğunu Çandarlı'ya vereceğim. Onun iyi yetişmesini sağlasın yeter.

Paşalar, bu son duruma pek memnun olmadılar. Yine de Sultan Murat'ı destekleyen sözler söylediler. Bu arada

ulakbaşının hareketlendiği görüldü. Padişah heyecanla ona döndü. Ulakbaşı, padişaha yaklaşıp ona gerekli saygıyı gösterdi ve
- Bekledikleriniz geldi Hünkâr'ım, dedi.
Paşalar yine bir şey anlamadı. Demek ki Padişah'ın beklediği birileri vardı.
Padişah, heyecanla,
- Derhal buraya gelsinler, dedi.
Biraz sonra başta Akşemseddin olmak üzere Şehzade Mehmet ile vezirleri huzura alındı.

Orada bulunan herkes nefesini tutmuş, padişahla şehzadenin, daha doğrusu baba ile oğulun kavuşmasını seyrediyordu. Şehzade, ne kadar büyümüş, ne kadar serpilmişti. Ona çocuk demek için bin şahit lazımdı. O boy pos, o endam, o duruş, o bakışlar, baba da olsa padişahı o selamlayış, öpüp başına koyduğu eline özlemle sarılış hepsi, hepsi harikaydı.

Ya Hünkâr'a ne demeli? Koskoca Padişah, sevinçten dokunsanız ağlayacak gibiydi. Oğulcuğunu öpüp öpüp bağrına basarken, koklayıp koklayıp içine çekerken ne kadar da duygu dolu bir tavır sergiliyordu. Artık kuşkusu kalmamıştı. Bu çocuk, bu delikanlı, bu şehzade; kaymakam da olurdu, vali de, padişah da...

Sultan Murat, birbiri ardına emirler yağdırdı:
- Şehzade'min her dileği benim dileğim; her emri, benim emrimdir. Sözünün üstüne söz konmaya!

Bu ne büyük yetkiydi. Ortada Padişah dururken Şehzade'nin her emri yerine getirilecekti. O zaman Sultan Murat'a ne lüzum var, diye düşünenler oldu. Fakat emir büyük yerdendi. Şehzade'ye imrenerek bakanlar, devletin tek varisine saygıda kusur etmemenin telaşına düştüler.

ŞEHZADE MEHMET PADİŞAH OLUYOR

- Bakasın Paşa, zaman zaman fikir ayrılığına düşsek de senin devlet adamlığına her zaman güvenirim.

Çandarlı Halil, kendisini alelacele çağırtan Sultan Murat'tan bu sözleri duyunca rahat bir nefes aldı. Dumanı hâlâ tüten tartışmalarının sonunda padişahın hatasını anladığını düşündü. Yüzüne hiç de saklayamadığı bir kibir dalgası yayıldı.

- Eksik olmayın Hünkâr'ım; ben de bütün Çandarlı atalarım gibi devletimizin hizmetinde olmaktan şeref duyarım.

- Eminim Paşa, eminim. Biraz da buna güvenerek senden bir şey rica edeceğim.

Çandarlı'nın kibir damarları genişliyordu. Koca Padişah, vezirine emretmiyordu, istediği her neyse ondan rica ediyordu. Yapmacık bir terbiyeyle cevap verdi:

- Hünkâr'ımızın ricası biz kullar için emir sayılır.
- Şehzade Mehmet'i Edirne'ye getirttiğimizi biliyorsun.
- Biliyorum Sultan'ım.
- Onun, tahtı devraldığında hiçbir eksiği kalmaması dileğimdir.
- Biz kullar da böyle düşünürüz.

- Demem o ki senin gibi bir devlet adamından öğreneceği ne varsa öğrenmeli.
- Ona bir şeyler öğretmek bizim için ancak şereftir.
- Şehzade'yi senin sorumluğuna veriyorum. Uygun bulduğun bir yerde yöneticilik yapsın. Ne biliyorsan öğret ona, ne biliyorsan...

Sultan Murat, bu son cümleyi kasıtlı söylemişti. İstiyordu ki Çandarlı, Şehzade'ye her türlü ayak oyunlarını da öğretsin. Öğretsin ki bu tür oyunlarla karşılaştığında bocalamasın.

- Başüstüne, diyen Çandarlı ise karışık duygular içindeydi. Daha geçen gün padişahın hışmına uğramıştı. Şimdi ise önemli bir görev veriliyordu kendisine. Hem de Padişah tarafından, padişah adayını yetiştirme görevi... Gururlandı. Onu istediği gibi yetiştireceğinden emindi. Belki de Şehzadeyi, devlet işlerinde daha temkinli hareket etmeye alıştırırdı. Atalar, "Ağaç yaş iken eğilir." dediğine göre bundan iyi fırsat geçmezdi eline. Şehzade'nin hamurunu istediği gibi yoğuracağından emindi.

Şehzade Mehmet de kendisine verilen bu görevden son derece memnundu. En çok sevindiği şey de annesine ve babasına yakın olmasıydı. Fakat işler sandığı gibi gitmedi. Babası, Karamanoğlu İbrahim Bey'in çıkardığı sorunlarla ilgilenmek üzere Anadolu'ya geçti.

Sultan, Karamanoğlu İbrahim Bey'i, Ankara yakınlarında savaşla değil barışla durdurmayı başardı. Tarihler 1444 yılının Temmuz ayını gösteriyordu. Karamanoğlu ile Sultan Murat arasında bir anlaşma yapıldı. Buna göre Göller Bölgesi, Karamanlılara bırakıldı. İbrahim Bey, barışı koruyacağına dair Sultan Murat'a "Yenişehir Sevgendnamesi (yemin belgesi)" verdi. Padişah daha önce Macarlar ve Sırplarla barış anlaşması yapmıştı. Şimdi de Karamanlılarla aynı şeyi yapıyordu. Böylece devletin batısını ve doğusunu tehlikelerden koruduğunu düşünüyordu.

***

Karamanlılarla yapılan barışın üstünden henüz bir ay geçmişti.

Sultan Murat, Karacabey'de bulunan hanedan çiftliğinde devletin ileri gelenlerini meşverete çağırdı. Çandarlı başta olmak üzere vezirler, komutanlar, din âlimleri, kapıkulu subayları hazır bulundu. Şehzade Mehmet, babasının hemen yanında duruyordu, onun yanında da Akşemseddin, Molla Hüsrev, Molla Yegân...

Önemli bir şey olacağı kesindi. Böyle bir yerde, böyle bir toplantı görülmüş şey değildi. Kendi aralarında durum değerlendirmesi yapanlar, Padişah'ın konuşmasına dikkat kesildiler:

- Devletimin Değerli Vezirleri,
Kahraman Komutanlarım,
Muhterem Âlimler,
Şehzade Mehmet'in Değerli Hocaları,

Sizleri böyle alışık olmadığınız şekilde buraya davet ettim, çünkü...

Padişah'ı dinleyenler günlerdir merak ettikleri şeyi öğreneceklerdi.

- ... Çünkü devletimiz için son derece önemli bir karar aldım.

Neydi bu karar? Padişah sözü niçin uzatıyordu?
- Aldığım kararı birazdan öğreneceksiniz. Ama önce size soracaklarım var.

Çiftlikte bulunanların şaşkın gözleri padişaha döndü.
- Şehzade Mehmet'i nasıl bilirsiniz?
- İyi biliriz.
- Onun, dininde gevşeklik gösterdiğini gören, duyan oldu mu?
- Hayır.
- Yiğitliğini ve cesaretini duymayan var mı?
- Hayır.
- Ona bir "ilim adamı" gözüyle bakabilir misiniz?
- Evet.
- Gönül gözünün de açık olduğuna şahitlik eder misiniz?
- Ederiz.
- Başınızda böyle bir padişah olmasını ister misiniz?
- ...
- Size derim, böyle bir padişahınız olmasını ister misiniz?

Kimseden çıt çıkmadı. Sadece Çandarlı... Evet, sadece Çandarlı, her şeyi göze alarak konuştu:
- Allah gecinden versin, sizden sonra Şehzade'mizin padişah olarak başımızın üstünde yeri var.

Sultan Murat, bitirici cümleyi söyledi:
- Benden sonra değil Çandarlı, ben varken, hemen şimdi!

Çiftlikte bir uğultudur yükseldi. Osmanlı tarihinde bir örneği yoktu bunun. İlkti. Belki de son olacaktı.

Herkes hayretteydi fakat Şehzade'nin hayreti herkesten fazlaydı.
Herkes şaşkındı fakat Şehzade'nin şaşkınlığı herkesten çoktu.
İçlerinde en sakin olanı Akşemseddin idi. Bunun böyle olacağını biliyor gibiydi.

Padişah, kararının gerekçesini de açıkladı:
- Sizin de tasdik ettiğiniz gibi Şehzade Mehmet, devleti yönetecek ehliyettedir. Hem bu konuda yalnız da değildir. Başta Çandarlı vezirim olmak üzere tecrübeli devlet adamlarımızın eli, her daim Şehzade'nin üstünde olacaktır.
Bana gelince artık dünya işlerini bırakıyorum.
Bursa'da kalacağım. Ve sadece ibadetle meşgul olmak istiyorum.

Sultan Murat, etraftakilerin hayret dolu bakışları altında Şehzade Mehmet'le yer değiştirdi. Şaşkınlığını üzerinden atmaya çalışan Şehzade'nin yaptığı ilk iş, babasının elini öpmek oldu.
Toplantıya katılanlara, hayırlı olsun demek düştü.
İnşallah hayırlı olur, diye düşündüler içlerinden.

Sultan Murat, Bursa'da kaldı. Karamanoğlu İbrahim Bey için yollara düşen fakat savaş yerine barış yapıldığı için geri dönen ordu, Edirne'ye doğru hareket etti.
Ordunun başında padişah olarak Sultan Mehmet vardı.

PADİŞAHLIK STAJI

Sultan Mehmet'in padişah olarak geçirdiği ilk günler tam bir curcuna gibiydi. Vezirlerinin her birinden bir ses çıkıyordu. Çandarlı, devletin selameti için komşu devletlerle iyi geçinmek gerektiğini söylüyordu. Onlara karşı açılacak bir savaşın nelere mal olacağını anlatıp duruyordu. Hele Hristiyan âlemiyle savaşa girişmek şöyle dursun savaş hazırlığı bile yapmanın doğuracağı tehlikeleri sayıp döküyordu.

Şehabettin, Zağanos, Turahan Paşalarla Hızır Bey gibi yeniçeri ağaları başta olmak üzere bir grup vardı ki onlar Çandarlı'nın tam tersini düşünüyorlardı. Onlara göre Osmanlı padişahı, İslamiyeti cihana yaymakla görevliydi. Bunun için de tavuklar gibi kümesinde oturmak yakışmazdı ona. Padişah dediğin, başkasının kararlarını uygulayan değil, kararlarını başkalarına uygulatan insandı. Bunun için de ordu her an savaşa hazır olmalıydı.

Hocası Akşemseddin; genç padişahın gönül sarayını imar etmekle meşguldü. O da gerektiği zaman savaştan yanaydı ama bir padişah önce gönülleri kazanmalıydı. Vezirlerinin, komutanlarının, hocalarının, özellikle de askerin gönlünü...

Sultan Mehmet, bütün telkinleri dinliyor, şimdilik ciddi sayılabilecek hiçbir işe girişmiyordu. Onun ruhu da savaştan yanaydı. İçindeki ateş, ancak çok önemli bir zafer kazanırsa sönebilirdi. Bu çok önemli zaferin ne olduğunu biliyor fakat bunu uluorta dillendirmiyordu. Bilmediği şey, bunun ne zaman ve nasıl gerçekleşeceği idi. Şimdilik beklemeyi uygun gördü.

Padişahlığın ne kadar zor olduğunu yavaş yavaş anlamaya başlamıştı. Diğer yandan hiçbir zorluğun kendisini yıldıramayacağına inancı tamdı. Sadece zamana ihtiyacı vardı. Bu sürede insanları, özellikle vezirlerini iyi tanımalıydı. Hocası Akşemseddin'den aldığı eğitim çok işine yarayacaktı. İnsanların tavır ve hareketlerini tartacak, değerlendirecek, kendine buna göre bir yol çizecekti.

Sultan Mehmet'in padişahlığının ilk günleriydi.

Hüma Hatun haber göndermiş, padişahla görüşmek istediğini bildirmişti. Ne demekti bu? Bir anne, padişah da olsa oğluyla görüşmek için haber mi gönderirdi? Hem onun, huzura gelmesi de ne demekti? Oğlu giderdi onun yanına. Elini öper, başını dizine koyar, annesinin cennet yüzünü seyrederdi. Annesi oğlunun saçlarını okşar, yavrucuğunun mis kokusunu içine çekerdi. Fakat öyle değildi işte. Anne de olsa padişahın huzuruna çat kapı çıkamazdı. Sarayın belli kuralları vardı, ona uymak zorundaydı.

Hüma Hatun, saygılı bir şekilde içeri girmiş, oğluna birkaç metre kala ellerini kavuşturmuş, ayakta beklemeye koyulmuştu. İşte o an genç padişahın içinde fırtınalar koptu. Yerinden kalktığı gibi anneciğine koştu. Önce ellerini öptü, sonra doyasıya sarıldı annesine. Oğulcuğunun daha küçük bir çocukken ağabeyine yazdırıp gönderdiği ateş parçası mektup, hâlâ Hüma Hatun'un yüreğini yakmaya devam ediyordu. Oğluyla beraber geçirdiği yıllarda bile sönmemişti bu ateş. Ama şimdi her şey farklıydı. Oğlu, padişah olmuştu. Onun için söylediği ninnileri, ettiği duaları hatırladı. Canından bir parça olan evladını, canının içine sokarcasına kucakladı. Bir yandan ağlıyor, bir yandan Allah'a şükrediyordu. Sultan Mehmet, göz pınarlarına daha fazla hâkim olamadı, koyverdi kendini. Biliyordu, bu olayı duyanlar kendisi için, "ana kuzusu" diyeceklerdi. Varsın desinlerdi. Anne kuzusuydu işte, var mıydı bunun ötesi?

HRİSTİYANLAR BAYRAM EDİYOR

Şehzade Mehmet'in, babası tarafından çocuk denecek yaşta tahta çıkartılması, Hristiyan dünyasında geniş yankı buldu. Böyle bir olaya ilk defa şahit oluyorlardı. Koskoca Osmanlı, bir çocuğun idaresine bırakılmıştı. Olacak şey değildi, ama olmuştu işte.

Derhal harekete geçilmeli, bu durumdan istifade edilmeliydi. İlk olarak Macar Kralı, II. Murat'la yaptığı barış antlaşmasını iptal etti. Niyeti Osmanlı'ya karşı yeni bir Haçlı seferi düzenlemekti.

Hristiyanların bu niyeti Osmanlı topraklarında duyulunca Edirne halkından bir kısmı şehri terk etmeye başladı. Sarayda da bir kriz baş gösterdi. Şahabettin Paşa'yla Zağonas Paşa, Hristiyanlara derhal hadlerini bildirmekten yanaydı. Sultan Mehmet de bu görüşte olmakla birlikte bunu kimseye söylemiyordu. Çandarlı Halil Paşa ise her zaman olduğu gibi bu fikre karşıydı. Genç Sultan'ın karşısına çıkarak,

- Kulağıma gelenler doğru ise Haçlılara savaş açmayı düşünürmüşsünüz, dedi. Ona, "padişahım" demeye dili varmıyordu bir türlü.

Bu da nereden çıkmıştı? Sultan Mehmet, kimseye bir şey söylemediği halde Çandarlı bu sonuca nasıl varmıştı?

Genç padişahın, Çandarlı gibi kurt bir devlet adamının her şeyi takip eden adamları olduğunu anlaması uzun sürmedi. O zaman daha fazla gizlemeye lüzum görmedi:

- Evet, dedi; baskın, basanındır; onlardan önce biz hücuma geçmeliyiz.
- Cesaretinize hayranım.
- Sağ ol devletli vezirim.
- İsterseniz ordunun durumunu gözden geçireyim. Gerekli hazırlıkları yaptıktan sonra size haber vereyim.

Çandarlı'ya ne olmuştu? Neden böyle ılımlı konuşuyordu? Yoksa Padişah'a destek mi verecekti? Bunu anlamanın bir yolu vardı. İsteğini kabul etmek... Sonra da bekleyip görmek...

- Âlâ, dedi; gerekli hazırlıklar yapılsın. Yalnız...
- Yalnız, ne?
- Yalnız vakit geçirilmesin. Düşmana ilk darbeyi biz indirmeliyiz.
- Merak buyurmayın. Bana güvenin yeter.

Çandarlı huzurdan çıkarken bıyık altından gülüyordu. Padişah gerçekten bir "çocuk"tu, çocuk ne kelime tam bir "ana kuzusu"ydu.

BU ÇOCUK BU SAVAŞI KAZANAMAZ

Çandarlı'nın ilk işi Bursa'ya, Sultan Murat'a ayrıntılı bir mektup göndermek oldu. Atlı ulaklar mektubu Sultan'a arz ettiler. Şöyle yazmıştı mektubunda Çandarlı:

"Osmanlı Tahtının Gerçek Sahibi Sultan Murat Han'a,

İradenizle Şehzade Mehmet'i, daha küçüklüğünden itibaren koruyup kollamaya, onu iyi bir devlet adamı gibi yetiştirmeye gayret ettim.
Yine iradenizle tahtı çocuk denecek yaştaki oğlunuza bıraktığınızda kararınızı sorgulamadık. Zira o zaman bizlerin desteğini istemiştiniz.
Şimdi bizim, genç padişaha, dahası size ve devletimize desteğimizi sürdürme günüdür.
Haçlılar kapımıza dayanmış, bize saldırmak için fırsat kollamaktalar. Padişahımız ise, derhal onlara hücum etmekten yanadır. Oysaki durum hiç de öyle değildir. Ordumuz, yeni bir savaş istemiyor; halkımız savaştan öcü gibi kaçıyor. Şimdiden bazı aileler Edirne'yi terk etmeye başladılar bile. Korkum odur ki Padişah'ın aceleciliği bize pahalıya mal olacaktır. Devletimizin, yeni bir toprak kaybına tahammülü

yoktur. Halkımızın canı da her şeyden değerlidir.

Vakit, bir köşede oturma vakti değildir.
Kulunuzu dinlerseniz devletin menfaatleri uğruna yeniden tahta geçmenizde büyük zaruret görürüm. Boşa harcanacak vakit yoktur. Hemen gelin, zira bu çocuk bu savaşı kazanamaz.

Baki selamlarımla hürmetlerimi arz ederim.
Kulunuz ve dahi veziriazamınız Çandarlı Halil."

Sultan Murat, mektubu okuyunca iki arada bir derede kaldı. Evet, Çandarlı haklıydı. Ne kadar iyi yetişirse yetişsin sonunda Şehzade Mehmet bir çocuktu. Haçlı ordusuna karşı başarılı olması imkânsız gibiydi. Çevresinde bir kurtlar sofrası olduğunu anlamış olsa bile onları alt edecek tecrübesi henüz yoktu. Diğer yandan oğlunun bu cesaretine hayran olmuştu. Doğrusu bu kadar cesaret kendisinde yoktu. Yine de Sultan Mehmet'in biraz daha pişmesi gerekiyordu.

Kararını veren Sultan Murat, Edirne'ye doğru hareket etti.

***

Sultan Murat'ın Edirne'ye doğru hareket edişi, genç padişahı tedirgin etti. Babası tahtı oğluna bırakmamış mıydı? Öyleyse bu geliş niyeydi? Padişahlığı elinden giderse hâli nice olurdu? Kime sözünü dinletebilirdi? Bu düşüncelerle Çandarlı'yı huzura çağırttı.

- Paşa, ordunun durumunu inceletmeniz bitmedi mi?
- Yakında biter.

Çandarlı yalan söylüyordu. Gözlerini kısarak konuşması onu ele vermişti. Yine de yüzüne vurmadı bu durumu. Koskoca vezire yalan söylüyorsun demek yakışık almazdı. Devleti düşünerek böyle hareket ettiğine inanmak istedi. Ama Çandarlı'nın Sultan Murat'a mektup gönderdiğini öğrenmişti. Artık o da etrafında olan biteni kendisine haber verecek adamlar edinmişti. Yine de temkinli konuştu:

- Paşa'm, sizin tecrübelerinize güvenirim. Araştırmalarınız bitince bu işi birlikte hallederiz. Allah vere de bu arada babamı bu işe karıştırmak isteyen densizler çıkmaya!

Çandarlı, Sultan Mehmet'in bu cümlesini duymamış gibi yaptı.

Çok geçmeden Sultan Murat'ın Edirne'ye yaklaştığı haberi geldi. Genç padişahın tedirginliği arttı. Babasının niyeti ne olabilirdi? Yeniden padişah olacaksa oğlunu niye tahta geçirmişti? Tahtından indirilen padişahın otoritesi sıfıra inmez miydi?

Sultan Mehmet istiyordu ki Varna açıklarına kadar gelen Haçlı ordusunu, kendisi bozguna uğratsın. Böyle bir zafer sadece düşmanlara değil, kendisini "ana kuzusu" sayanlara karşı da kazanılmış olurdu. Üstelik padişahı "çocuk" gören Çandarlı Halil Paşa da boyunun ölçüsünü alırdı.

Nihayet Sultan Murat, Edirne'ye geldi. İlk işi oğlunu

ziyaret etmek oldu. Genç Padişah, babasını kuşkuyla karşıladı. Yine de gereken hürmette kusur etmedi. Aralarında geçen havadan sudan konuşmalardan sonra Sultan Murat, asıl konuya girdi:
- Görüyorum ki padişahımızı zor günler bekler.
- Allah'ın izniyle aşarız bu zor günleri.
- Allah'ın izniyle ve...
- Ve sizlerin yardımıyla elbette...
- Bu günlerin altından hep beraber kalkacağız.
- İnşallah...
- Derim ki sen padişahlık makamında biraz daha pişmeye devam et...

Sultan Mehmet rahatladı. Demek ki babasının tekrar padişah olmak gibi bir niyeti yoktu. Ancak "biraz daha" sözünün altında bir bit yeniği olmalıydı. Yoksa Sultan Murat, bir zaman sonra mı gelip tahta geçecekti? Karmaşık duygular içindeyken,
- Sayenizde yeteri kadar piştiğimi düşünüyorum, dedi.
Sultan Murat,
- Senin padişahlığına dokunmuyorum. Bu savaşta alacağın bir yenilgi önce devletimize sonra da ikimize birden zarar verir. Bu yüzden istersen orduların başına ben geçeyim, Haçlıların karşısına ben çıkayım.

Sultan Mehmet, biraz rahatlasa da üzüntüsü daha büyük oldu. Babasının orduların başına geçme kararını oğluna bırakıyor gibi görünmesi onu incitmemek içindi. Aslında karar çoktan verilmişti. Demek ki babası ona yeteri kadar güvenmiyor, onu hâlâ bir çocuk yerine koyuyordu. Demek ki Çandarlı Halil Paşa, Sultan Murat üstünde, kendisinden daha etkiliydi. Olsun dedi, içinden; bunda da bir hayır vardır. Böyle düşünmeyi hocası Akşemseddin'den öğrenmişti. Şimdi yanında olsaydı ona sabır tavsiye ederdi, hemen ardından daha çok çalışması gerektiğini söylerdi.

Genç padişah, durumu lehine çevirecek bir hamle yaptı:

- Ben de sizden bunu isteyecektim. Fakat öz babama emir vermekten çekinirdim.

Sultan Murat, oğlunun bu manevrasını takdir etti.

- Çekinmeyeceksin oğlum, çekinmeyeceksin. Unutma, padişahlar herkese emir verme yetkisine sahiptir; babalarına bile...

***

Sultan Murat, 1444 yılının 10 Kasım'ında Haçlı ordusunu Varna'da bozguna uğrattı. Zaferden sonra yanına vezirlerini alarak savaş meydanını dolaşan Sultan Murat, gördüğü manzara karşısında üzülmeden edemedi. Binlerce Haçlı askeri, ömürlerinin baharında kara toprağı boylamıştı. Sultan, âdeta bu cansız bedenlerle konuşuyordu:

"Ben ne güzel Manisa'da kendi köşeme çekilmiş, dünya nimetlerinden elimi eteğimi çekmiştim. Siz çağırdınız beni. Hatta gelmem için zorladınız. Ne lüzum vardı böyle bir savaşa? Padişahı çocuk görüp harekete geçmek ne kazandırdı size? Sadece ölüm. Sadece gözyaşı. Değer miydi buna? Söyleyin değer miydi?"

İç âleminden sıyrılan Sultan, paşalarına sordu:

- Bunca genç ölünün arasında yaşlıların pek az oluşuna ne dersiniz?

Böyle bir soru Çandarlı Halil Paşa için bulunmaz bir fırsattı. Hemen cevabı yapıştırdı:

- İçlerinde yaşlı bir kişi bulunsaydı padişahım, sonları

hiç böyle olur muydu? Yaşlı bir kişi, görüp geçirmiş bir insandır. Görüp geçirdiği de onun akıl ölçüsüdür. Bu öyle bir ölçüdür ki, insana bu genç ölülerinkine benzeyen bir son hazırlamaz. Sultan Murat, Çandarlı'ya hak vermekle birlikte sözün hangi maksatla söylendiğini anlayacak kadar tecrübeliydi. Yeni bir tartışmaya meydan vermemek için sustu.

Varna'da kazanılan zafer Osmanlı Devleti için muhteşem bir durumdu. Ama Edirne Sarayı'nda işler hiç de güllük gülistanlık değildi. Padişah, kendisi istemesine rağmen bu savaşa götürülmemişti. Kazanılan zafer tamamen Sultan Murat'ın başarısıydı. Genç padişahın durumu ise tartışılır hâle gelmişti.

Sultan Murat, kazandığı zaferin ardından hemen Manisa'ya dönmedi. Niyeti, oğlunun yanında daha fazla zaman geçirmekti. Tecrübelerini ona aktaracaktı. Oğluyla yaptığı sohbetlerin birinde şöyle demişti ona:

"Ey Oğul!
Dünyada üç çeşit insan vardır:
İlki, aklı-fikri yerinde olan, geleceği az çok görebilen ve hiçbir olumsuz davranışı bulunmayanlar.

İkincisi, gittikleri yolun doğruluğunu ya da eğriliğini bilmeyenler... Bunlar, kendilerine yapılan nasihatleri dinler ve kabul eder. Çoğu zaman da çevreden aldıkları telkinlerle hareket ederler.

Üçüncüsü, ne kendilerinden haberdar olan ne de kendilerine yapılan nasihatlere kulak asanlar. Bunlar sadece kendi arzularına göre hareket eder. Her şeyi bildiklerini zanneden bu kişiler, insanlar arasında en tehlikeli olanlardır.

Ey Oğul!
Allah'ın izniyle sen ilk gruptaki insanlar gibi olursan çok sevinirim. Yok, eğer ikinci gruptakilere daha yakınsan o zaman da sana yapılan nasihatleri dikkate almanı dilerim. Ama sakın üçüncü gruptakilerine benzemeye çalışma. Zira onları Allah da sevmez, kulları da.

Ey Oğul!
Adalet en büyük erdemdir.
Aklın gücü, kılıcın gücünden daima üstündür.
Hükümdarlar, elinde terazi olan bir kimseye benzer. Senin, teraziyi doğru tutmanı isterim. O zaman Allah da sana yardım eder."

***

Oğlunun yanında yeteri kadar kaldığına inanmış olacak ki Sultan Murat, bu sefer, Manisa'ya gitti. Orada bir beylerbeyi gibi çalışacak, devletin o bölgesinde boşluğa izin vermeyecekti.

Aradan iki yıl geçti. Bu süre zarfında genç padişah, koltuğuna biraz daha ısındı. Çevresini daha iyi tanımaya başladı.

Sultan Mehmet hırsıyla, Çandarlı Halil Paşa başta olmak üzere bazı vezirleri tedirgin ediyordu. Çandarlı'ya göre yapılacak en iyi şey, genç padişahı tahttan indirmek, tahtı asıl sahibine, Sultan Murat'a teslim etmekti. Ne de olsa Sultan Murat, son yıllarda sıkça yaptığı gibi düşmanlarla bile dostluktan yanaydı. Onun bu uysal hâli, devleti yeni bir maceraya sürüklemezdi.

Cadı kazanı hızla kaynıyordu. Sarayda padişaha rağmen gizli işler çevirmenin ustası çoktu. Çandarlı, bunların başında geliyordu. Paşa, yeniçerileri padişaha karşı kışkırtmanın kolay bir yolunu buldu. Yönlerdirdiği yeniçeriler padişahtan maaşlarından başka yüklü bir miktar ulufe talep ettiler. Yoksa görevlerini yapmayacakları tehdidinde bulundular.

Padişah derhal vezirlerini ve hocalarını topladı.
- Yeniçeri kullarımıza ne oluyor, diye sordu.
Çandarlı,
- Sadece onların değil, diğer askerlerin de zaman zaman böyle istekleri olur, dedi.
Padişah endişeyle sordu:
- Siz ne yaparsınız o zaman?
- Genellikle istediklerini veririz.
- Böyle şey mi olur Paşa, askerin her isteğini yerine getirmek nerde görülmüş?
- Aksi takdirde ayaklanırlar...
- Ayaklansınlar da görsünler dünyanın kaç bucak olduğunu...
- Hep aynı şeyi yapıyorsunuz.
- Ne demek şimdi bu?
- Her problemi zorla çözmeye çalışıyorsunuz. Hâlbuki...
- Senin ne diyeceğin belli Paşa...
Padişah, ümitle diğer vezirlerine baktı. Onların başları öndeydi. Demek ki Çandarlı'ya hak veriyorlardı. Aklına Akşemseddin'in bir sözü geldi: "Askerin gönlünü kazanmalısın." demişti hocası.

- Sen ne dersin Akşemseddin hocam?
- Askerin gönlünü kazanmak gerek...
Hocası, aynı sözü tekrarlıyordu. Padişah, istemeye sitemeye katıldı bu görüşe.
- Gereği neyse yapılsın.
Ortada bir sessizlik oldu.
Hazineden sorumlu vezir,
- Maalesef hazinede yeterli altınımız yok Padişah'ım dedi. Konuşurken sesi titriyordu.
- Koskoca Osmanlı hazinesinde yeniçeriye dağıtacak altın yok mu dersin?
- Evet Sultan'ım...
Şehabettin Paşa,
- Benim bir teklifim var, deyince Padişah ümitle ona döndü.
- Hazinedeki altınların ayarını biraz düşürelim. Böylece mesela 5 altın, değer olarak 6 altına eşit olsun. Bu fazlalığı yeniçeriye dağıtalım...
Padişah, bu hesaptan bir şey anlamadı. Şaşkın şaşkın etrafına bakınırken Çandarlı Halil Paşa,
- Bu, bence de iyi fikir. Hem böylece yeniçerinin gönlünü kazanırsınız, deyiverdi.
Padişah, diğer vezirlerine döndü:
- Ne dersiniz paşalar?
Vezirlerden ses çıkmadı.
Sultan Mehmed bu sefer hocalarına döndü.
- Molla Gürani hocam ne düşünür bu konuda?
- Ben de öyle düşünürüm padişahım. Hem yeniçeri memnun edilir, hem hazinenin altınları eksilmemiş olur.
- Ya sen ne dersin Akşemseddin Hocam?
- Bimem ki padişahım; ben hesap kitaptan anlamam. Yine de...

- Yine de...
- Yeniçeriye ayarı düşük altın vermek yakışık alır mı? Çandarlı da Molla Gürani de karşı çıktı bu fikre. Onlara göre bu işler, dervişlere göre değildi. Böylesi işler ancak hesap kitap adamlarının işiydi. Akşemseddin, alınsa da sesini çıkarmadı. Söyleyeceğini söylemişti. Gerisi padişahın bileceği bir işti.

Çaresiz kalan Padişah,
- Öyleyse gereği yapılsın, diye emir verdi.

Yeniçeri, altınları aldı ama huzursuzluk bir türlü bitmedi. Bu sefer de "Bize ayarı düşük altın dağıtan padişahı istemezük!" demeye başladılar. Hesap kitap adamı olmayan Akşemseddin haklı çıkmıştı. Padişah, acı gerçekle yüz yüze gelmişti; fakat olan olmuştu bir kere.

Çandarlı ise yaptığı planın başarıyla sonuçlanmasına seviniyordu. Bu fikir onun başının altından çıkmıştı. Padişahtan önce bazı paşaları çağırmış, onları böyle bir uygulamaya ikna etmişti. Yeniçerilere, altınların ayarıyla oynandığını da el altından o duyurmuştu. Sonuç tam istediği gibi oldu.

"Böyle padişah istemezük!" diyen yeniçeriler ayaklandırıldı. Malum yollarla bir kere daha Edirne'ye davet edilen Sultan Murat, yaptığı hamlelerle yeniçerilerin isyanını bastırdı. Bunların başında altınların değerini yeniden yükseltmek geliyordu.

Sultan Murat'ın bu başarısını fırsat bilen Çandarlı, Sultan Mehmet'in huzuruna çıktı:
- Görüyorsunuz, bir köşeye çekilip dünya işlerinden uzak kalmayı düşünen babanız yine Edirne'ye gelmek zorunda kaldı. Geçen gelişinde Haçlı ordusunu dize getirmişti, bu sefer yeniçerileri hizaya soktu.
- Görüyorum Paşa, görüyorum.

- Demem o ki babanıza rica etseniz de tekrar tahtına otursa...

- Olur mu öyle şey Paşa?

- Olmaz da böyle kalırsa daha kötü ya...

- Nedenmiş o?

- Baksanıza sizin yapmanız gereken önemli işleri babanız yapıyor. Eloğlu ne der buna biliyor musunuz?

Sultan Mehmet cevap vermedi. Düşündü sadece. Aslında doğruydu Çandarlı'nın söyledikleri.

- Peki, dedi; ilk fırsatta konuşurum babamla.

1444 : FSM 14 yaşında

Sultan Murat, oğlunun teklifini kabul ederek tahtına geri döndü. Genç padişah, babasının bu teklifi kabul etmeyeceğini umuyordu fakat yanılmıştı. Sultan Murat yeniden tahta oturdu. Şehzade, elinden oyuncağı alınmış bir çocuk gibi ortada kalıverdi. Ayağına kadar gelen fırsatı altın bir tepsi içinde babasına ikram etmiş, o da bu ikramı geri çevirmemişti.

Yapacak bir şeyi yoktu. Manisa'ya sancakbeyi olarak geri döndü. Dönerken Zağanos Paşa'yla Saruca Bey'i ve Muslihiddin Paşa'yı da yanında götürdü. Zağanos Paşa, Şehzade'nin yeni lalası olacaktı. Diğer ikisi top dökümünden iyi anlayan mühendislerdi.

***

Padişahlığı babasına terk eden Şehzade Mehmet'in Manisa'daki ikinci dönemi 5 yıl sürdü. Bu yıllarda bilgisini, tecrübesini, ayak oyunlarıyla baş edebilme gücünü geliştirdi. En fazla gelişen yanı, hırsıydı. Öyle ki aklına koyduğu şeyi yapmakta hiçbir engel tanımaz oldu. Şehzade'nin rızasıyla Türk korsanları Venediklilere saldırmaya başladı. Kendi adına para bile bastırdı. Hele bu son olay, Şehzade Mehmet'in padişahlığı ne kadar istediğini gösteriyordu.

Sık sık lalası Zağanos Paşa'yla bir araya gelir, uzun uzun konuşurlardı. Zaman zaman da top döküm mühendisleriyle bir odaya kapanır, saatlerce çalışırlardı. Arta kalan zamanlarını, özel çalışma odasında geçirirdi. Gece yarılarına, hatta sabahlara kadar çalıştığı çok olurdu. Ancak en yakınındaki insanlar, Şehzade'nin ne çalıştığını bilirdi. Onlar da vardığı son noktadan habersiz olurlardı.

Şehzade Mehmet, atacağı adımlarda gizliliğe çok dikkat etmeye başladı. Öyle ki Kosova asıllı bir Müslüman olan Gülbahar Hatun'la evlendiği bile çok sonraları duyuldu. Sultan Murat, bu evliliği tasvip etmedi ama yapacak bir şeyi kalmamıştı. Bu evlilikten Bayezid isimli bir torunu olmuştu bile.

1448 yılının Ekim ayıydı... Varna'da uğradıkları yenilginin şoku Hristiyan dünyasında hâlâ sürmekteydi. O kadar ki Eflak, Arnavutluk ve Mora'da Osmanlı'ya karşı isyanlar baş gösterdi. Hristiyan Avrupa, yeni bir Haçlı ordusu kurarak Osmanlı'yı Balkanlardan atma ümidine kapıldı. Özellikle Macar kumandan Hünyadi, hırsından âdeta köpürüyordu. Varna'nın intikamını alacaklarına yeminler ediyordu. Eflak prensi Vladislav'ı da yanına alıp 70 bin kişilik bir Haçlı ordusu hazırlayarak Sultan Murat'ın üzerine doğru hareket etti.

Padişah, Şehzade Mehmet'i bu savaşa davet etti. İstiyordu ki oğlu, ciddi bir savaşa katılsın, bu yoldaki tecrübesini artırsın.

Şehzade'nin keyfine diyecek yoktu. Gerçek bir kumandan gibi birliklerinin başına geçti. Tam bir delikanlı olduğu gözlerden kaçmıyordu. Bulunduğu makamı da atının eyerini de dolduruyordu. Verdiği emirler, yaptığı hareketler, asker üzerinde tam bir güven ortamı meydana getirdi. Artık hiç kimse onun için "ana kuzusu" diyemezdi.

Çok çetin muharebelere sahne olan bu savaş, Osmanlı ordusunun "hilal taktiği" ile kazanıldı. Bu, Türklerin Orta Asya'dan beri kullandıkları bir taktikti. Geri çekilir gibi yapan sağ ve sol taraftaki birlikler düşmana cesaret veriyor, merkezde sabit duran kuvvetlere saldıran düşman çok geçmeden neye uğradığını şaşırıyordu. Çünkü biraz evvel kaçar gibi geri çekilen kuvvetler, iki yandan düşmanı çember içine alıyor ve kısa zamanda imha ediyordu. Yine öyle oldu. İki buçuk gün süren bu çetin savaşı Osmanlı ordusu kazandı.

Haçlılar, bir kere daha yenilmişti. Osmanlı'nın Balkanlardaki varlığını kabul etmekten başka çareleri kalmadı.

1449 yılının yaz aylarında, annesi Hüma Hatun'u toprağa vermek, Şehzade Mehmet'i üzüntüye boğdu. Ninnileriyle büyüdüğü, tertemiz sütüyle beslendiği annesi artık yoktu. Yapılacak şey, onun için dua etmekti. Şehzade, annesini hiç unutmadı; onun sevgisini bir çiçek gibi daima kalbinde taşıdı.

Sultan Murat, Şehzade Mehmet'i 1450 yılında İskender Bey üzerine yaptığı Arnavutluk seferiyle, Akçahisar Kuşatması'na da götürdü. Özellikle başarısızlıkla sonuçlanan Akçahisar Kuşatması, şehzade için acı bir tecrübe oldu.

Şehzade Mehmet, artık padişahlığa hazır olduğunu düşünüyor, bunun için fırsat kolluyordu.

İçinde Konstantiniyye isimli bir yangın vardı. Padişahlığı da bu yangını söndürmek için istiyordu.

ŞEHZADE'NİN DÜĞÜNÜ

Sene 1450... Şehzade Mehmet, Manisa'da beylerbeyliği görevine devam ediyor. Babasının yeniden tahta oturmasına içerlese de ona saygıda kusur etmiyor. Bu arada, Edirne Sarayı'nda kendisini de yakından ilgilendiren şeyler oluyor.

Sultan Murat, veziriazamı Çandarlı Halil Paşa ile ciddi bir konu üzerinde konuşuyor:

- Paşa'm, biliyorsun bizim şehzade 18 yaşına girdi. Maşallah, Manisa'dan güzel haberleri gelmekte...

Çandarlı, sözün nereye varacağını kestiremedi. Acaba, Hünkâr, Şehzade için bir kere daha mı tahtından feragat edecekti? Bu düşünce, tecrübeli vezirin canını sıktı. Şehzade'nin, kendisinden çok hoşlanmadığını iyi biliyordu. Kaygıyla padişahı dinlemeye devam etti:

- Paşa, sence de Şehzade'nin Osmanlı'ya layık biriyle evlenmesi lazım değil midir?

Çandarlı, kendini bir kuş gibi rahatlamış hissetti. Demek ki korktuğu şey başına gelmeyecekti. Konu, Şehzade'nin evlenmesi ise ondan kolay ne vardı? Padişah oğluna kız mı yoktu? Sultan Murat, kimi isterse oğlunu onunla evlendirebilirdi. Veziriazam gayet iyi biliyordu ki şehzadelerin evlenmesi sıradan bir olay değildir. Onlar, öyle her istedikleriyle evlenemezlerdi. Bu konuda devletin yüce

menfaatleri başta olmak üzere pek çok şey dikkate alınmalıydı. Nitekim Şehzade'nin Manisa'da henüz 17 yaşındayken kendi başına Gülbahar Hatun'la yaptığı evlilik, padişahı kızdırmıştı. Sultan Murat, oğlunu bu sefer kendi seçtiği biriyle evlendirmek istiyordu. Çandarlı cevap verdi padişaha:
- İsabet buyurdunuz Hünkâr'ım. Şehzade'mizin doğru biriyle evlenmesi bence de lazımdır.
- Onu da ancak biz seçeriz...
- Gayet tabii Hünkâr'ım, olması gereken budur. Bakmayın siz onun ilk evliliğine...
- Doğru dersin Paşa... Zaten başına buyruk bir oğlandır bizimki...
- Biraz da cahil diyelim.
- Bilmez miyim?
- Ama şimdi öyle olmayacak.
- Düşündüğünüz biri var galiba...
- Var, Paşa var... Düşündüğümüz biri var.
- Kimdir bu talihli diye sormama izin verir misiniz?
- Dülkadiroğlu Süleyman Bey'in kızlarından biri...
- İsabet buyurdunuz Hünkâr'ım, bu sayede Dülkadiroğlu ile dostluğumuz sürekli olur.
- Tez zamanda gerekeni yapasın Paşa!
- Emriniz başım üstüne Hünkâr'ım!

Çandarlı, derhal çalışmalara başladı.
İlk olarak bir bahaneyle Şehzade'yi Edirne'ye davet etti. Mehmet, büyük ümitlerle geldi Edirne'ye. Belki yeniden tahta geçerdi, kim bilir?

Çandarlı Halil Paşa, Hızır Ağa'nın eşini, Dülkadiroğluna aracı olarak gönderdi. Kız tarafında görülmemiş bir sevinç yaşandı. Süleyman Bey'in beş kızı vardı; beşi de aracı kadına gösterildi. Hızır Ağa'nın eşi, bunlardan birini, Mükrime Sitti Hatun'u beğendi. Edirne'ye dönerek durumu padişaha anlattı. Sultan Murat, bu tecrübeli kadının tercihine saygı duydu. Bu sefer Hızır Ağa'nın eşiyle Anadolu beylerinin eşleri birlikte gittiler kız istemeye. Süleyman Bey, talihli kızını, çeyiziyle beraber gelen hanımlarla Edirne'ye yolladı. Sultan Murat, çeyizi beğenmedi. Kendisi yeni bir çeyiz hazırlattı. İki gence dillere destan bir düğün yapıldı. Düğüne etrafın bütün beyleri, prensleri, hükümdarları davet edildi. Fakirler, sadakaya boğuldu. Şehzade Mehmet, padişahlık umutlarını ertelemek zorunda kalsa da yeni bir evlilik yapmıştı. Üstelik bu evlilik, babasının istediği gibi devletin çıkarları doğrultusunda yapılmıştı. Bunun doğru olduğuna kendisi de inanmıştı.

Şehzade Mehmet, yeni eşiyle birlikte Manisa'nın yolunu tuttu.

BABANIZ ÖLDÜ
SİZ SAĞ OLUN PADİŞAHIM

Şehzade Mehmet'in Manisa'daki bu dönemi oldukça verimli geçiyordu. Bütün hocaları onun üstüne titriyordu. Molla Gürani, Şehzade'nin ilmini pekiştirirken Akşemseddin, gönlünde geniş ufuklar açıyordu.

Şehzade orta boyu, kara kaşı, kara gözü, atletik yapısıyla görenleri kendine hayran bırakıyordu. Kemerli burnunun üzerinden fırlattığı keskin bakışlar ise insanda korkuyla karışık bir saygı uyandırıyordu. Bileği güçlü, yüreği aslan gibiydi.

Derslerden arta kalan zamanlarını çocukluk arkadaşı Bayram'la geçiriyordu. Bu ikili fırsat buldukça atlarına atladığı gibi Manisa kırlarına çıkıyordu. Tabii eskiden olduğu gibi Burhaneddin Ağa ve muhafızlar da yanlarında oluyordu. Gerçi şehzade, eskisi gibi değildi; artık durulmuş, olgun bir insan hâline gelmişti. Yine de tahtın tek varisi olması, eskisinden daha sıkı korunmasını gerektiriyordu.

Takvimler, 1451 yılının Şubat ayının ortalarını gösteriyordu. Şehzade'yle Bayram hafif karların üstünde atlarıyla gezintiye çıkmışlardı. Şehzade'nin kır atıyla Bayram'ın doru atı, birbirlerini iyi tanıyordu. Atlar, binicilerinin yönlendirmesiyle 10 dakika kadar "adeta" tarzında yürüdüler. Attıkları her adımın yumuşak kar üstünde çıkardığı sesler, havaya ritmik bir güzellik katıyordu. Derken atlar, önce ön sağ bacaklarıyla arka sağ bacaklarını sonra da ön sol bacaklarıyla arka sol bacaklarını aynı anda attıkları bir yürüyüş şekline geçtiler. Atlar, "rahvan" denilen bu yürüyüşü, üstlerinde padişahlar veya çok önemli devlet adamları varken yapardı. Çünkü bu yürüyüş, binicisini hiç yormazdı. Atlar, bir 10 dakika kadar da böyle yürümüşlerdi ki birden gemleri çekildi. Bu, durmaları gerektiğini belirten bir hareketti. Her iki at da ne oluyor, der gibi birbirlerine baktı. Eğer, insanların konuşmalarını anlayabilselerdi, merakları tez zamanda dağılacaktı. Bu mümkün olmadığına göre uysal uysal beklemeye başladılar.

Bir muhafız, Şehzade'ye yaklaştı. Eliyle, az ötede bekleyen bir sipahi ulağını işaret ederek Şehzade'ye bir şeyler söyledi. Mehmet, gösterilen tarafa baktı. Günlerce at sürdüğü anlaşılan sipahi ulağı, el pençe divan durmuş, bekliyordu. Şehzade bir el hareketiyle ulağı yanına çağırdı. Ulak, şehzadeye saygılarını sunduktan sonra koynundaki emaneti çıkardı. Bu, rulo şeklinde sarılmış, üzeri mühürlenmiş bir kâğıttı. Muhafızlardan biri, kâğıdı aldığı gibi Şehzade'ye verdi ve hızlıca geri çekildi.

Şehzade, bir kâğıda, bir etrafındakilere baktı. Bütün gözler, üzerine çevrilmişti. Kalbinin küt küt diye attığını duyar gibi oldu. Hiç böyle olmazdı. Son yıllarda kolay kolay heyecanlandığını gören olmamıştı. Derin bir nefes aldı, bismillah diyerek kâğıdın üstündeki mührü söktü. Ortaya bir mektup çıkmıştı. Evet, bu bir mektuptu. Şehzade, mektuba şöyle bir göz gezdirdi. Hitap yerinde kendi adı vardı; en altında ise veziriazam Çandarlı Halil

Paşa'nın adı yazılıydı. Üstelik imza ve mühür de vardı. Yeniden kuvvetli bir nefes daha aldı. Bismillah diyerek okumaya başladı:

"Manisa Beylerbeyi Şehzade Mehmet Hazretleri'ne,

Genç yaşınıza rağmen pek çok kimseye nasip olmayan bir tecrübeye sahip olduğunuz, bizim dahi malumumuzdur. Hayatta, acı-tatlı pek çok olay yaşadınız. Hatta çocuk denecek yaşta padişahlık koltuğuna bile oturdunuz. Ağabeylerinizin ölümü sizi nasıl sarstıysa annenizin ölümüyle de perişan oldunuz. Fakat gördüğünüz gibi bütün bunlar geride kaldı. Hayatın devam ettiğini acı da olsa öğrendiniz. Zaten ölenin ardından ömür boyu yas tutmanın, dinimizde yeri olmadığını iyi bilirsiniz. Size düşen, geleceğin padişahı olarak metin olmaktan başka bir şey değildi, siz de bunu layıkıyla gösterdiniz.

Şimdi vereceğim haber de sizi çok üzecektir. Ne çare ki böyle şeyler, hayatın kaçınılmaz bir sonucudur. İnsanlar doğar, Allah'ın verdiği ömrü tamamlar ve sonra ölür. Bilirsiniz inancımıza göre ölmek yok olmak değil, yeni ve ebedi bir hayata başlamaktır.

Sevgili babanız, devletimizin 6. padişahı Sultan Murat Han da bu yeni hayatın kapısından içeri girdiğinde tarihler, 10 Şubat 1451'i gösteriyordu.

Bilirim, çok üzgünüz dememiz, sizin üzüntünüzü hafifletmeyecektir. Şunu bilmelisiniz ki vakit, üzüntülerle geçirilecek vakit değildir. Hepimiz, acımızı kalbimize gömmeli, devletin menfaati neyi gerektiriyorsa onu yapmalıyız.

Osmanlı'nın, padişahtan sonra en yetkili veziri

olarak size diyorum ki bu mektubu alır almaz Edirne'ye hareket etmeli ve babanızın koltuğunu devralmalısınız.

Cenaze işlemi, siz geldikten sonra yapılacaktır.

Başınız sağ olsun.
Allah, size ve devletimize uzun ömürler versin.

Veziriazam kulunuz Çandarlı Halil Paşa"

Şehzade Mehmet, bir an sarsıldı; fakat kendini çabuk toparladı. Çandarlı doğru söylüyordu. Acısını kalbine gömmeliydi. Hem, padişahın ölüm haberinin duyulması doğru olmayabilirdi. Etrafında merakla kendini takip edenlere seslendi:
- Bugünlük bu kadar yeter, saraya dönüyoruz.

Ortada önemli bir durum olduğu kesindi. Fakat bunun ne olduğunu şimdilik sadece Şehzade biliyordu. Bilinen bir şey daha vardı ki önemli haberler bir tek sipahi ulağıyla gönderilmezdi. Birbirlerinden ayrı hareket eden, birbirlerinden farklı yolları kullanan en az üç sipahi ulağıyla gönderilirdi. Bu kuralı bilenler, endişeyle beklemeye koyuldular. Neden sonra ikinci ulak geldi; az sonra da üçüncüsü yetişti. Her ikisi de ilk mektubun aynısını getirmişti.

Şehzade Mehmet, duygularını saklamaya çalışarak etrafındakilere talimatını verdi:
- Hazırlanın, Edirne'ye gidiyoruz. Padişah babamız bizi çağırmış!

2. BÖLÜM
FETİH AŞKINA

BENİ SEVEN ARKAMDAN GELSİN

Şehzade Mehmet, babasının ölüm haberini aldığı gün etrafındakilere "Hazırlanın, Edirne'ye gidiyoruz. Padişah babamız bizi çağırmış!" demişti. Kimler hazırlanacaktı? Bu gidiş uzun süreli mi olacaktı, yoksa kısa sürede Manisa'ya geri mi dönülecekti? Bu konudaki tereddütleri gören Şehzade, ikinci bir emir daha verdi: "Beni seven arkamdan gelsin!" Böyle der demez zaten emre amade duran kır atına atladığı gibi yola koyuldu. Şehzade'nin hâlinden anlayan at, koşmuyor âdeta uçuyordu.

Şehzade Mehmet'in kır atının üstünde kuş olup uçtuğunu görenler kısa bir şaşkınlıktan sonra atlarını Edirne'ye doğru topukladılar. Şehzade'nin lalası Zağanos Paşa; kucağında bebeğiyle Gülbahar Hatun ve cariyelerini bir arabayla, Mükrime Sitti Hatun'la cariyelerini bir başka arabayla yola çıkardı. Yanlarına yeteri kadar muhafız vermeyi unutmadı. Ancak ondan sonra kendisi hareket edebildi. İnşallah, diyordu; Şehzade'ye yetişirim. Yoksa bir padişah adayının tek başına ıssız yollarda gece gündüz at sürmesi pek akıl kârı değil...

Hocaları, kumandanları, askerleri, arkadaşları ne kadar insan varsa şehzadeyi seven, her biri bir şekilde yola çıktı. Manisa Şehzade Sarayı'nda neredeyse kimse kalmamıştı.

Bu gidiş, diğerlerinden farklıydı. Şehzade Mehmet, önceki gidişlerinde yanında bu kadar kimse götürmemişti. Öyleyse ortada olağanüstü bir durum olmalıydı. Herkesin kendine göre bir tahmini vardı. Daha çok, Sultan Murat'ın tahtını, bir daha geri almamak üzere Şehzade'ye devretmiş olabileceği üzerinde duruluyordu. Şehzade'nin çok yakınında bulunanlar ise gerçek sebebi tahmin edebiliyorlardı. Ne kadar gizlemeye çalışsa da babasının vefatından duyduğu üzüntü, Şehzade'nin tavırlarına yansıyordu.

Zağanos Paşa, üstüne bindiğinden başka yedeğine iki at daha almıştı. Atların biri yorulunca diğerine biniyor, böylece vakit kaybetmekten kurtuluyordu. Yine de olağanüstü bir çabayla akşama doğru ancak yetişebildi Şehzade'ye.

Şehzade Mehmet, bir hana inmiş, kısa bir dinlenmeye çekilmişti.

Seyisler; atın tımarını yapıyor, karnını doyuruyordu.

Lalasını karşısında gören Şehzade Mehmet,
- Kır atıma kimse yetişemez sanıyordum, lalamız hızlı çıktı!
- Sizin bir atınıza karşılık üç atla birden çıkmasaydım yola, imkânı yok yetişemezdim size.
- Üç atla geldiğine göre bunlardan birini benim yedeğime verirsin her hâlde.
- Sana bir at değil, bütün atlar feda olsun Şehzade'm.
- Sağ olasın lala, sağ olasın.
- Artık beraber gideriz he mi?
- Gideriz bre lala, gideriz!
- İstersen az daha bekleyelim.
- O neden?
- "Beni seven arkamdan gelsin." demiştiniz ya ne ka-

dar çokmuş sizi seven. Şehzade Sarayı'nda kimse kalmadı desem yalan olmaz.

Şehzade'nin yüzüne bir tebessüm dalgası yayıldı.

- Bu iyilikleri unutulmayacak.

Zağanos Paşa, yılların verdiği tecrübeyle bu sözün boşa söylenmediğini anlayıverdi ama renk vermedi. Sadece,

- İzin verirsen biraz daha bekleyelim de ardımızdan gelenler bize yetişsin. Sonra hep birlikte devam edelim yola.

Öyle yaptılar.

At üstünde iğreti duran hocalar, eyer üstünde oturmaktan kaba etleri sızlayan âlimler, at binmeyi çocuk oyuncağı sayan kumandanlar birer birer geldiler.

Zağanos Paşa, kafileye yeni bir düzen verdi.

En önde sipahiler, onların sağında solunda muhafızlar yer alıyordu. Hemen arkalarında Şehzade Mehmet, lalası, vezirleri ve hocaları...

Sultan Mehmet'in eşleri, grubun tam ortasındaydı.

Yeniden yola koyuldular.

Atlar, dörtnala gidiyor; dinlenmek nedir, akıllarına bile gelmiyordu.

Neden sonra Şehzade'nin kır atı yavaşladı.

Zağanos Paşa da uydu ona.

Şehzade Mehmet'in gözü Akşemseddin'i arıyordu. Geride, beyazlar içindeki hocasını görünce rahatladı. Aralarında birkaç atlı vardı sadece. Yavaşladı. Hocasının kendisine yetişmesini bekledi.

- Hocam, yan yana at sürmemizde bir mahzur var mıdır, diye sordu.

Bu soru, Akşemseddin'den önce Zağanos Paşa'yı harekete geçirdi. Hocayla öğrencisini baş başa bırakmak için bir at boyu geriye çekildi.

Akşemseddin, Şehzade Mehmet'in sorusunu tevazuyla cevapladı:

- Mahzur ne kelime padişahım, sizinle at sürmek bizim için şereftir.

Şehzade afalladı. Hocası ona "padişahım" diye hitap etmişti.

- Bana padişahım dersiniz hocam, oysaki padişah olmadığımı çok iyi biliyorsunuz.
- Benim bildiğim, sizin artık "padişah" olduğunuzdur.

Şehzade Mehmet, babasının vefat haberini kimseye söylememişti. Öyleyse nasıl oluyor da hocam biliyor, demeye kalmadan karşısındaki insanın Akşemseddin olduğu gerçeğini hatırladı. İnsanların tavırlarından bazı şeyleri tahmin edebilmek, onun için çocuk oyuncağı gibiydi. Nitekim hocası, durumu açıklayıverdi:

- Bana öyle gelir ki Sultan Murat Han, Hakk'ın rahmetine kavuşmuştur.

Şehzade, bu gerçeği hocasından saklamanın anlamsız olduğunu düşündü.

- Doğrudur hocam.
- Allah rahmet eylesin. Siz sağ olun. Devletimiz sağ olsun.
- Allah razı olsun hocam.
- Bu gidiş de elbette padişahlık makamına oturmanız içindir.
- İnşallah hocam.
- Şu andan itibaren atacağın her adıma daha bir dikkat etmelisin. Babanın vefat haberini gizli tutman, çok güzel oldu. Yoksa birtakım karışıklıklar çıkabilirdi.
- Sizden gizleyemedik anlaşılan.

Akşemseddin, bir çocuk gibi utandı. Başını öne eğdi. Şehzade Mehmet fark etti ki hocası ağlıyor. İnce ince süzülen gözyaşları, seyrek sakalını ıslatıyor. İçi burkuldu şehzadenin. Hocasının duygu dolu bir insan olduğunu biliyordu. Sultan Murat'ın ölümüne ağlaması kadar normal bir şey olamazdı. Şehzade Mehmet,
- Babamın vefatı sizi derinden üzmüşe benzer, dedi.
- Doğrudur Şehzade'm, muhterem babanızın ölümü beni gerçekten çok üzmüştür.
- Yeter artık desem, ağlamasanız...
- Sevgili Peygamberimiz, (sav) "Gönül kabarır, göz yaşarır." demiş ya...
- Bilirim de babam için böylesine ağlamanız, benim de yüreğimi dağlıyor.
- Sen zanneder misin ki bu ağlayışım sadece baban içindir?
- Anlamadım...
- Bu ağlayışım derim, sadece baban için değildir...
- Ya kimin içindir hoca hazretleri?
- Aynı zamanda senin içindir!
- Yine bir şey anlamadım.
- Anlatayım öyleyse.
- Lütfen hocam, daha açık konuşursanız sevinirim.
- Hazreti Muhammed'le (sav) aynı adı taşıdığını biliyorsun.
- Biliyorum hocam.
- Allah'ın Resulü'nün, peygamberlikle şereflendiğinde hem öksüz hem yetim olduğunu da biliyorsun.
- Biliyorum hocam.
- Hazreti Muhammed (sav) hayattayken başka birinin peygamberlik iddiasında bulunmadığını da...
- Doğrudur hocam.

- Bana öyle gelir ki inşallah senin padişahlığın sırasında da kimse padişahlık iddiasında bulunmayacaktır.
- İnşallah hocam.
- Efendimizin Mekke'yi fethettiği gibi Allah'ın izniyle siz de Konstantiniyye'yi fethedeceksiniz!

Şehzade Mehmet heyecanlandı. Hocası ne güzel konuşuyordu. Onun sezgilerine öteden beri güvenirdi.

- Hocam içimdeki fetih aşkını yeniden alevlendirdiniz.
- Sakın ola Şehzade'm, bu aşkı küllenmeye terk etmeyesin!
- Bilirsiniz ki hocam, bu alev bütün benliğimi sarmıştır. Sadece, şu ara, babamın ölümünü düşünürüm, o kadar.
- İçindeki aşkın fetihle sonuçlanması için duadan geri durmadığımı bilmeni isterim.
- Allah sizden razı olsun hocam, size de bu yakışırdı.
- Sana da çok çalışmak yakışır Şehzade'm, çok çalışmak. Büyük fetihler küçük çabalarla kazanılmaz çünkü.
- Size söz veriyorum hocam, son nefesime kadar, bütün benliğimle çalışacağım.
- O zaman inşallah zafer senindir.
- İnşallah hocam, inşallah zafer "bizim"dir.

ŞEHZADE MEHMET PADİŞAH OLUYOR

Edirne Sarayı, genç şehzadeyi padişah gibi karşıladı. Başta veziriazam Çandarlı Halil Paşa olmak üzere devletin ileri gelenleri Şehzade'ye taziyelerini sundular.

Şehzade Mehmet 19 Şubat 1451'de Edirne'de ikinci kez tahta çıktı. Osmanlı Devleti'nin 7. padişahı olmuştu. Bundan böyle II. Mehmet diye anılacaktı.

Padişahın cülusu, başta Çandarlı olmak üzere saraydaki bazı vezirler tarafından kuşkuyla karşılandı. Onlar, II. Mehmet'in henüz çok genç olduğunu düşünüyorlardı. Gençliğinin verdiği hızla, devleti zora sokacak işler yapmasından korkuyorlardı. Şehabettin ve Zağanos Paşa gibi düşünenler ise genç padişahtan ümitli idiler. Diğerlerini ürküten "padişahın gençliği" bunları sevindiriyordu. Bu gruptakiler önemli kararların gençler tarafından daha kolay alınabileceğini düşünüyordu.

Vezirlerin farklı düşünceleri altında II. Mehmet, arz ağalarıyla birlikte taht odasına geçti. Burada iki rekât şükür namazı kıldı. Secdeye kapandığında gözyaşlarının sakalını ıslattığı görüldü. Bu yaşlar, sadece babasının ölümünden dolayı akmıyor; aynı zamanda, omuzlarına binen sorumluluğu da aksettiriyordu. Öyle ya aldığı görev kolay değildi. Asıl kolay olmayansa içindeki fetih ateşini söndürmekti.

Padişah, şükür namazının ardından tören kıyafetlerini giydi. Darüssaade ağası ve silahtarağanın eşliğinde dışarı çıktı. Babüssaade önünde hazırlanan tahta oturdu. Devlet büyükleri sırasıyla gelip padişahı tebrik ettiler. Teşrifatçıların, padişahın kaftanının eteğini öpmesiyle tören sona erdi. II. Mehmet, "has oda"ya geçerek bir müddet dinlendi. Sonra da at binip kılıç kuşanarak maiyetiyle birlikte Eyüp Sultan semtinin arka tarafında bulunan "cülus yolu"na geldi. Bu yoldaki gezintisi, vatandaşlar tarafından coşkuyla karşılandı. Saraya dönüşte yeniçerilere yüklü miktarda bahşiş verilmesini, fakirlere her türlü yardımın yapılmasını emretti.

Cülus töreni bittikten sonra vezirleriyle baş başa kalmak istedi. Bu da âdettendi. Padişah, bu ilk toplantıda, eğer varsa birlikte çalışmak istemediği vezirleri açıklardı. Toplantı başladı. Vezirlerde belli belirsiz bir heyecan görülüyordu. Özellikle Çandarlı Halil Paşa, padişaha uzak duruyordu. Padişah tarafından çok sevilmediğini biliyordu çünkü. Bu yüzden tedirgindi. Görevden alınırsa şaşırmayacaktı. Ama şaşırdığı bir şey oldu. Genç padişah,
 - Devletli vezirim neden uzakta dururlar, diyerek Çandarlı'yı yanına çağırdı.
 Yüreği küt küt atarak padişaha yaklaşan Çandarlı, duyduğu sözlerle rahatladı.
 - Sen bize babamızın yadigârısın. Babama yaptığın gibi bize de hizmet edersen seviniriz.
 Asıl sevinen Çandarlıydı. Heyecanla padişahın elini öpmeye davrandı. O zaman padişah,

- Estağfirullah Paşa Hazretleri, diyerek elini öptürmedi. Ancak devlet geleneği olduğu için eteğini öpmesine ses çıkarmadı.
II. Mehmet, İshak Paşa'yı Anadolu Beylerbeyi olarak tayin etti. Paşa, aynı zamanda Murat Han'ın cenazesini Bursa'ya götürmek ve oradaki defin işlerini organize etmekle görevlendirildi.
Vezirlerle yapılan bu ilk toplantı kazasız belasız sona ermişti. Genç padişah, Çandarlı'ya karşı kendinden beklenmeyen bir olgunluk göstermişti. Çandarlı, şimdiye kadar onu "çocuk" saymakla yanılıyor muydu acaba?

***

II. Mehmet, babasının cenaze namazıyla bizzat ilgilendi. Bu konuda en ufak bir düzensizlik istemiyordu. Sağa sola emirler verdi. Verdiği emirlerin sonucunu titizlikle takip etti. 47 yaşında hayata gözlerini yuman Sultan Murat'ın cenaze namazı o zamana kadar görülmemiş bir kalabalık tarafından kılındı. Cenaze namazını kıldıran Şeyhülislamın, "Merhumu nasıl bilirdiniz?" sorusuna verilen "İyi bilirdik!" cevabı göklerde yankılandı. "Merhuma hakkınızı helal eder misiniz?" sorusuna verilen "Helal olsun!" cevabı, sadece bir cevap olmakla kalmadı, namaza katılanların âdeta yüreklerine kazındı. Bu, sıradan bir helalleşme değildi. Vatanı için olmadık badireler atlatan ve devletin birliğini sağlamlaştıran bir padişaha duyulan minnet duygusunun açığa vurulmasıydı.
Yeni padişah, babasına hakkını helal ederken nasıl bir sorumluluk altına girdiğinin de farkındaydı. Kendisi babasına hakkını helal etmişti ama acaba babası ona hakkını helal etmiş miydi? Yaşarken babası ondan razıydı. Bu ko-

nuda şüphesi yoktu. Ancak, Sultan Murat Han, ebedi hayatını sürdürürken oğlundan razı olacak mıydı? Mehmet biliyordu ki bunun bir tek yolu vardı: Kendisinden önce, içlerinde babası Sultan Murat da dâhil olmak üzere tam 28 defa kuşatılan Konstantiniyye'yi fethetmek! Ancak o zaman babası kendisinden razı olabilirdi.

II. Mehmet, cenaze merasimini bu duygularla tamamladı.

Sultan Murat'ın cenazesi, İshak Paşa'nın önderliğinde çok sevdiği Bursa'ya gönderildi. Orada daha önce yaptırdığı Muradiye Külliyesi'nde hazırlanan türbeye defnedildi. Türbede, mezarın üzerine gelen kısım açık bırakıldı. Böylece yağmur ve kar sularının mezarla teması sağlanmış oldu. Çünkü Sultan Murat'ın, "Allah'ın rahmeti, doğrudan mezarımın üzerine yağsın." diye vasiyet ettiği bilinmekteydi. Sultan Murat'ın, halkı tarafından bu kadar sevilmesinin önemli bir sebebi de ahiret âlemine olan bağlılığı ve gösterişten hoşlanmayan yapısıydı. Bu bakımdan ona yapılan türbe tam istediği gibi sade ve gösterişten uzak oldu.

İLK GÜNLER İLK İCRAAT

II. Mehmet'in tahta çıkışı içeride ve dışarıda büyük yankı buldu. Onun atılgan ve gözüpek tavrı, savaş yanlısı vezirleri memnun ederken diğerlerini endişelendiriyordu. Bunlar, padişahı etkilemenin yollarını arıyorlardı. Ancak onun bu tür telkinlere aldırış etmeyeceğini kısa zamanda anlayacaklardı. Bir zamanlar padişahı "ana kuzusu" veya "çocuk" sayanlar, şimdi padişahın meziyetlerinden övgüyle bahsediyorlardı. Gençliğinin baharındaki bu padişah onlara yeni ufuklar açabilecekti. Onunla devletin sınırları genişleyecek, belki de Konstantiniyye bile Osmanlı'nın bir parçası olacaktı.

Padişahın yaptığı ilk iş, lalası Zağanos Paşa'ya vezirlik vermesi oldu. Ardından Saruca Bey'le Muslihiddin Paşa'ya tophanenin sorumluluğunu verdi. Teşrifat Ağalığı'na Burhaneddin Ağa'yı getirmişti. Böylece ta çocukluğundan beri yanında bulunan, onu her türlü tehlikeye karşı koruyan bu adamın padişaha bağlılığı karşılıksız kalmamış oluyordu. Bundan böyle Sultan'ın en yakınında bulunacak, bir nevi onun sırdaşı olacaktı. Hünkâr'la görüşmek isteyenleri huzura çıkarma, Padişahın vereceği emirleri ilgili kişilere iletme görevi de onundu.

Çandarlı, bunlardan hiç memnun olmadı. Ne oluyordu?

Öyle her şehzade, lalasını vezir yapmaya kalksa, işler çığırından çıkardı. Üstelik Zağanos Paşa'nın savaş yanlısı biri olduğu biliniyordu. Ya şu top döküm ustalarına ne demeliydi? Tophane, kendi hâlinde çalışıp gidiyordu işte. Yeni ustalar devletin başına kim bilir hangi çorapları örecekti. Ya padişahın yeni sırdaşına ne demeliydi? Burhaneddin Ağa, ta Sultan Murat'ın emriyle ailesini de alarak Şehzade'yle Amasya'ya gitmişti. Şehzade'nin bir dediğini iki etmeyen bu adam, padişahı bırakır da Çandarlı'ya yardımcı olabilir miydi? Veziriazam, dört bir yandan kuşatıldığını hissediyordu. Galiba Sultan'ı, istediği kıvama getirmesi zor, belki de imkânsız olacaktı.

Çandarlı, bütün bunları düşünüyor fakat dillendirmiyordu. Şimdilik görevden alınmayışının tadını çıkarıyordu. Günü gelince padişahı hizaya sokacağından emindi.

***

Hristiyan âlemi ise padişahın gençliğini bir fırsat olarak görüyordu. Nitekim bu "çocuk" daha önce de padişah olmuş fakat hiçbir varlık gösterememişti. Hazırladıkları orduyu kendisi değil, babası yenmişti. Şimdi ise ona yardım edecek ne babası vardı ne de veziriazamı. Onlar, dostları Çandarlı Halil Paşa'nın genç padişaha her istediğini yaptıracağından emindi. Bir kozları daha vardı Hristiyanların: Şehzade Orhan Çelebi.

Şehzade Orhan Çelebi, 5. Osmanlı padişahı I. Mehmet Çelebi'nin ağabeyi olan Emir Süleyman Çelebi'nin torunuydu. Emir Süleyman Çelebi, iktidar mücadelesini kaybetmişti. Şehzade Orhan Çelebi de dedesinin alamadığı padişahlığın peşine düşmüş, çıkardığı ayaklanmalarda başarısız olunca Bizans'a sığınmıştı. Bizans İmparatorluğu, ayaklarına kadar gelen bu fırsatı iyi değerlendirmiş, onu Anadolu'ya gönderip isyan çıkartma tehdidiyle Osmanlı'dan haraç almaya başlamıştı. Nitekim gönderdikleri bir elçi grubuyla aynı küstahlığı genç padişaha da yaptılar. II. Mehmet, Bizans'ın istediği parayı, zorluk çıkarmadan verdi.

Vezirlerin ve hocaların büyük bir kısmına göre elçilerin küstahça tavırlarını sineye çeken padişah, ne kadar da tecrübesizdi. Yaptığı iş, devletin itibarını iki paralık etmekti. Demek ki Bizans'a karşı koyacak gücü yoktu. Demek ki içinde yanmakta olduğunu düşündükleri fetih ateşi, koca bir dumandan ibaretti.

Elçileri uğurlayan padişah, vezirlerini ve hocalarını bir kere daha şaşırttı.

- Görüyorum ki duygularınızı saklamayı beceremiyorsunuz. Ne zaman, nasıl davranılacağını bilmiyorsunuz. Bir tek Akşemseddin hocam sakladı duygularını. Diğerleri, elçileri neredeyse dövecekti. Onlara istedikleri parayı vermekle ne kaybettik? Hiçbir şey! Ne kazandık? Çok şey! Bırakın Bizans bizi hafife alsın, ama siz asla!

Elçilerin bu parlak zaferi Bizansta coşkuyla karşılandı. Fırsat bu fırsattı. Derhal yeni bir Haçlı ordusu hazırlanmalı, acemi padişah ustalaşmadan Osmanlılar geldikleri yerlere, ta Orta Asya'ya sürülmeliydi!

Padişahın tecrübesiz oluşuna sevinenler sadece Bizanslılar değildi. Anadolu'da Karamanoğulları da padişahın genç oluşunu fırsat bildiler. Amaçları, beyliklerini yeniden diriltmekti. Bunun için ayaklandılar ve Seydişehir'le Akşehir'i ele geçirdiler. Fakat nasıl bir padişahla karşı karşıya olduklarını bilmiyorlardı. 1451 yazında Anadolu'ya geçen II. Mehmet, yıldırım hızıyla isyanı bastırdı. Karamanoğulları, yeniden Osmanlı şemsiyesi altına girdi.

Bizans İmparatorluğu pembe hayaller kurarken duydukları bir haber onları tedirgin etti. Genç padişah hiç beklemedikleri bir şey yapmıştı. Osmanlı topraklarında bile olsa hangi cesaretle Rumeli tarafına bir hisar yapmaya başlayabilirdi! Buraya bir hisar yapılması demek, Konstantiniyye'nin kalbine girmek demekti. Genç padişah rüya görüyor olmalıydı. Babasının bile başaramadığı bir işe kalkışmak... Evet, bu düpedüz saçmalıktı. Diyelim padişah gençti, deli doluydu; ya Çandarlı'ya ne olmuştu da bu çocuğa engel olamamıştı? Demek ki padişah sadece çocuk değil, çılgının tekiydi. Osmanlı'yı ne kadar büyük bir tehlikeye attığının farkına varamayacak kadar çılgın...

Bizans imparatoru Konstantin, olaya müdahale etmesi gerektiğini düşündü. Padişaha önceki elçi grubunu bir daha gönderdi. Sultan Mehmet'in, elçilerle konuşunca, hisarın yapımını derhal durduracağından emindi.

Elçiler huzura alındı. Âdet olduğu üzere padişaha saygılarını sundular. Getirdikleri hediyeleri takdim ettiler. II. Mehmet, elçilerin hayret dolu bakışları altında hediyelerle ilgilenmedi bile. Önceki görüşmelerinde gayet kibar buldukları padişah gitmiş, yerine kaba saba biri gelmişti. Kendilerine öyle bir bakışı vardı ki ister istemez tedirgin oldular. Genç padişah, kartal bakışlarıyla âdeta, "Ben sizin asıl niyetinizi biliyorum." der gibiydi. Elçilerin başkanı, imparatorun mektubunu padişaha takdim etti. II. Mehmet, mektubu elinin ucuyla aldı, gözünün ucuyla okudu. Okudukça yüz hatları gerildi, kara kaşları çatıldı.

- Demek imparatorunuz, Rumeli'ye yaptığımız hisarın inşaatını durdurmamızı rica eder...
- Öyledir sayın padişah.
- Atalarımın, neredeyse 100 yıldan beridir sizinle iyi geçindiklerinden bahseder.
- Öyledir sayın padişah.
- Dedemin, Anadolu Hisarı'nı yapmadan önce o zamanki imparatordan izin aldığını söyler.
- Öyledir sayın padişah.
- Benim ise, aramızın iyi olduğu bir zamanda Frenklerin Karadeniz'e geçişlerine engel olmak istediğimi düşünür.
- Öyledir sayın padişah.
- Hatta bu hareketimin, Konstantiniyye'yi açıktan tehdit etmek olduğunu söyler.
- Öyledir sayın padişah.
- Özetle eskisi gibi dost kalmamız için hisarın yapımını durdurmamı ister.
- Öyledir sayın padişah.
- Öyle değildir sayın elçiler!

Padişahın bu çıkışı, elçileri olduğu kadar, kabul salonunda bulunan vezirleri ve hocaları da şaşırttı. Çandarlı, "Bu çocuk başımıza iş açacak." diye düşünürken Şehabettin ve Zağanos Paşaların gözleri parladı. Padişah dediğin böyle olmalıydı.

Elçilerin sözcüsü kekeleyerek konuşmaya çalıştı:
- Ne demek istediniz sayın padişah?
- Sizler, zeki(!) insanlarsınız, ne demek istediğimi anlamalıydınız.
- Bir kere de sizden duymak isteriz.

- Duyun öyleyse. Yalnız, bir daha tekrar etmem, ona göre dinleyin: Sizin imparatorunuz Macarlarla birleşip babamın Rumeli'ye geçmesine engel oldu. Kadırgalarınız Boğaz'ı tutunca babam Cenevizlilerden yardım istemek zorunda kaldı. Bu yüzden Rumeli yakasına bir hisar yapmaya ant içmişti. Ne yazık ki ömrü buna yetmedi. Şimdi bu andı ben yerine getiriyorum. Öncelikle kendi ülkemin güvenliği için yapıyorum bu hisarı. Sonra bu topraklar benim topraklarım, size ne oluyor?

Genç padişah, bu son cümleyi öyle bir tonda söyledi ki elçilerin yürekleri ağzına geldi. Ya bu deli çocuk, kendilerini tutuklatırsa, ya işkenceye maruz kalırlarsa, ya... Devamını düşünmek bile istemediler.
Elçilerin bu hâli, padişahın dikkatinden kaçmadı.
- Korkmayın, dedi; bizde elçilerin dokunulmazlığı vardır.
Elçiler, rahat bir nefes aldı.
Padişah bu sefer,
- Ancak bu konuda bir daha bizi rahatsız ederseniz, kuralların her an değişebileceğini bilmenizi isterim, dedi.

Padişah, doğru söylüyordu. Elçilerin sözcüsü, son bir hamleyle,
- Ben de imparatorumuzun bu dostane teklifini kabul etmenizde sizin için sayısız faydalar olduğunu hatırlatmak isterim, diyecek oldu.
II. Mehmet hışımla konuştu:
- Gidiniz ve efendinize deyiniz ki, bu genç padişah, Allah'ın izniyle azim ve cesarette eşi bulunmayan bir kahramandır. Benim gücüme imparatorunuzun hayali bile erişemez! Artık gerçeği görünüz. Konstantiniyye bizim

olacaktır! Kan dökülmesini istemiyorsanız bir an önce şehri teslim ediniz ya da savaşa hazır olunuz!

Son iki cümle, elçilerin olduğu kadar Osmanlı vezirlerinin de aklını başından aldı.
Padişah, sözlerini bitirince ayağa kalktı. Bu, elçiler için, artık gidebilirsiniz anlamına geliyordu.
Elçiler boyunları bükük, omuzları çökük, huzurdan ayrıldılar.
Elçilerin gidişiyle kabul salonunda bir sessizlik oldu.
Çandarlı Halil Paşa,
- Elçilere daha nazik davranmalıydınız, dedi kısık bir sesle. Padişahtan,
- Biz, kime nasıl davranacağımızı biliriz Paşa, cevabını alınca böyle bir sözü söylediğine, söyleyeceğine bin pişman oldu. Bu çocuk sadece deli değil, "zırdeli" diye düşündü içinden.

Çandarlı, her şeye rağmen, Rumeli Hisarı'nın yapımında o dönemin geleneklerine uyarak kendi özel bütçesinden önemli bir harcama yaptı. Bunun karşılığı olarak Hisarı'ın ortada ve deniz kenarındaki büyük kulesine "Çandarlı Halil Paşa Kulesi" adı verildi. Yine katkılarından dolayı Konstantiniyye tarafındaki kuleye "Zağanos Paşa Kulesi", Karadeniz yönündekine de "Saruca Paşa Kulesi" adı verildi.

Rumeli Hisarı, 139 gün gibi kısa bir zamanda tamamlandı. Hisarın yapımında 300 usta, 800 amele, 200 arabacı ve kayıkçı çalıştı. Hem de geceli gündüzlü. Hisarın uzunluğu 250, genişliği 120, yüksekliği 28 metreydi. Kaleler 7-8 katlıydı. İçlerinde muhafızlar için özel bölmeler vardı.

Hisar, karşıdan ve uzaktan seyredildiğinde, Hazreti Peygamber'in (sav) ve genç padişahın ismi olan "Muhammed" kelimesinin Arapça yazılışını andırıyordu. Yapım işlemi bitince padişah, hisarın hemen yanında bulunan tepede iki rekât şükür namazı kıldı. Bu olayın hatırasına bu tepeye "Dua Tepesi" denildi. Hisarın diğer tarafındaki tepeye de "Şehitlik Tepesi" adı verildi; çünkü inşaat sırasında Bizanslıların saldırısıyla şehit olan askerler buraya defnedilmişti.

Padişah, Firuz Ağa'yı kale komutanlığına getirdi. Emrine 400 asker ve yeteri kadar top verdi. Kale komutanına bir de emirname verdi. Buna göre Firuz Ağa, Boğaz'dan geçmek isteyen bütün yabancı gemileri durdurma yetkisine sahipti. Yabancı gemiler "sancak selamı" vererek ve belli bir para ödeyerek Boğaz'dan geçebileceklerdi. Üstelik Osmanlı Devleti tarafından teftişe hazır olacaklardı. Kurallara uymayan gemiler, derhal batırılacaktı.

Padişahın, Firuz Ağa'ya verdiği emirler, göstermelik değildi. Nitekim bu kurallara uymayan iki Venedik gemisi, kaleden yapılan top atışlarıyla denizin dibini boylayıverdi. Sonrasında hiçbir yabancı geminin bu kuralları çiğnediği görülmedi.

Sultan Mehmet'in şöhreti gittikçe artıyordu. Öyle ki Bizans içlerinde bile onun, genç olmasına rağmen, ne kadar gözüpek ve ne kadar ileri görüşlü olduğu konuşulur oldu. Bu durum, Bizans'ın ileri gelenlerine korku salmaya başladı. Padişahın bu hisarı yaptırmakla neyi amaçladığı gün gibi ortadaydı. Konstantiniyye'yi almaktı onun amacı. Üstelik bunu saklamıyordu da. Belli ki genç padişah bunun için varını yoğunu ortaya koyacaktı.

TOPÇU USTASI URBAN

Bizans İmparatorluğu'nun emrinde çalışan Macaristanlı topçu ustası Urban da duymuştu padişahın şöhretini. Bizans için yaptığı, daha doğrusu yapmaya çalıştığı hizmetleri düşündü. İmkân verilirse çok daha büyük toplar dökebilirdi ama Bizans'ta kendisine bu imkân verilmiyordu. Onlar, cadı kazanı kaynatır gibi birbirlerinin kuyusunu kazmakla meşguldü. Mezhep çatışmaları, imparatorluğun çıkarlarının önüne geçmişti. Üstelik hak ettiği maaşları da bir türlü alamıyordu. Urban Usta, kendi kendisiyle yaptığı bu kısa hesaplaşmadan sonra kararını verdi. Bizanslıları terk edecek, Sultan Mehmet'in emrine girecekti. Bu genç padişahın, Bizans imparatorundan daha ileri görüşlü olduğuna emindi.

Urban'ın, Rumeli Hisarı'na yaklaşması zor olmadı. Ancak, muhafızlara derdini anlatabilmesi, nihayet padişahla görüşebilmesi için bir hayli uğraşmak zorunda kaldı. Topçu ustalığı padişahın işine yarayabilirdi. Bu yüzden görevliler, iyi bir soruşturmadan sonra Urban'ı padişahın huzuruna çıkardılar.

Sultan Mehmet, ustayı şöyle bir süzdü. Orta yaşın üstündeydi. Belli ki tecrübeli birine benziyordu. Gözleri, padişahın kartal gözlerine temas edince bir an korkuya kapıl-

dı. II. Mehmet,
-Yaklaş, dedi; yaklaş ve elini uzat.
Urban, şaşırdı. Ne yapacaktı elini? Padişahın kendisiyle tokalaşmasını beklemiyordu. Huzurda nasıl davranacağı kendisine ayrıntılı bir şekilde anlatılmıştı. Bunlar arasında padişahla tokalaşmak yoktu. Eğilip padişahın eteğini öpmek vardı sadece. Hâl böyleyken padişah, yaklaşmasını ve elini uzatmasını istiyordu.
Denileni yaptı. Padişah, Urban'ın ellerini avuçlarının içine aldı, bir güzel inceledi.
- Bu eller, senin bir topçu ustası olduğunu gösteriyor.
- Ben topçu ustasıyım Hünkâr'ım, hem de en iyilerinden...
- Onu da sonra anlarız. Şimdi söyle bakalım, bizden ne istersin?
- Emrinizde çalışmak isterim.
- Bizans'ı terk ettiğin gibi yarın bizi de terk etmeyeceğin ne malum?
- Aslına bakarsanız önce Bizans beni terk etti.
- Koca imparatorluk niye terk etsin seni?
- O eskidenmiş Hünkâr'ım. Şimdiki hâliyle Bizans, temeli çürümüş bir duvara dönmüştür; oysaki sizin temelleriniz sağlama benziyor.
- "Benziyor" kelimesini atarak bu cümleni kabul edebilirim.
- Size iltifat etmiyorum padişahım, gerçeği söylüyorum.
- Neyse... Devam et.
- Maaşlarımı bile alamadım...
- Karın tokluğuna mı çalıştın yani?
- Bazen aç kaldığımız bile oluyordu.
- Demek ki Bizans üflesen devrilecek durumda...

- Evet efendim, karşınızda lime lime dökülen bir devlet var.
- Ama surları sapasağlam ayakta...
- İmparator, size karşı en çok surlara güveniyor ama eminim siz bunun da çaresini bulursunuz.

Padişah, yanındakilere emretti:
-Urban Usta, bundan böyle bizim için çalışacak. Kendisini Topçu Mühendisi Saruca Bey'in emrine veriyorum. İstediği maaş verilecek, hem de hiçbir aksama olmadan...

Urban Usta'nın keyfine diyecek yoktu. Padişahın eteğini öperek huzurdan ayrıldı. Osmanlı topçu ustalarının arasına karıştı.

BİZANS'IN KALBİNİ VER BANA PAŞA!

Sultan Mehmet, bütün benliğiyle fethi düşünüyordu. Dünyanın incisi olan bu şehrin, Bizans'ın elinde küflenip gitmesine gönlü razı değildi. Bir zamanlar Latinlerin harap ettiği şehri yeniden imar etmeliydi. Ayasofya'dan çan sesleri yerine ezan sesleri yükselmeliydi. Taşlaşmış sineler, İslam'ın sevgi bahçelerine dönmeli; zulme uğrayan ahali, İslam'ın adalet şemsiyesinin altına girmeliydi. İyi de nasıl olacaktı bu? Kendinden önce yapılan kuşatmalar neden başarısız olmuştu? Bütün bunlar ciddi konulardı. Sadece kahramanlık nutukları atarak bu işin olmayacağı belliydi. Mehterin en güzel marşlarını çalması, askerin "Allah, Allah!" diye ileri atılması da yeterli değildi. Evet, bunlar da gerekliydi fakat daha önce yapılacak şeyler olmalıydı. İşte bunun için Rumeli Hisarı'nı yaptırmıştı. İşte bu yüzden Bizanslılar telaşa kapılmıştı. İşte bu korkuyla Çandarlı Halil Paşa, padişahı dizginlemeye kalkışmıştı.

Çandarlı Halil Paşa'nın tavrını hatırlayınca padişah bir an durdu. Aklına iyi bir fikir gelmişti. Daha doğrusu çoktandır kolladığı zamanın, tam da şimdiki zaman olduğunu düşündü. Fetih için maddi tedbirlerden başka, alınması gereken manevi tedbirler, kazanılması gereken başka gönüller olmalıydı. Ne olurdu, Çandarlı gibi tecrübeli bir devlet adamı, kendisine destek verseydi? Evet, sonunda kararları padişah veriyordu ama onun da hatırı sayılır bir nüfuzu vardı. Asker üzerindeki etkisi küçümsenecek gibi değildi. Öyleyse ne pahasına olursa olsun Çandarlı, fetih fikrine ikna edilmeliydi.

Sultan Mehmet, gece yarılarına kadar, masasının üzerine serdiği bir harita üzerinde çalışmıştı. Bu, Konstantiniyye'nin haritasıydı. Padişah, haritanın hemen her köşesine bir işaret koymuştu. Kendi otağını nereye kuracağından tutun da hangi komutanın hangi taraftan hücum edeceğine kadar her şeyi düşünmüş, bunları birer birer işaretlemişti haritanın üstüne. Bütün bunların yetmeyeceğini biliyordu. Konstantiniyye'den önce, Çandarlı'yı fethetmeliydi. Artık daha fazla bekleyemezdi. Vakit gece yarısını çoktan geçmişti. Olsundu. Duyulur duyulmaz bir tonla seslendi:
- Burhaneddin Ağa!
Teşrifat Ağası, derhal huzura girdi.
- Çandarlı Paşa'yla görüşmek dilerim.
Burhaneddin Ağa bir anlık şaşkınlıkla,
- Bu vakitte mi, deyince, padişahın ses tonu değişti:
- Bizim için vaktin önemi yoktur. Bu kural, kullarımız için dahi geçerli olsa gerektir!
- Bağışlayın Hünkârım, diyen Burhaneddin Ağa, derhal muhafızlardan ikisini Çandarlı'nın konağına gönderdi. Muhafızlara, görevlerinin ciddiyetini anlatmayı da ihmal etmedi.

Muhafızlar tez zamanda Paşa'nın zaten uzak olmayan konağına ulaştılar. Dışarıda bekleyen muhafızlara Paşa ile görüşmeleri gerektiğini söylediler. Muhafızlardan biri

apar topar içeri girdi, haremağasını çağırdı. Haremağası uykulu gözlerle sordu:
- Ne görüşeceksiniz Paşa ile?
- Bilmez misin Ağa, biz Padişahın muhafızlarıyız. Aldığımız emri, ancak sahibine iletiriz.
- Kibriniz, size kuralları unutturmuş olmalı. Bu vakitte konağın içinde ne işiniz var? Ne söyleyecekseniz bana söyleyin, ben iletirim Paşa'ya.
Haremağası haklıydı. Muhafızlar bir an boş bulunmuşlardı. İçlerinden yaşlı olanı,
- Padişahımız Efendimiz, Çandarlı Paşa'mızı huzura ister!
- Bu vakitte mi?
- Orasını bilmem. Bize gidin Paşa'yı davet edin, diye emir buyurdu.
Haremağası işin ciddiyetini anlamıştı.
- İyi, iyi; siz şurada bekleyin, ben gidip haber vereyim Paşa'ya.

Haremağası tarafından apar topar uykusundan uyandırılan Çandarlı Halil, aldığı davetle sarsıldı. Padişahların, vezirlerini bu saatte huzura davetleri, hayra alamet değildi. Bu işin içinde bir bit yeniği olmalıydı. Sonu ölüm bile olabilirdi bu davetin. Padişaha karşı olan tavrını düşündükçe Paşa'nın rengi kaçtı. Kalbinin güm güm atışına engel olamıyordu. Yapılacak bir şey yoktu. Emir, padişahtan geliyordu. Bu emre uymamak ölüm demekti. Ya uymak? İşte orasını kestiremiyordu.
Çandarlı, alelacele mücevher kasasını açtı. İçinde hazır beklettiği altın bir tepsiyi, en değerli mücevherlerle doldurdu. Böylece, gece yarılarında huzura çağrılan paşaların padişaha götürmesi âdetten olan "şerefiye"yi hazırlamış

oldu. Hanımı ve çocuklarıyla vedalaştı. Hanımının iki gözü iki çeşmeydi. Çandarlı, hüznünü siniriyle bastırmak istedi:

— Sus bre kadın, bilmez misin ki vezirlerin hayatı padişahın iki dudağı arasındadır. Ağlayacağına dua et de sağ salim dönelim.

Çandarlı, elinde şerefiye ile huzura girmek için Burhaneddin Ağa'nın yanına geldi. Önce bu duvarı aşması gerekiyordu. Teşrifat Ağası, bir müddet bekletti Çandarlı'yı. Neden sonra huzura girerek,
— Çandarlı Halil Paşa geldiler.
— Paşa'yı bekletmeyelim bu vakitte.

Burhaneddin Ağa, Hünkâr'ın "vakit" kelimesine yaptığı vurguyu hemen fark etti. Anlaşılan biraz önce kırdığı potu padişah unutmamıştı.

— Buyurun Paşa Hazretleri, Sultan'ımız sizi bekler, diyerek kapıyı açtı.

İçeri giren Çandarlı uzakta beklemeye başladı. Dudakları kıpır kıpırdı. Belli ki dua ediyordu.

— Kulunuzu emretmişsiniz Hünkâr'ım, derken sesi titriyordu.

Padişah, Paşa'nın titrek sesini duyunca başını haritadan kaldırdı. Baktı ki koca vezir titriyor,
— Seni bu saatte rahatsız etmek bizi de üzdü ama, dedi.

Paşa, kulaklarına inanamadı. Demek, ortada korkulacak bir durum yoktu. Rahat bir nefes aldı.

— Ama seninle konuşmam gereken bir konu var, yaklaş.
— Emredin Hünkâr'ım. Fakat önce şerefiyeyi takdim etmeme izin verin.

— Ne şerefiyesi Paşa?
— Bu saate huzura çağırılan kullar, padişahlarına böyle

bir şerefiye takdim ederler. Bunlar, zaten benim değildir. Devletimizin bana bahşettiği imkânlarla alınmıştır. Ben, bunların üstüne başımı da koyuyorum. İster al, ister ko. Kılım kıpırdarsa namerdim.

- Paşa, Paşa... Benim, senin altınlarına da başına da ihtiyacım yoktur. Hatta sana bunlardan daha fazlasını vereceğim. Senden yalnız bir şey istiyorum: Bana Konstantiniyye'yi ver! Ondan başka hiçbir şey, içimdeki yangını söndüremez! Görmez misin, gözüme uyku girmiyor!

Çandarlı Halil Paşa, iyice rahatlamıştı. Padişah, kendisi için kötü şeyler düşünmüyordu. Sadece işbirliği teklif ediyordu.

- Hünkâr'ım, diye başladı söze ve ağır ağır devam etti:
- Allah'ın izniyle, Bizans İmparatorluğu'nun büyük bir kısmına zaten sahip durumdasınız. İnanıyorum ki Konstantiniyye de elinizden kurtulamayacaktır. Ben ve bütün kullarınız, bu fethi başarmak uğruna birbirimizle yarışacağız. Mallarımızı bu uğurda feda edeceğiz. Kanlarımızı döküp canlarımızı vereceğiz. Bu konuda rahat olun.

Padişah, amacına ulaşmıştı. Çandarlı'yı fethetmek çok da zor olamıştı.

Korktuğuna uğramayan veziriazam da rahatlamıştı. Padişahın yanında olduğunu göstermenin verdiği güvenle konağına dönüyordu. Hem de sağ salim.

KALDIR BAŞINI YENİÇERİ

Sultan Mehmet, her zerresiyle büyük fethi düşünüyordu. Bunun için alınması gereken bütün tedbirleri alıyordu. İşe, askerin denetimiyle başladı. Bu konuda en ufak bir disiplinsizliğe tahammülü yoktu. Ordunun seferleri, artık eskisi gibi düzensiz olmayacaktı. Atılan her adım, bir plan dâhilinde atılacak; hiçbir komutan, hatta hiçbir vezir, seferlerin nereye yapılacağını önceden bilmeyecekti. "Seferin nereye yapılacağından sakalımın bir kılı dahi haberdar olsa onu yolar atarım." diyordu.

Padişah, askerin içinde yeniçerilere ayrı bir önem veriyordu. Aslında yeniçeriler, savaşa doğrudan katılmazlardı. Ancak, ordu çok zor duruma düştüğü zaman ya da düşmana öldürücü bir darbe vurulmak istendiğinde ileri sürülürlerdi. Bunun yanında içerideki ayaklanmaları bastırmak ve esnafı denetlemek onların göreviydi. Kendisi de "1" numaralı yeniçeri sayılan padişah, bu seçkin askerlere çok güvenirdi. Konumu bakımından vezirlerden sonra gelen Yeniçeri Ağası ile sık sık görüşür, onları takdir ve teşvik eden sözler söylerdi. Yeniçerilerin "ulufe" denilen maaşları konusunda da çok cömert davranırdı.

Padişah, bir gün Burhaneddin Ağa'ya,
- Yeniçeri Ağası'yla görüşmek istiyorum, dedi.
Kısa bir zaman sonra Yeniçeri Ağası huzurdaydı.

- Yeniçerilerin talimini yerinde görmek dilerim, gerekli hazırlıklar yapıla, diye doğrudan konuya girdi.
Yeniçeri Ağası'ndan,
- Yeniçeri kullarınız, her an, her saniye görüşlerinize hazırdır devletli padişahım, cevabını alınca memnun olan Sultan,
- Öyleyse gidelim, diye emir buyurdu.

Biraz sonra bir yeniçeri ortasının kılıç kalkan talimi yaptığı açık alandaydılar.

İkişerli gruplara ayrılan yeniçeriler birbirleriyle kıyasıya bir mücadeleye girişmişlerdi. Kılıçlar, birbirine değdiği anda ritmik olduğu kadar ürkütücü bir ses çıkarıyordu. Rakiplerinin hücumlarını karşılayan kalkanların manzaraları harikaydı.

Padişah, yeniçerileri seyrederken gururlanmadan edemedi. Bir an kendini onlardan birinin, yaptığı hamleleri çok beğendiği yiğit bir yeniçerinin yerine koydu. Gözleri, zamanın derinliklerine kaydı:

"Daha 8/9 yaşında var veya yoktu. Osmanlı topraklarında yaşayan Hristiyan bir ailenin çocuğuydu. Padişahın adamlarının "devşirme" toplamaya geleceğini öğrenen ailesi, çok heyecanlanmıştı. İstiyorlardı ki kendi oğulları da devşirme olsundu. Bu sayede hem çocuğun hem kendilerinin hayatı kurtulacaktı. Sonunda istedikleri olmuş, Allah onlara güzel bir kapı açmıştı.

Devşirilen diğer çocuklarla birlikte evinden alınıp bir merkeze getirilmişti. Buradan, yanında kalacağı Müslüman aileye teslim edilmişti. Çocuk ruhuyla kendisine telkin edilen İslamiyet'i kabul etmesi zor olmamış, 14/15 yaşlarına kadar kalmıştı bu ailenin yanında. Onlardan al-

dığı doğruluk, dürüstlük, misafirperverlik; kahramanlık, gözüpeklik gibi özelliklerle bezenerek gelmişti yeniçeri ortasına. Orta kumandanı, kendisine bir baba gibi davranıyordu. Onun yeniçeriliğin gerektirdiği donanımı kazanması için çalışıyordu.
Arkadaşları arasında kısa zamanda sivrilmişti. Yiğitti, cesurdu, gözüpekti. Hepsinden önemlisi Osmanlı'ya bağlılığı hiçbir şeyle ölçülemezdi. Yüzünü bile görmediği padişah için canını vermeye hazırdı.
Yeniçeriliğe kabul edildiği zamanki sevinci görülmeye değerdi.
Artık tam bir asker olmuştu."

Bu yiğit asker, yüzünü bile görmediği padişahın kartal bakışlarının şu an üzerinde olduğunu bilmiyordu elbette. Bütün dikkatiyle işini yapıyor, rakibini her seferinde açık düşürüyordu. Sadece talim yaptıkları için de kılıcı, öldürücü darbeyi indirmiyordu. Talim de olsa böyle böyle kaç defa ölümden kurtulmuştu karşısındaki yeniçeri.

Padişah, daldığı âlemden uyandı. Biraz önce hayranlıkla seyrettiği yeniçerinin huzura getirilmesini emretti.
Yeniçeri Ağası'nın bir işaretiyle talim durdu. Orta kumandanı, ağasından aldığı emri derhal yerine getirdi.
Biraz sonra, yiğit yeniçeri padişahın huzurundaydı. Bir dizini kırarak eğilmiş, yere bakıyordu. Terlemişti. Padişahın huzurunda olmak, sadece hayal ettiği bir şeydi. Şimdi hayalleri gerçek olmuştu. Heyecandan nefes alış verişi hızlanmıştı.
Padişah,
- Ayağa kalk yiğidim, dedi.
Yeniçeri afalladı. Osmanlı padişahı, kendisine "yiği-

dim" diye seslenmişti. Az kalsın bayılacaktı. Güçlükle ayağa kalktı, el pençe divan durarak bekledi. Padişah, bu sefer,

- Beri gel aslanım, dedi; yaklaş!

Yeniçeri bir hamlede yaklaştı, kendisine öğretildiği gibi padişahın eteğini öptü, bir adım geri çekildi, ayakta aynı vaziyette beklemeye devam etti. Başı, hâlâ yerdeydi.

- Kaldır başını yeniçeri, kaldır; senin başın daima dik olmalı...

Yeniçeri başını kaldırdı.

- Gözlerime bak, yeniçeri...

Yeniçerinin gözleri, padişahın kara gözleriyle buluştu. Aynı anda ikisinin arasında bir elektriklenme oldu.

- Deminden beri seni izliyorum. Hatta bir an kendimi senin yerine bile koydum. Maşallah çevikliğine, yiğitliğine, kılıç kullanmana diyecek yok. Merak ederim, adın ne senin?

Yeniçeri güçlükle konuştu:

- Hasan kulunuz, padişahım...
- İsmini sevdim Hasan. Nerelisin?
- Ulubatlıyım padişahım.
- Ulubatlı Hasan, yiğitliğinle bin yaşa.

Ulubatlı Hasan, padişahı da etrafındakileri de gurura boğacak bir cümle söyledi:

- Bin yaşamayı, devletimiz ve padişahımız için bin defa ölmek için isteriz! Yoksa bize yaşamak ne lazım?
- Aferin sana Hasan, aferin.

Padişah, Yeniçeri Ağası'na,

- Ulubatlıya iyi bakın. Ailesine fazladan yardımda bulunun, diye emir verdi.
- Başüstüne Hünkâr'ım.
- Bir şey daha...

- Emredin Hünkâr'ım...
- Ulubatlı Hasan'ın yanına bizim Bayram'ı verin. Bayram yeniçeri değildir ama yeniçeriden aşağı kalmaz!

Emir, tez elden Bayram'a ulaştırıldı.
Padişahın değer verdiği iki genç arasında sıkı bir dostluk başlamıştı.

ÇOBAN KAVGASI

Padişah tarafından övülmek, Ulubatlıya ağır bir sorumluluk yüklemişti. Artık, her türlü tavır ve davranışına daha fazla dikkat etmek zorundaydı. İdmanlarda herkesten çok çalışıyor, kendisine verilen görevleri eksiksiz ve tam zamanında yerine getiriyordu.

Bir idman sonrası Yeniçeri Ağası, Ulubatlı Hasan'ı huzuruna çağırdı.

- Bize ulaşan bilgilere göre askerlerimizden bazılarıyla Bizanslı çobanlar arasında kavga çıkmış. İçlerinde ölenler bile olmuş. Bu hadiseyi araştırma görevini sana veriyorum. Yanına istediğin arkadaşlarını alabilirsin. Göreyim seni, bu olayın iç yüzünü ortaya çıkar. Sorumlular hakkında gereğini yap.

- Başüstüne, diyen Ulubatlı, derhal harekete geçti.

- Yanına kendisi gibi üç yeniçeri aldı. Birlikte olayın yaşandığı Rum köyüne gittiler. Onları gören muhtar, başladı ileri geri konuşmaya:

- Nedir bu sizden çektiğimiz? Daha dün, iki çobanımızı öldürdünüz. Kendi köyümüzde rahat yüzü görmeyecek miyiz?

Ulubatlı Hasan, muhtarı anlıyordu. Ne de olsa iki çobanları öldürülmüştü. Üstelik yeniçerilerin geldiğini duyan köylüler, ölen çobanların yakınlarıyla birlikte etraflarını sarmıştı. Bazılarının elinde kazma, kürek, balta gibi şeyler vardı. Görünüşe bakılırsa gelişleri dostça değildi. Ulubatlı, kılıcının kabzasına el attı. Üç arkadaşı da aynı şeyi yaptı. Bu tavır, köylüleri sindirdi. Yeniçerilerin ne kadar iyi dövüşçü olduğunu çok iyi biliyorlardı.

Ulubatlı, bir adım öne çıkarak,
- Biz, olayı araştırmaya geldik. Niyetimiz sizinle kavga etmek değil. Söyleyin bakalım, nasıl oldu bu olay?

Kıyafetinden çoban olduğu anlaşılan bir köylü öne çıktı.

- Ben de oradaydım. Sürülerimiz kendi hâlinde otlarken biz dört-beş çoban gölgede dinleniyorduk. Sohbete dalmışız. Vaktin nasıl geçtiğini anlamadık. Bir de baktık, Türk köylüleri, yanlarında askerlerle karşımıza dikildiler. Meğer bizim hayvanlar, Türk topraklarına girmiş. Hayvan bu, ne bilsin nereye girdiğini? Askerler, önce olayı soruşturmaya çalıştı. Ancak kızgın köylüleri zaptetmeleri kolay olmadı. Baktık ki canımız tehlikeye giriyor, hançerlerimizi çektik, kendimizi korumaya çalıştık.

Ulubatlı,
- Kendini iyi koruduğun belli... Baksana sağ salim buradasın.

- Ondan değil, baktım ki hançerim işe yaramayacak, ellerimi kaldırıp teslim oldum. O zaman bana dokunmadılar.

- Ya diğerleri ne yaptı?

- Onlar gelenlerle kavgaya tutuştu. Hatta köylülerle aramızda kalan askerlerden birini öldürdüler. Bunun üzerine diğer askerler çobanlardan ikisini öldürüverdi. Sonunda komutan, herkese dağılmasını söyledi. Ben koşarak köye geldim, olayı haber verdim. Gidip ölülerimizi getirdik.

Türkler de öldürülen askeri köylerine götürdü. Olay, işte bundan ibaret...
Ulubatlı, muhtara döndü.
- Bu çoban doğru mu söylüyor?
Sadece muhtar değil, köylüler hep bir ağızdan,
- Doğru söylüyor, diye bağrıştılar.
Ulubatlı köylülere anlattı ki olayın çıkış sebebi, çobanların hayvanlarına sahip olamayışıdır. Yine de yapılan hareket doğru değildir. Osmanlı Devleti, öldürülen iki çobanın ailesinin bütün ihtiyaçlarını karşılayacaktır.
Muhtar da köylüler de rahatlamıştı. Yeniçeri, devlet adına konuşuyordu. Yaptığı teklif de yabana atılacak gibi değildi. Hem isteseler, kendilerine daha kötü muamele edebilirlerdi. Muhtar, biraz da yapılacak yardımı garantiye almak için,
- Bağışlayın Paşa'm, sizin adınız neydi, dedi.
- Ulubatlı Hasan derler bana.
Köylüler bu adı tekrarlayadursun, yeniçeriler oradan ayrıldı.
Hasan, olayı Yeniçeri Ağası'na rapor etti.
Öldürülen çobanların ailesine söz verilen yardımlar yapıldı.

Böylesine basit bir olayın, Osmanlılar ile Bizanslılar arasında savaş sebebi sayılacağını ne Ulubatlı Hasan tahmin edebilirdi ne de Yeniçeri Ağası... Onlar biliyorlardı ki iki devlet arasında bir savaş çıkacaksa bunun sebebi basit bir çoban kavgası değil, olsa olsa Rumeli Hisarı'nın yapımı olabilirdi.

TOPLAR DÖKÜLÜYOR

Padişahın, gece gündüz büyük fethi düşündüğünü söylemiştik değil mi? Bin defa söylesek yeridir.
Sultan için yine böyle gecelerden biriydi.
II. Mehmet artık iyice anlamıştı ki Konstantiniyye'nin en kuvvetli yanı, surlarıdır. Bu surlar, 22 kilometre boyunca şehri kanatları altına almıştır. Bu kanatlar; hendekleri, dış surları, iç surlarıyla şehri kuşatanlar için tam bir korku âbidesidir. Surların üstünde 50 metre aralıklarla tam 96 tane burç yükselmektedir. Burçların her biri 25 metre yüksekliğindedir... İç surlarla dış surlar arasındaki irtibat, kapılar ve merdivenlerle sağlanmaktadır. Surların içindeki dehlizler ve küçük oyuklar da cabası...
Surları aşmadan şehre girmek mümkün değildir. Bunu denemekse, şimdiye kadar pek çok milletten binlerce cengâverin canına mal olmuştur.

Genç padişahın sinirleri iyice gerilmişti.
Surları aşmak istiyordu. Ama nasıl olacaktı bu? Eski usullerle hücum etse, sonuç aynı olacaktı: Ölüm! Fakat padişah şehri almadan ölmek istemiyordu. Her an, her saniye bunu düşünüyor, bunun için çalışıyor, bunun için dua ediyordu.
Eski usulleri terk etmek lazımdı. Surlar, ancak yeni tekniklerle aşılabilirdi. Yeni teknikler? İşte buna kafa yor-

mak gerekiyordu.

Sabah oluyordu. Namazını kıldı, her zamanki dualarını tekrarladı. Aldığı bir dizi kararı birkaç saat sonra uygulamaya koymak üzere kısa bir uyku için yatağına uzandı.

***

- Surlara tırmanmak için, yürüyen merdivenler yapılsın!

Askerlerin giysileri, burçlardan dökülecek gruveja ateşine karşı dayanıklı hâle getirilsin!

Bir de topçu ustası Urban, huzura çağırılsın!

Padişahın, sabah olur olmaz verdiği bu emirler derhal yerine getirildi.

Yürüyen merdivenlerin inşasına başlandı.

Askerlerin kıyafetleri, ateşe ve kızgın yağa dayanıklı hâle getirilmeye çalışıldı.

Ve biraz sonra padişah, topçu ustası Urban'la konuşmaya başladı.

- Hoş geldin Urban Usta, nasılsın?
- Sağlığınıza ve dahi devletimizin sağlığına duacıyım Hünkâr'ım.
- "Devletimizin" mi dedin?
- Evet Sultan'ım. Ben de artık bu devletin bir parçasıyım.
- Berhudar ol usta. Şimdi sana soracaklarım var.
- Buyurun devletli Hünkâr'ım.
- Tophanemizi nasıl buldun?
- Çok güzel, çok düzenli...
- Birlikte çalıştığın ustalar...
- Hepsi de işinin ehli...

- Bugüne kadar toplar hangi amaçla dökülüyordu?
- Anlamadım Sultan'ım...
- Tarihte diyorum, toplar hangi amaçla kullanılıyordu?
- İnsanları, daha çok askerleri korkutmak amacıyla Hünkâr'ım.
- Sence toplar, başka bir amaçla kullanılamaz mı?
- Başka bir amaç, başka bir amaç... Benim aklıma gelmiyor.
- Benim aklıma geliyor usta, benim aklıma geliyor.
- Aklınıza geleni bize de bağışlar mısınız Hünkâr'ım?
- Surları delmekte mesela!
- Onu ben de düşünmüştüm ama bunun mümkün olamayacağını bildiğimden size söyleyemedim.
- Mümkündür Usta, mümkündür. Şimdiye kadar dökülmeyen büyüklükte bir topla surları delmek pekâlâ mümkün.
- Şimdiye kadar dökülmeyen bir top... Neden olmasın? Pekâlâ olabilir. Çok yaşayın Sultan'ım, çok yaşayın!
- Birlikte yaşayalım Urban Usta ve bu işi birlikte başaralım.
- Çalışmaya başlamak için sabırsızlanıyorum.

Padişah, çalışma masasından aldığı bir tomar kâğıdı Urban'a uzattı:
- Biz çalışmaya çoktan başladık bile Urban Usta. Bunları dikkatlice incele. Dökeceğin topların teknik özellikleri böyle olacak!

Urban kâğıtları dikkatle incelemeye başladı. Önce gözleri faltaşı gibi açıldı. Ardından yüzüne bir hayranlık ifadesi yayıldı. Sonunda büyük bir hürmetle padişahın eteğini öptü.
- Sizde bu zekâ, bu ilim ve bu azim olduktan sonra de-

ğil Bizans'ı, dünyayı fethedersiniz, diyerek huzurdan ayrıldı.
Padişah, ardından seslendi:
- Unutma, diğer ustalarla birlikte çalışacaksınız!
- Başüstüne Hünkâr'ım, başüstüne...

1452 yılının yaz aylarında Edirne'de topların dökümüne başlandı. Üç usta ve yüzlerce işçi, geceli gündüzlü çalışarak o zamana kadar görülmemiş çapta toplar döktü. Bunların tamamı, bakır ve kalayın karışımından elde edilen tunçtan yapılıyordu. Bakır ve kalay çok pahalıydı. Buna rağmen hiçbir masraftan kaçınılmadı. Bakır, Kastamonu yöresine hâkim olan Candaroğullarından, kalay ise Venedikli tüccarlardan temin edildi. Tunçtan yapılan toplar, Avrupalıların bakırdan yaptığı toplara göre çok daha dayanıklıydı.

Ustaların irili ufaklı olarak döktüğü toplar 150'yi bulmuştu. Sultan Mehmet, bunlarla yetinmiyordu. Daha büyük, daha büyük, daha büyük toplar dökülmeliydi. Nihayet çok büyük masraf ve emekler sonucunda böyle bir top döküldü. İki buçuk metre çevresiyle, 600 kiloluk bir gülleyi 1200 metre uzağa fırlatabilmesiyle bu top âdeta topların şahıydı. Bu yüzden adına "Şâhî" dendi. Öyle ki bu topun atacağı güllenin yapımında ustalar çaresiz kalmış, imdatlarına yine padişahın çizimleri yetişmişti. Şâhî topun gülleleri, Karadeniz sahillerinden getirilen kara bir taştan ve mermerden yapıldı.

Sultan Mehmet, topların istediği gibi dökülmesinden çok memnundu. Artık surları aşacağından emindi. Bu kadar büyük bir topun, henüz Edirne'deyken denenmesi gerekiyordu. Bu maksatla top, Edirne'de saraya giden yolun önüne yerleştirildi. Padişahın bir fermanıyla halk uyarıldı. Zira topun ateşlenmesiyle çıkacak gürültünün ansızın duyulması, insan sağlığına zararlı olabilirdi; hatta hamile kadınlar, çocuklarını bile düşürebilirdi.

Ertesi sabah büyük bir heyecanla bekleyen devlet adamlarının, ulemanın ve halkın meraklı bakışları altında top ateşlendi. Sonuç, mükemmeldi. Gülle, toptan çıktığında, âdeta yer gök inledi. Ses, o kadar kuvvetliydi ki 20 km. uzaktan bile duyuldu. Diğer yandan ortalığı bir toz bulutu kapladı. Bir mil uzağa düşen gülle, bir kulaç büyüklüğünde bir çukur açmıştı.

Sultan Mehmet'in Konstantiniyye'yi alma ümidi gittikçe artıyordu.

BU İŞ OLMADAN ASLA!

Padişah, şâhî topun dökülmesiyle hedefine bir adım daha yaklaşmıştı. Üstelik bu, çok önemli bir adımdı. Şimdi, bunun kadar önemli bir adım daha atmalıydı. Devlet büyüklerini meşverete davet etmeli, içindeki fetih aşkını onlara da aktarmalıydı. Bu niyetle 1453'ün Ocak ayında geniş katılımlı bir toplantı düzenledi. Vezirler, paşalar, din adamları, komutanlar kendi konumlarına göre salondaki yerlerini aldılar. Çok azının yüzünde endişe olmakla beraber çoğunda bir heyecan göze çarpıyordu. Beklenen an geldi ve padişah konuşmaya başladı:

- Devletli Vezirlerim, Paşalarım, Hocalarım, Komutanlarım,

Hepinizi öncelikle Allah'ın selamıyla selamlıyorum.
"Kendi görüşüyle yetinen mutlu olmaz; istişare eden de mutsuz olmaz." diye bir söz vardır. Ben bu sözün doğruluğuna inanıyorum. Öyle olmasaydı, Sevgili Peygamberimize, "İşlerinde müşavere et." diye buyurulmazdı.
Uzun zamandır içimde benliğimi yakıp kavuran bir ateş var. Bu ateşi sizinle paylaşmak istiyorum.
Devletimizin bir çınar gibi kâinata kök budak salması için yaptığınız çalışmalar her türlü takdirin üstündedir.

Şimdi ise sizden, bu çalışmalarınızın çok üstünde gayret gerektiren bir isteğim var."

Padişah, burada biraz nefeslendi. Kendini dinleyenlerin dikkatlerini iyice üstüne çektikten sonra konuşmaya devam etti:

"Evet, sizden Konstantiniyye'yi istiyorum."

Bu cümle bazıları için öteden beri bildikleri bir gerçeğin ifadesiydi. Bazıları içinse sürpriz oldu. Özellikle onlar, heyecanlarını gizleyemediler. İçlerinden bazıları,
- Allahü Ekber!
- Padişahım çok yaşa!
gibi duygu dolu sözleri, coşkuyla haykırdılar.

Sultan Mehmet, konuşmaya devam etti:

"Konstantiniyye'yi, sadece kendim için istemediğimi elbette bilirsiniz. Atalarımız gibi bizim de asıl hedefimiz 'gaza' yapmak; bu yolla Allah'ın rızasını kazanmaktır.

Bildiğiniz gibi bu şehir, topraklarımızın tam ortasında yer alıyor; bu hâliyle düşmanlarımızı koruyor, Rumeli'ye asker geçirmemize engel oluyor. Devletimizin geleceği ve emniyeti için bu şehrin alınmasından başka çaremizin olmadığına inanıyorum. Bu konuda farklı görüşleri olan varsa onları dinlemek isterim."

Divanda bir sessizlik oldu. Özellikle fethe karşı çıkanların huzursuzluğu arttı. Onlar, Çandarlı'nın çıkıp kendilerine tercüman olmasını bekliyordu. Çok geçmeden Çandarlı söz aldı:

- Sultan'ımın engin hoşgörüsüne sığınarak görüşlerimi aktarmak istiyorum.
- Buyurun...
- Biliyorsunuz ki Konstantiniyye, sadece Bizans'ın değil, bütün Hristiyan dünyasının kalbi gibidir. Bizim buraya yapacağımız bir saldırı, yeni bir Haçlı savaşına davetiye çıkarmak olacaktır. Savaşların, hele de Haçlı savaşlarının halkımız üzerindeki olumsuz etkilerini anlatmama gerek olmadığını düşünüyorum. Diğer yandan bu şehri kuşatan 30'a yakın hükümdarın hazin hikâyeleri de tarih sayfalarındaki canlılığını koruyor. Bu bakımdan ben derim ki komşularımızla iyi geçinelim, askerimizi bir hiç uğruna kırdırmayalım.

Bu, zaten Sultan Mehmet'in beklediği bir konuşmaydı. Önemli olan, Çandarlı gibi düşünenlerin sayısıydı. Bunu öğrenmek için sordu:
- Merak ederim, Çandarlı gibi düşünen var mıdır?
Biraz tereddütten sonra sesler yükselmeye başladı:
- Vardır Devletli'm...
- Vardır Hünkâr'ım...
- Vardır Sultan'ım...
- Vardır...
Padişah sükûnetini korumaya çalışarak,
- Beni bir kere daha dinlemenizi rica ediyorum; ondan sonra çoğunluğun alacağı karara uyacağıma söz veriyorum.
Özellikle fethe karşı çıkanlar rahatlamıştı. Yine de Hünkâr'ın ne söyleyeceğini merak ediyorlardı. Dinlemeye koyuldular padişahı:
- Atalarım, dünya saltanatının sonsuz olmadığını, buna karşılık her canlının bu dünyada bir sonu olduğunu bili-

yordu. Onlar, yaratılıştan maksadın Allah'ı bilmek olduğu konusunda kesin bilgiye sahiptiler. Ebû Said el Hudrî'nin naklettiğine göre bir kişi Allah Resulü'ne "İnsanların en üstünü kimdir?" diye sordu. Kâinatın Efendisi, "Malı ve canı ile Allah yolunda savaşan mümindir." buyurdu. Şimdi ben de Cenab-ı Hakk'ın, "İşte bunlar, Allah'ın doğru yola eriştirdikleridir. Onların yoluna uy." buyruğunca gücümü Allah'ın kelamını ve Resulünün sünnetini yüceltmeye harcayacağım. Böylece dünyada iyilikle anılmayı, ahirette de bol sevap elde etmeyi umuyorum. İrem bağından bir köşe olan Konstantiniyye, ne sebeple benim ülkemin ortasında bulunsun da küfür ocağı olmaya devam etsin? Onu fethetmeye kesin kararlıyım. Bu işi bitirmeden başka bir işe başlamayacağım. Umulur ki benim tedbirim Allah'ın takdirine uygun düşer."

Sultan Mehmet'in heyecanı da sesinin tonu da gittikçe yükseliyordu:

"Bütün kâinat aksi yönde çalışsa bile Allah'ın takdiriyle olmaz denilen nice işler başarılır. Cümle âlem basit bir işe yönelse, Allah dilemezse o iş olmaz. Bu hususta güvencem ne mal bolluğu, ne askerimin kahramanlığı ne de savaş aletlerimizin yeniliğidir. Tam aksine yalnız Cenab-ı Hakk'ın lütuf ve yardımına güvenirim. Eğer bu şehrin benim elimle alınması takdir edilmişse kale ve burçları taştan ve topraktan değil, saf demirden bile olsa, öfkemle ve içimdeki ateşle onları bir hamlede eritip mum gibi yumuşatırım. Sonuç alamasam da hiç olmazsa niyetimle sevap elde ederim. Ama biliyorum ki benim gibi âciz bir kulu, samimi olarak Cenab-ı Hakk'ın engin lütfundan bir iyilik dilese, O, kulunu bu dileğinden mahrum bırakmaz."

Sultan'ın son cümlesi dinleyenlerin âdeta yüreklerine işledi:

"Şimdi tekrar soruyorum. Aranızda hâlâ benim gibi düşünmeyen var mı?"

Çandarlı, ilk görüşünde ısrar ediyordu. Fakat onun gibi düşünenlerin sayısı azalmıştı. Son sözü Zağanos Paşa söyledi:
- Bir yılda yapılacak işleri bir ayda, bir ayda yapılacak işleri bir günde yapmaya hazırız Devletli Hünkâr'ım.
Padişah, memnundu.
Divandakilere, bu sefer yumuşak fakat kararlı bir ses tonuyla sordu:
- Zağanos Paşa'nın görüşü uygun mudur?
Cevaplar birbiri ardı sıra gelmeye başladı:
- Uygundur Padişah'ım...
- Uygundur Hünkâr'ım...
- Uygundur Sultan'ım...
- Uygundur Devletli'm...
- Uygundur...
Padişah, büyük bir memnuniyetle,
- Bence de uygundur, dedi.

Toplantı bitmişti.

TOPLAR TAŞINIYOR

Fetih kararı alınmıştı ya gerisi kolaydı.
Sıra topların taşınmasına gelmişti. Küçük topları taşımak kolaydı. Ya büyük toplar? Özellikle şâhî topun taşınması başlı başına bir olay oldu: Önce 50 marangoz ve 200 işçiyle topun geçeceği yollar hazırlandı. Sonra büyük top 1453 Şubat'ında, menziline doğru ağır ağır hereket etti. Top, yan yana getirilen 30 arabanın üzerine konulmuştu. Bu arabaları, iyi besili 140 öküz çekiyordu. Topun düşmemesi için de sağlı sollu olmak üzere 200 asker yürüyordu. Bu harika tablo, görenleri hayrete düşürüyordu. İki aylık bir yolculuktan sonra top, Konstantiniyye önlerinde, Topkapı denilen bölgeye yerleştirildi. Surların, en zayıf noktasını tam karşıdan gören bu yer, önceden padişah tarafından belirlenmişti. Diğer toplar da 14 batarya hâlinde, yine bizzat padişah tarafından belirlenen noktalara yerleştirildi. Bu işlem yapılırken, topların surlara uzaklığı titiz bir çalışmayla hesap edildi. Böylece menzil ayarlaması sağlıklı bir şekilde yapılabilecekti.

Padişah, bununla da yetinmedi. Surların önüne seyyar bir "tophane" kurdurdu. Burada, Urban Usta'nın öncülüğünde büyük bir top daha döküldü. İhtiyaca göre burada yeni toplar dökülecek veya arızalanan toplar tamir edilecekti.

Bizanslılar için manzara korkunçtu. Böyle bir şeyi ne görmüş, ne duymuşlardı. Çok güvendikleri surlar, bu toplara dayanabilecek miydi? Bunu zaman gösterecekti. Hâlbuki onlar için zaman, yok denecek kadar azdı. Derhal surları güçlendirme çalışmalarına başladılar. Bu konuda o kadar ileri gittiler ki kendi elleriyle yıktıkları kiliselerin taşlarını bile bu işte kullandılar.

Diğer yandan sadece surlar değildi padişahın zihnini meşgul eden. Haliç de ona problem çıkaracak gibiydi. Konstantiniyye kuşatmalarındaki başarısızlığın sebeplerinden birinin de şehrin denizden kuşatılamayışı ve Haliç'e girilemeyişi olduğunu tespit etmişti. Bu bakımdan donanmaya büyük önem verdi. Aynı zamanda Haliç'e çekilecek zincirleri aşmanın hesaplarını yaptı.

Padişaha bunlar da yetmedi.
Sınırlara, muhtemel saldırılara karşı askeri birlikler yerleştirdi.
Turahanoğullarına, Mora'ya akın yaptırarak buradan Konstantiniyye'ye gelecek yardımın önünü kesti.
Tımarlı sipahiler, azaplar, yeniçeriler ve diğer kapıkulu askerlerinin yanı sıra gönüllülerle birlikte Osmanlı ordusundaki asker sayısı 100 bine yaklaştı.
Askerin moralinin yükseltilmesi için önde gelen dini liderler sefere davet edildi.
Rumeli Beylerbeyi Dayı Karaca Bey, ordunun Konstantiniyye'ye gidiş yolunu geçişe uygun hâle getirdi. Böylece surların önündeki bütün engeller temizlenmiş oldu.
Kuşatma için gereken her şey yapılmıştı.
Büyük fetih her an başlayabilirdi.

KORKU DAĞLARDAN BÜYÜK

Bizanslılar, daha Rumeli Hisarı yapılırken sezmişlerdi tehlikeyi. Padişahı bu işten vazgeçirmek için elçiler göndermişlerdi. Aldıkları cevap olumsuz olmakla kalsa iyiydi. Genç padişah düpedüz kendileriyle alay etmişti. Bir de "Şehri kan dökülmeden teslim edin!" dememiş miydi? O ne gurur, o ne kibirdi öyle? Koskoca Bizans, kendini savunmaktan aciz miydi? Şimdiye kadar onlarca kuşatmadan alnının akıyla çıkmamış mıydı?

Bizans imparatoru Konstantin bütün bunları biliyordu bilmesine ama bir konu aklını kurcalayıp duruyordu: Genç padişah, gerçekten "kendinden öncekilere benzemiyordu." Onlardan daha deli doluydu, belki daha zekiydi, kim bilir belki de kendini iyi yetiştirmişti. Etrafta onun gözüpekliğinin yanında âlimliğinden hatta şairliğinden bile bahsedilir olduğuna göre, farklı bir kişiliği olduğu kesindi.

Bütün bunlar beni yıldıramaz, diye düşündü Konstantin. Ateş olsa cürmü kadar yer yakardı. Ancak ateşi etrafa yayılmadan söndürmek gerektiğini de biliyordu. Yapması gereken şey, Bizans'ın söküklerini dikmekten ibaretti. Öte yandan Bizans'ta dikilecek o kadar çok sökük vardı ki... İşe en büyüğünden başlamalıydı. Hristiyan âlemini yıpratan en büyük tehlike mezhep çatışmalarıydı. Katolik ve Ortodoks kiliselerini birleştirebilirse hem bu çatışmaların önüne geçecek hem de bu çılgın padişaha karşı hatırı sayılır bir güçbirliği sağlayacaktı.

Kiliselerin birleştirilmesinin hiç de kolay olmayacağını biliyordu; fakat başka çaresi yoktu. Bu amaçla Roma'da bulunan Papa'ya elçiler gönderdi. Elçileri kabul eden Papa sordu:

- İmparatorunuz ne ister bizden?
- İmparatorumuz size sonsuz saygılarını sunar Papa Hazretleri.

Papa'nın yüzünde belli belirsiz bir gülümseme...
- Sonra?
- Efendim, biliyorsunuz ki şehrimiz çılgın bir Türk padişahı tarafından işgal edilmek üzere...

Papa, bilmiyormuş gibi konuştu:
- Kimmiş bu çılgın Türk padişahı?
- Adına Mehmet diyorlar, fakat...
- Fakat ne?
- Fakat o, bundan böyle "Fatih" diye anılmaya hazırlanır...
- Olabilir canım, nasıl diyordu Türkler, "Her yiğidin gönlünde bir aslan yatar."
- Bu yiğidin gönlünde bir "aslan" değil, Hristiyan âleminin kalbi yatar Papa Hazretleri, Konstantiniyye yatar, Konstantiniyye!

Elçinin dudakları titremeye başlamıştı. Dokunsanız ağlayacak gibiydi.

Papa, işin şakaya gelir tarafı olmadığını anladı.
- İmparatorunuzun benden istediği şeyi söylemediniz daha...
- Sizden, bizi bu beladan kurtarmanızı bekliyoruz.
- Nasıl?
- Çok önceleri alınan fakat bir türlü uygulanamayan

"kiliselerin birleştirilmesi" fikrini hayata geçirerek...

Papa, teklifin ciddiliğini anladığında terlemeye başladı. Görünüşe göre yapılması gereken tek şey buydu. Fakat Katolikler de Ortodokslar da birbirlerinden nefret ediyorlardı. Öyle "Kiliseleri birleştirdim." demekle olmazdı bu iş. İki taraf birbirini düşman saydığı müddetçe kalıcı bir bütünleşmeden söz edilemezdi. Buna rağmen kendisi mademki Hristiyanların bir numaralı din adamıydı, öyleyse bu adımı atmak zorundaydı. Yoksa tarih onu affetmezdi.
- Peki, dedi elçilere; yakında ben de size bir elçi göndereceğim. Bu konuyu hallolmuş bilin.

Elçiler, sonuçtan memnun olarak ayrıldılar Roma'dan.

Çok geçmeden Papa'nın elçisi İsidoros, Konstantiniyye'ye geldi. İmparatorla yaptığı kısa bir görüşmenin ardından Ayasofya'da bir ayin düzenelenmesini ve halkın toplanmasını istedi.

Papalık makamının kendilerine nasıl bir yardımı dokunacağını merak eden ahali, ayini takip etmek üzere Ayasofya'yı doldurdu. Hep bir ağızdan söylenen ilahiler, heyecanlı bir ortam oluşturmuştu. O kadar insan, Papa'nın şehri nasıl kurtaracağını merak ediyor, elçiden müjdeli bir haber bekliyordu.
- Kardeşlerim, diye başladı söze. Sevinciniz, sevincimizdir; acınız, acımız... Size gelen tehlike bize gelmiş demektir.

Halk, ümide kapılmıştı. Belli ki Papa, yardımlarını esirgemeyecekti. Galiba öteden beri inandıkları şey, "Tanrı'nın melekleri vasıtasıyla bu şehri koruyacağı inancı" gerçekleşiyordu. Bütün Hristiyan dünyası birlik olup surların önünde bekleşen barbar Türkleri geldikleri yere sürecekti.

İsidoros devam etti konuşmaya:
- Bir devletin varlığını sürdürebilmesi, kendi içindeki birlik ve beraberliğin sağlamlığına bağlıdır. Daha sonra o devleti oluşturan halkın ortak ideallerine... Geçmişinden ders almayan, geleceğe dönük ideallari olmayan, kendi içinde kırk parçaya bölünen, her fırsatta birbirlerinin kuyusunu kazmaya çalışan bir devletin uzun müddet yaşaması mümkün değildir.

İsidoros'u dinleyen ahali, bu sözlerden hiç de memnun olmadı. Gerçi söyledikleri doğruydu, hatta denilebilir ki birebir Bizans'ın içinde bulunduğu durumu anlatıyordu. İsidoros, bunları tekrarlamak yerine şehri Türklerden kurtarmanın sihirli formülünü vermeliydi. Belki asıl duymak istediklerini biraz sonra söyleyecekti. En iyisi dinlemeye devam etmekti.

- İçinde bulunduğunuz durumun ciddiyetini anlıyoruz. Bizden, kuşatmanın derhal kaldırılmasını sağlayacak bir icraat bekliyorsunuz...

Vatandaşın beklentileri galiba gerçekleşiyordu. İsidoros, beklenen müjdeyi az sonra verecekti. Az sonra'yı beklemekten başka çare yoktu.
- Size bunun çaresini söylüyorum: Birleşmek!
Ne oluyordu? Kim, kiminle birleşiyordu? Bahsedilen, diğer Hristiyan devletlerin güçleriyle birleşmekse mesele yoktu. Ya öyle değil de...
- Ortak düşmanımız olan Türklerin bir atasözü vardır:

Bir elin nesi var, iki elin sesi var! Ne yazık ki Türkler doğru söylüyor. Bizler, aynı dinin mensuplarıyız, fakat mezheplerimiz farklı. Bu farklılık bizi birbirimizden soğuttu, aramıza düşmanlık tohumları ekti.

İsidoros'un sözü nereye getireceği belli olmaya başlamıştı. Ahali arasında homurdanmalar başladı.

- Demem o ki, daha doğrusu Papa Hazretleri'nin isteği o ki aramızdaki ayrılığa bir son vermenin zamanı geldi. Mezheplerin kardeşliğini sağlamak zorundayız. İşte o zaman, bütün Hristiyan devletler size yardıma koşacaktır. İşte o zaman, surların dışındaki bela, kendiliğinden defolup gidecektir.

Kiliseyi dolduran halkın homurtuları gittikçe yükselmeye başladı. Mezhepler, ne zaman birleşmişti ki şimdi birleşsindi? Papa, düpedüz hayal görüyordu. Bizanslılar, Müslüman Türklere teslim olmak istemiyordu. İsidoros ise yardım diye, Bizanslılardan düpedüz dinlerinden vazgeçmelerini istiyordu. Böyle bir teklifi kabul etmektense Türk hâkimiyetini kabul etmek, çok daha iyiydi.

Birleşmeye karşı çıkanlardan Grandük Lukas Notaras, ayağa kalkarak bağırdı:

- Konstantiniyye'de kardinal şapkası görmek yerine Sultan sarığı görmeyi tercih ederim!

Kiliseyi terk eden Notaras'ı izleyenler oldu. Durumun nazikliğini kavrayan Konstantin, ileri fırlayarak çıkmak isteyenlere engel oldu. Yaptığı konuşma, çaresizlik kokuyordu. Yurdunu savunmak isteyen bir imparator, gözyaşları içinde halkına yalvarıyordu:

- Anlamıyor musunuz, başka çaremiz yok!

İmparatorun hâli, yürekleri burktu. Gerçekten başka çare yok gibiydi. Hain Hristiyanlar, yardım için böyle bir birleşmeyi şart koşmuşlardı. Çaresiz kabul ettiler.

İsidoros, Papa adına mezhepleri birleştirdiğini ilan etti. Koro, her iki mezhepte de söylenen ilahilerden birkaçını seslendirdi. Vatandaş, ilahileri boynu bükük dinledi. Her şeye rağmen yapılması gereken tek şeyin bu olduğuna inanmaya çalıştılar.

İmparator, aldığı yardım vaadiyle rahatlamıştı. Fakat önce kendilerinin yapması gereken şeyler vardı:

İmparator, en çok surlara güveniyordu. Şehir onlarca kuşatmayı, surları sayesinde atlatmıştı. Kara tarafındaki ve Marmara'ya bakan surlar sağlamdı. Fakat Haliç'e bakan surlar için aynı şeyi söylemek zordu. Derhal, bu zayıf surları güçlendirmek için çalışmalar başlatıldı. Buna rağmen Haliç tarafından gelecek bir saldırıya karşı koymak zor olabilirdi. Bunun için Haliç'in ağzında, yeni bir savunma hattı kurulması gerekiyordu. Bu maksatla Haliç'e Sirkeci'den Galata'ya kadar kalın bir zincir çektiler. Böylece Türk gemilerinin Haliç'e girmesine engel olacaklardı.

Kara tarafındaki surları çepeçevre saran, yaklaşık 20 metre derinliğinde ve genişliğindeki hendekler temizlendi ve suyla dolduruldu.

Donanmalarını gözden geçirdiler.

Topların bakımını yaptırdılar.

Şehre altı ay yetecek kadar erzak depoladılar.

Civar köylerin halkını, yiyecekleriyle ve etlik hayvanlarıyla şehre taşıdılar.

Mora despotlarından yardımcı kuvvet ve buğday istediler.

Rumların yaşadığı adalara ve diğer Hristiyan ülkelere buğday, yiyecek maddeleri, şarap ve askeri malzeme almak üzere gemiler gönderdiler.

İmparatorun yardım isteğine Papa da bir filo göndereceğini belirterek olumlu cevap verdi.

Venedikliler, 10 kadırgalık bir yardımda bulunmaya söz verdi.

Sakız Beyi Jüstinyani, birçok harp makinesi ve malzemeyle yüklü iki büyük kadırga ve 700 askerle, Konstantiniyye'ye geldi. Burada gönüllülerin talimleriyle meşgul oldu.

Para sıkıntısını gidermek için kiliselerdeki bütün değerli eşyalar makbuz karşılığı alındı, bunların yerine para basıldı. Öyle oldu ki imparatorun tacını süsleyen mücevherler bile satıldı.

Bizans, kendini kurtarmak için bütün değerlerini yok etmek pahasına her çareye başvuruyordu.

HAREKETTE BEREKET VARDIR

Resul'ün dilinden ilâhî müjde,
Dalga dalga gönüllere yayıldı.
"Fetholunur elbet Konstantiniyye."
Bu mübarek sözler emir sayıldı;
Ben de "güzel asker" olayım diye,
Gül soylu yiğitler yola koyuldu.

Genç padişah, vaktin geldiğini düşündü. Bir an önce Konstantiniyye'ye ulaşmak, Bizans'ın kalbine öldürücü darbeyi indirmek istiyordu.

Ordu, harekete hazırdı. Padişahın emrini bekliyordu sadece.

Sultan Mehmet, hareket emrini verdiğinde takvimler 23 Mart 1453 Cuma gününü gösteriyordu.

Yanında vezirlerinden ve komutanlarından başka Akşemseddin, Molla Gürani, Molla Hüsrev ve Akbıyık gibi âlimler olduğu halde Edirne'den hareket etti.

Ordunun geçtiği yerlerdeki ahali, onları dualarla karşılıyor, dualarla uğurluyordu.

Askerin keyfine diyecek yoktu. Bu seferin, öncekilere benzemediğini onlar da biliyordu. Padişahın zafere olan inancı onlara da geçmişti.

Keşan'a geldiklerinde burada durarak kendilerine katılacak Anadolu kuvvetlerini beklediler. Anadolu Beylerbeyi İshak Paşa ve askerleri, yanında Mahmut Paşa olduğu hâlde Gelibolu Boğazı'nı geçerek büyük orduya katıldı. Ordu, 5 Nisan 1453 tarihinde Konstantiniyye önlerine geldi.

Padişah, altın sırmalarla süslü kırmızı çadırını surların zayıf olduğu Topkapı karşısında, savaşı rahatça takip edeceği bir yere kurdurdu. İmparator da surların bu bölgesinin zayıf olduğunu biliyordu. Bu bakımdan o da çadırını bu bölgeye kurdurmuştu. Buradan, Maltepe surlarından Tekfur Sarayı'na kadar neredeyse bütün alanı görmek mümkündü. Otağı Hümayun'un çevresi, kapıkulu birlikleri tarafından etten bir duvar gibi sarılmıştı. Merkezde yeniçeri piyadesi; sağda sipahiler, sağ ulufeciler ve garipler; solda silahtar, sol ulufeciler ve garipler bulunuyordu. Merkez hattının önünde ise topçular yer almıştı.

Sultan Mehmet, daha önce defalarca Konstantiniyye önlerine gelmiş, hangi birliğin nereye konuşlanacağını belirlemişti. Bu bakımdan birliklerin yerlerini almaları zor olmadı. Kısa zamanda kara surları, Ayvansaray'dan Yedikule'ye kadar sarıldı.

İki büyük top, Edirnekapı ile Topkapı surlarına karşı yerleştirilmişti. Ayrıca yeni yapılan tophane, emre amade bekliyordu.

Asıl taarruz bölgesi, Topkapı'dan Edirnekapı'ya doğru uzanan merkez hattıydı. Padişah, Çandarlı Halil Paşa ve bütün kapıkulu birlikleri burada bulunuyordu.

Topkapı'dan Yedikule'ye kadar olan kısım sağ kolu teşkil ediyordu. Bu kısımda Anadolu Beylerbeyi İshak Paşa komutasında Anadolu askerleri yer aldı.

Edirnekapı'dan Haliç'e kadar olan sol bölge, Rumeli

Beylerbeyi Karaca Bey'in komutası altındaydı.

Beyoğlu tepelerinden Kasımpaşa'ya kadar olan bölgede Zağanos Paşa bulunuyordu. Paşa, Haliç limanını baskı altında tutacaktı. Hasköy ile karşı sahil arasına kuracağı bir köprüyle, birlikler arasındaki irtibatı sağlayacaktı.

***

Bizans'ın durumu ise içler acısıydı. Kendilerine yardıma gelenlerle birlikte bütün kuvvetleri 20 bini geçmiyordu. Donanması zayıf, silahları yetersizdi. Buna karşılık; aşılmaz zannettikleri surları, girilmez dedikleri Haliç kıyıları vardı. Grejuva denilen kızgın yağlar da güvendikleri bir başka noktaydı. Bunlar, su döküldüğünde söneceği yerde gittikçe büyüyen bir ateş topuna dönüyordu.

Topkapı'nın savunmasını İmparator'la Başkomutan Jüstinyani üstlenmişti. Diğer bölgelerin her biri genellikle Latin şövalyelerinden seçilmiş bir kumandan tarafından savunulacaktı. Venedik, Ceneviz ve İspanyollar da komuta kademelerinde yer almıştı. 18 kumandandan sadece 8'inin Bizanslı olması, Papa'nın onlara verdiği yardım sözünü tuttuğunu gösteriyordu.

Kumkapı-Samatya arasındaki bölgede ise Bizans'ın elinde oyuncak olan Orhan Çelebi bulunuyordu. Talihsiz adam, emrindeki az sayıda askerle bu bölgeyi savunacaktı. Gönüllü rahipler bu bölgenin savunmasına yardım edecekti.

Bizans ve müttefiklerin donanması, zincir gerisinde, Haliç'in ağzını tutumuş bulunuyordu.

Elinden gelen bütün imkânları kullanan Bizans, savaşa hazır olduğunu düşünüyordu.

KUŞATMA GÜNLÜĞÜ

6 Nisan Cuma

Padişah, benliğini yakıp kavuran ateşi söndürmek maksadıyla ordusuyla 23 Mart 1453 Cuma günü yola çıkmıştı. Kuşatmayı başlatmak için son emirlerini verdiğinde ise takvimler 6 Nisan 1453 Cuma gününü gösteriyordu. Yani, bir Cuma günü yola çıkmış, bir başka Cuma günü kuşatmayı başlatmıştı.

Padişah, henüz sabah olmadan, Cebecibaşı İbrahim'i yanına çağırdı:

- Kapıkullarıma derhal silah dağıtasınız, diye emir verdi.

- Başüstüne Hünkâr'ım, diyen Cebecibaşı, emri yerine getirmek üzere süratle ayrıldı huzurdan.

Sonra da her bölgenin komutanına, askerin, her an savaşa hazır olmasını emretti. Emri alan komutanlar, yıldırım hızıyla birliklerine döndü.

Padişah bu sefer, Çandarlı Halil Paşa'ya,

- Paşa, bilirsiniz ki idam mahkûmlarına bile son arzuları sorulur. Eğer makul bir şey istemişlerse bu istekleri yerine getirilir. Şimdi derim ki, Bizans'a son bir elçi daha gönderelim; bakarsın şehri kan dökülmeden teslim ederler.

Çandarlı, zayıf da olsa bir barış umudu gördü.

- İsabet buyurdunuz Hünkâr'ım, derhal bir elçi heyeti

gönderelim Bizans'a. Dediğiniz gibi, bakarsınız uzattığımız zeytin dalını geri çevirmezler.

Osmanlı elçilerini kabul eden İmparator,

- Bana yaptığınız teklif alçakçadır. Kan dökülmesin diyerek şehri teslim edeceğimi düşünüyorsanız, beni tanımamışsınız demektir. Yeminim var, ölürüm şehri teslim etmem! İstiyorsanız kuşatmayı siz kaldırın, eskiden olduğu gibi size vergi vermeye devam edelim, dedi.

Elçiler aldıkları cevabı Hünkâr'a iletti.

- Ben de bunu bekliyordum, dedi padişah. Anlaşılan kahraman bir imparatorla savaşacağız. Korkaklardan oldum olası nefret ederim zaten!

***

Aynı günün sabah vakti... Otağı Hümayun'un önünde bülbül sesli bir müezzin ezan okuyor. Padişaha öyle geliyor ki mübarek ezanı kendisiyle birlikte dağlar, taşlar da dinlemekte... Dalga dalga gönüllere yayılan "Allahü Ekber! Allahü Ekber!" nidaları surları aşıp Bizans'ın yüreğine yüreğine işliyor...

Padişahın ateşi bir türlü dinmek bilmiyor. Allah'ın huzurunda boyun büküp el bağlarken de secdeye gidip için için ağlarken de dinmiyor ateşi. Çaresi yok, ya bu şehri alacak, ya bu uğurda can verecektir.

Padişah, namazdan sonra ilk emrini verdi:

- Okçular atışa başlasın!

Emir verilir verilmez binlerce yay gerildi, binlerce ok mazgallara doğru vınladı.

İlk gün böyle geçildi.

7 Nisan Cumartesi

Küçük çaplı topların ateşlenmesiyle gayrete gelen sivil halk ve gönüllü gruplar surlara doğru hücuma kalktı. Gönüllülerin başında Bayram vardı, padişahın çocukluk arkadaşı Bayram... Kendisi bir yeniçeri olmadığı için Ulubatlı Hasan'dan ayrılmak zorunda kalmıştı. Fakat bu, görünüşte bir ayrılıktı. Yoksa kalpleri her an beraberdi.

İlk hücuma kalkan bu sivil halk ve gönüllü grup, beklenmeyen bir hareketle karşılaştı. Rumlar, aniden üzerlerine gelince paniklediler. Bayram, ne yaptıysa grubuna hâkim olamadı. İçlerinden bir kısmı şehit düştü. İşler daha da kötüye gidecekken,

- Dayan Bayram, yetiştik, diyen bir nida duyuldu.

Bu, Ulubatlının sesiydi. Ekibiyle birlikte Rumların üstüne yürüyordu. Kaleye kaçan Rumlar kapıları sıkıca kapattılar. Bu olay, şehirde büyük bir zafer kazanılmış gibi coşkuyla kutlandı. Fakat içeriden kapattıkları kaleden bir daha dışarı çıkmaları mümkün olmadı.

Ulubatlı ve Bayram, bu iki dost, ekibiyle birlikte geri döndü.

8 Nisan Pazar

Bugün, ileride yapılacak daha büyük hücumlara hazırlık günüydü.

Siperler kazıldı.

Siperlerden çıkarılan topraklar, su dolu hendeklere dolduruldu.

Okçular, mazgalları vurmaya devam etti. Bunlar, ısınma turundan ileriye geçemedi. Ortada kayda değer bir başarı yoktu.

9 Nisan Pazartesi

Bizanslılar Haliç'e büyük önem veriyordu. Türklerin, Haliç'e gerilen zincirleri aşmasından korkuyorlardı. Böyle bir durum, Haliç tarafındaki zayıf surları tehlikeye sokardı.

Kaptan Antonio, donanmaya ait 10 büyük gemiye kumanda ediyordu. Kaptanlarına kısa bir konuşma yaptı:

- Yiğitlerim, Osmanlı kâfirini Haliç'ten uzak tutmak bizim görevimiz. İsa korusun, görevimizi yapamazsak neler olacağını söylemeye dilim varmıyor. Derhal Haliç'i korumaya gideceğiz.

Kaptanlar, 10 büyük gemiyi Haliç'in uygun yerlerine konuşlandırdı.

Antonio'nun haklı olduğu kısa zamanda anlaşıldı. Baltaoğlu Süleyman Bey komutasındaki Osmanlı donanması, Haliç'e girmek amacıyla Antonio'nun gemilerine aldırmadan ilk kez zincirleri yokladı. Neyse ki fazla ileri gitmeden geri döndü de Haliç'in gerisindekiler rahat bir nefes aldı.

10 Nisan Salı

Bugün teftiş günü...

Padişah, yanında komutanları olduğu hâlde önce kapıkulu askerlerini ziyaret etti.

- Nasılsınız asker!
- Padişahımız uğruna ölmeye hazırız!
- Bana ölünüz değil, diriniz lazım. Sizlerin sayesinde güvende olacağım. Bu güvenle saldıracağım Bizans'a. Gerekirse siz de katılacaksınız hücuma. Gerekmeden asla!
- Başüstüne!

Merkezden sonra sağ kola geçildi. Anadolu Beylerbeyi İshak Paşa, askerinin, yayından fırlamaya hazır bir ok gibi, padişahın talimatını beklediğini söyledi. Gerçekten de askerin her biri, çakmak çakmak gözleriyle hücum emrini bekliyordu. Sol koldaki Rumeli Beylerbeyi Karaca Bey'in askerleri de onlardan geri kalmıyordu.
Padişah, askerin durumundan çok memnun oldu.
- Bu orduyla fethedilmeyecek şehir yoktur, diye düşünüyordu.

Bugünün önemli bir işi de surların gezilmesi oldu. Uzunca bir süre surları seyreden padişah, bir ara mana âlemine dalarak âdeta surlarla konuşmaya başladı. Gönül diliyle onlara diyordu ki:
"Hikâyenizi biliyorum. Şu sıralar ne kadar endişeli olduğunuzu da... Fakat endişelenmeyin. Ben, burçlarınıza bayraklarını dikmek için uğraşan İranlılara, Emevilere, Ruslara, Macarlara benzemem; hele Venedik ve Cenovalılara hiç benzemem. Allah'ın izniyle şehri aldığım zaman, size eskisinden daha mutlu bir hayat vaat ediyorum. Beni, "taş taş üstünde bırakmayan bir zalim" olarak değil, "taş taş üstünde bırakan" âdil bir padişah olarak hatırlayacaksınız."

Sultan Mehmet, daldığı mana âleminden sıyrılınca otağına çekidi. Yapacak çok işi vardı.

11 Nisan Çarşamba

Padişah, hâlâ surlarla yaptığı sohbetin etkisindeydi. Cansız da olsalar onlara bir söz vermişti. Şehri aldıktan sonra onlara eskisinden daha mutlu bir hayat yaşatacaktı. Ancak şimdi biraz canlarını yakmak zorundaydı. Şâhî topların, Topkapı yakınındaki siperlere yerleştirlmesini ve atışa hazır hâle getirilmesini emretti.

Aynı gün Macar imparatorunun gönderdiği elçileri dinledi. Onların küstah tavırlarından rahatsız olsa da şimdilik sabretmeyi uygun buldu.
Elçiler diyordu ki:
- Ülkemizde kral değişikliği olmuştur. Yeni kral, aramızda önceden imzalanan barış anlaşmasını geçersiz saymıştır. Çünkü o anlaşmayı, bizi oyalamak için yaptığınız anlaşılmıştır.

Sultan Mehmet'in sabrı taşmak üzereydi. Keskin bakışlarını elçilerin üzerinde gezdirdi. Anlaşılan bunlar, padişahı yeteri kadar tanımamışlardı. Cevabı net oldu:
- Gözüme iyi bakın sayın elçiler, ne görüyorsunuz?
- Sadece bir çift göz, başka bir şey görmüyoruz.
- Anlaşılan gözlerinizde bozukluk var. Öyle olmasaydı benim kuru gürültüye pabuç bırakmayacağımı da görürdünüz!
- Bunlar sizin gurur gösterinizden başka bir şey değil!
- Asıl gurur, hem de boş gurur, bizleri, Bizanslılara yardım etmekle tehdit etmenizdir. Bizim bunlara karnımız toktur. Varın imparatorunuza söyleyin, değil Macarlar, dünyanın hiçbir kuvveti, Bizans'ı elimizden kurtaramaz!

Elçiler, padişahın sözlerine dudak bükerek huzurdan ayrıldılar.

12 Nisan Perşembe

Surların içinde endişeli bir bekleyiş vardı. Genç padişah pek inatçı çıkmıştı. İnatçıdan öte küstah bile denebilirdi. Macar elçilerine söylediği sözler yenilir yutulur cinsten değildi. Neymiş efendim, dünyada hiçbir kuvvet, Bizans'ı elinden kurtaramazmış.

İmparator Konstantin, sabaha karşı, kısa bir uykuya dalmıştı ki müthiş bir gürültüyle uyandı. Yer, yerinden oynamıştı sanki. Deprem oluyor sandı. Telaşla yataktan fırladı. Bir de ne görsün? Kulaklarını tutan ahali sokaklara dökülmüş, sağa sola kaçışıyor... Onlara, Topkapı tarafındaki surları koruyan askerler de karışmış...

Ahalinin ve halkın, kulaklarını tutarak sağa sola kaçışmasının sebebi kısa sürede anlaşıldı. Padişah, büyük topunu ateşlemişti. Bugün, Bizanslılar için kara bir gün olmalıydı. İlk defa patlatılan şâhî topun sesi, büyük bir paniğe yol açmıştı. Bu top, her hâlde günde bir tek atış yapmayacaktı. Kim bilir kaç defa ateşlenecekti. Ve kim bilir daha kimlerin kulağını sağır edecekti.

Kara tarafında bunlar yaşanırken Haliç'i bekleyen donanmanın zor anlar yaşadığı haberi geldi. İrili ufaklı 400'e yakın gemiden oluşan Osmanlı donanması, Haliç'in önünden geçerek âdeta bir gövde gösterisi yapmıştı. Bu bile, Bizans donanmasını titretmeye yetti. Haliç'i koruyan zincirler olmasaydı hâlleri nice olurdu, düşünmek bile istemediler.

13 Nisan Cuma, 14 Nisan Cumartesi

Şâhî toplar birbiri ardına ateşlendi. Bizanslılar, kulakları sağır olmasın diye tedbir almışlardı. Buna rağmen ortalığa yayılan barut kokusu, surlardan savrulan taşlar, halkın da askerin de moralini sıfıra indiriyordu. Her biri 600 kiloluk dev gülleler, sanki surlara değil, Bizans'ın kalbine kalbine iniyordu. Hemen ardından, mancınıklar taş yağdırıyor, okçular gördüğü hedefi yere indiriyordu. Çok çetin cevizdi bu Türkler çok.

Bizanslılar var güçleriyle surların zarar gören yerlerini tamir etmeye çalışıyordu. Fakat tamir edilecek yerlerin çokluğu karşısında çaresizliğe düşüyorlardı.

Bizanslıların yine de sevindikleri bir şey vardı. Büyük toplar, günde ancak 3 veya 4 defa atış yapabiliyordu. Bunlardan ilki sabah ezanıyla oluyordu. Bu, âdeta o günkü muharebeyi başlatan bir işaretti. Diğerlerinin de atış saatlerini az çok öğrenmişlerdi. Mümkün olsa bu vakitlerde kimse dışarı çıkmayacak, saklandığı yerden tehlikenin geçmesini bekleyecekti. Ama savaşta kimsenin böyle bir lüksü yoktu. Bizanslılar, büyük topların ateşlenme vakitlerinde bir korunma yolu buldular: Kendilerine yardım etsin diye saraydaki Meryem Ana tasvirini sokak sokak dolaştırdılar.

15 Nisan Pazar

Sultan Mehmet, işlerin iyi gittiğini düşünüyordu. Böyle giderse kısa zamanda şehri teslim alacağına inanıyordu. Fakat bugün yaşadıkları bir olay, padişahın da komutanların da canını sıktı. En çok da top döküm ustaları üzülmüştü. Çünkü Urban Usta'nın döktüğü şâhî top, bu kadar atışa dayanamamış, aşırı ısınma sonunda çatlayarak paramparça olmuştu. Karaca Bey, o ânı padişaha anlatırken gözyaşlarına hâkim olamıyordu:

- Hünkâr'ım, bildiğiniz gibi şâhî top, bugüne kadar büyük hizmet gördü. Onun sayesinde surlar çatırdadı. Onun sayesinde düşmanın morali yerle bir oldu. Fakat bu son atışta...

Karaca Bey, heyecanını yenmek için birkaç saniye neflendi. Sultan Mehmet'in buna bile tahammülü yoktu:

- Ağlamak vakti değildir Karaca Bey, anlat!
- Hünkârım, bugünkü son atış öncesi top, her tarafından ateş gibi kızarmaya başladı. Ne yaptıysak ateşini söndüremedik. Urban Usta, hepimizden çok çabaladı. Ne de olsa bu top, onun evladı gibiydi.
- Bre adam, asıl konuya gelsene!
- Birden topun büyük bir gürültü çıkardığını duyduk. Ne oluyor demeye fırsat bulamadan her birimiz bir tarafa savrulduk. Koskoca top, ağzındaki devasa kaya parçasıyla birlikte paramparça olmuştu. İçimizde yaralananlar oldu. Bir de...
- Bir de...
- Bir de Hünkâr'ım Urban Usta'yı sanki evladına sarılmış gibi topun bir parçasının altında bulduk...
- Yoksa?
- Evet Hünkâr'ım, Urban Usta, topuyla birlikte can verdi.
- Toprağı bol olsun.
- Siz sağ olun Hünkâr'ım.

Ölenle ölünecek zaman değildi. Bundan bir ders çıkarmak gerekiyordu. Hünkâr, soğukkanlılıkla sordu:

- Hiç düşündünüz mü, bu top neden çatladı?
- Haddinden fazla ısınmasından...
- Çare?
- ...

- Sana derim Karaca Bey, çare?
-Henüz bir çare bulamadık Hünkâr'ım, üzerinde düşünüyoruz.
- İyi öyleyse, düşünmeye devam edin. Bu arada diğer şâhî topu hazırlayın. Ama sakın ola ki "çare"yi bulmadan ateşlemeyin.
- Başüstüne Hünkâr'ım.

Aynı günün akşamı, Karaca Bey'le Muslihiddin Paşa, padişahın huzurundaydılar. Topun aşırı ısınmadan çatlamasına henüz bir çare bulamadıklarından başları eğikti. Padişah,
- Kaldırın başınızı yerden. Ben sizin ne kadar çalışkan olduğunuzu biliyorum. Toplarınız için elinizden geleni yaptığınızı da.
- Devletiniz daim olsun Hünkâr'ım.
- Şimdi beni iyi dinleyin: Sadece büyük top değil, bütün toplar, her atıştan sonra yağlanacak. Böylece hem daha çabuk soğuyacaklar, hem daha fazla atış yapabilecekler.

Top ustaları, birbirlerine baktı. Bunu nasıl düşünememişlerdi? Padişahla aralarındaki fark buydu işte.
Hünkârın eteğini öperek huzurdan ayrıldılar ve denileni yapmaya koyuldular.

16 Nisan Pazartesi

Bugün, savaşın ağır çekimde olduğu bir gündü. Sanki iki taraf da dinlenir gibiydi. Yine de oklar mazgalları dövmeye devam etti. Öyle ki artık mazgallarda kimse görünmez oldu, zira görünenler, kuş misali avlanıyordu.

Padişah, çoktandır zihnini kurcalayan bir soruya cevap bulmak istiyordu. Bu konuda kendisine ancak Akşemseddin'in yardım edebileceğini düşündü. Bu niyetle doğru hocasının çadırına gitti. Akşemseddin, Sultan Mehmet'i dışarıda karşıladı, içeri buyur etti. Öğrencisinin dalgın hâli, dikkatinden kaçmadı:

- Sizde bir durgunluk var padişahım...
- Evet hocam, çoktandır bir sorunun cevabını ararım.
- Buraya kadar teşrif ettiğinize göre benden yardım istersiniz...
- Bana ancak siz yardım edebilirsiniz hocam.
- Soruyu duymadan yardımı düşünemeyiz ki...
- Haklısınız hocam. Sorum şu: Acaba Ebu Eyyub el Ensari'nin kabri nerededir? Gidip makamında dua etmek dilerim. Onun manevi yardımına ihtiyacım var çünkü.
- İnşallah size yardımcı olabilirim.
- İnşallah hocam.
- Sevgili Peygamberimizi evinde ağırlama şerefine erişen bu mübarek insan, Konstantiniyye'nin bir gün mutlaka fethedileceğini müjdeleyen hadisi duyunca yerinde duramaz olmuştu. Emevilerin şehri fethetmek için yaptığı sefere katıldığında yaşı bir hayli ilerlemişti. Yanılmıyorsam 669 yılı olmalıydı.
- Ben de öyle biliyorum hocam. Ebu Eyyub el Ensari, Emevilerin fetih yürüşüne katılmış fakat şehrin yakınlarında vefat etmişti. Son arzusu gereği cansız bedenini gidebildikleri son noktaya kadar taşımışlar, sonra da bulundukları yere defnetmişlerdi.
- Şimdi siz, bu yeri merak ediyorsunuz.
- Evet hocam, sayenizde Ebu Eyyub el Ensari'nin gömüldüğü yeri bulabilirsek orada zaferimiz için dua etmek isterim. Sonra da türbe ve cami yaptırmak...

Akşemseddin, hatırladığı bir şeyi sevinçle padişaha aktardı:

-Birkaç gündür garip rüyalar görmekteydim. Galiba sorunun cevabını buldum.

Padişah heyecanlandı.

- Lütfen söyleyin hocam, bu kabir nerede?

- Rüyalarımda Eyüp taraflarında bir yere her gece bir nur indiğini görüyorum. Allah bilir ama kabir orada olabilir.

Padişah'la Akşemseddin, vakit kaybetmeden tarif edilen yere gittiler.

- İşte burası, dedi Akşemseddin; rüyalarımda tam buraya her gece bir nur indiğini görmekteyim.

Gerçekten askerlerin kazdığı topraktan bir kabir çıkmıştı. Üstelik kabrin baş tarafında "Bu, Ebu Eyyub'un kabridir." yazılı bir mermer parçası duruyordu.

Padişahın sevincine diyecek yoktu.

Hocasının elini öptü.

Padişahın yüksek sesle yaptığı duaya hep beraber "âmin" dediler:

"Ya Rabbi,
Senin rızanı kazanmak için buradayız.
Senden Sevgili Peyganberimizin mübarek hadislerindeki müjdeye erişebilmeyi diliyoruz.
Yüzyıllardır Konstantiniyye'nin fethini bekleyen Ebu Eyyub el Ensari'nin hürmetine bizi muzaffer eyle! Senin her şeye gücün yeter. Âmin."

17 Nisan Salı

Sultan Mehmet'in birkaç günde hazırlattığı "yürüyen

kuleler" düşmanın şaşkın bakışları altında harekete geçti. Bizanslılar acı gerçeği ancak su dolu kanallar taşla, toprakla, çakılla doldurulmaya başlanınca anladılar. Bu sultan, her gün yeni bir şey icat ediyordu canım! Bu kadarı da fazlaydı hani! Hendekler tamamen doldurulunca sıra neye gelecekti? Bunu bilmek hiç de zor değildi: Büyük hücuma! Bundan kurtulabilmek için istavroz çıkardılar, dualar ettiler, azizlerin resimlerini sokak sokak dolaştırmaya başladılar.

18 Nisan Çarşamba

Bizanslılar yanılmamıştı. Osmanlı ordusu, akşamın kızıllığında genel hücuma geçmişti bile. Edirnekapı kesiminde dört beş saat süren şiddetli çarpışmalardan sonra, ne hikmetse geri çekilmişlerdi. Bunların işine de akıl sır ermiyordu doğrusu. Hâlbuki Osmanlı ordusu, düşmanın dayanma gücünü test ediyordu. Asıl büyük hücumda buna göre hareket edeceklerdi.

Aynı gün Baltaoğlu Süleyman Bey; Kınalı, Burgaz, Heybeli ve Büyük Ada'yı fethetti. Bunlar da kısa günün kârı oldu.

19 Nisan Perşembe

Haliç'teki zincirleri aşmak kolay değildi. Nitekim Donanma Kumandanı Baltaoğlu Süleyman Bey'in bugünkü hücumu da başarısız oldu. Çok sinirlenmişti. Yine de duygularını frenlemeye çalıştı. Olsun, dedi kendi kendine; elbet bir gün zincirleri parçalayıp Haliç'e gireceğiz. İşte o zaman neler olacağını onlar düşünsün.

20 Nisan Cuma

Seherde görülen rüyalar anlar,
Düşlerinde zafer gören Sultan'ı.
Fatih'i bekleyen deryalar anlar,
Atını denize süren Sultan'ı.

Baltaoğlu Süleyman, dünkü başarısız Haliç denemesinin ardından hayli sinirliydi. Emrindeki askerlere emir üstüne emir yağdırdı. Bir daha böyle başarısızlık istemiyordu.

Kumandan, kamarasında çalışırken kapısı çalındı. Gelen, gözcülerden biriydi. Heyecanlı olduğu her hâlinden belliydi:

- Zeytinburnu önlerinde 3 Ceneviz, 1 Rum gemisi görüldü!
- Ne işleri varmış burada?
- Bizans'a yardıma geldiklerini sanıyoruz.
- Haklısınız. Hatırımızı soracak değiller ya!
- Önlerini kesmek için emirlerinizi bekleriz.
- Kaptanlara haber verin. Misafirleri karşılamaya çıkıyoruz.
- Başüstüne!
- Görsünler bakalım dünyanın kaç bucak, denizlerin kaç kulaç olduğunu!

Haçlı gemilerinin önü Sarayburnu açıklarında kesildi.
Üç saat boyunca gemiler arasında şiddetli çarpışmalar oldu.
Haçlı gemileri yüksek bordolu olmanın avantajını çok iyi kullanıyordu. Üstelik rüzgâr da istedikleri gibi esiyordu.

Baltaoğlu, bütün gayretlerine rağmen gemilerin geçişine engel olamadı.

Sultan Mehmet, bulunduğu tepeden mücadeleyi takip ediyordu. Gemilerin her hareketini âdeta benliğinde yaşıyordu. Çarpışmanın sonunda Haçlı gemilerinin bayraklarını sallaya sallaya geçip gitmesi, padişahı çılgına çevirdi. O kadar ki altındaki beyaz küheylanı denize sürdü. Soylu at, binicisinin hâlini anlamış gibi yarı beline kadar suya girdi. Çevreden yetişenler engel olmasaydı belki de binicisiyle beraber suda kaybolacaktı.

Surların diğer tarafından zafer çığlıkları yükseliyordu.

21 Nisan Cumartesi

Sultan Mehmet'in başı, sıkıntıdan patlayacak gibiydi. İçinde bulunduğu duruma bir çare arıyordu. Seher vaktinde abdestini tazeledi. İki rekât namaz kıldı. Namazın sonunda öyle bir dua etti ki bulunduğu mekânın nurla dolduğunu hissetti. Kalbine bir genişlik, ruhuna bir rahatlama gelmişti. Çok geçmeden otağının önünde nöbet tutan yeniçerilerden biri huzura gelerek,

- Akşemseddin hazretleri size bir emanet göndermiş Hünkâr'ım, dedi.

- Hayırdır inşallah, hocamız bize ne göndermiş olabilir, diyen Sultan, rulo hâlindeki emaneti aldı, dikkatli bir şekilde üzerindeki bağı çözdü. Bu bir mektuptu. Muhterem hocası, sevgili öğrencisine bir mektup göndermişti. Merakla mektubu okumaya başladı. Okudukça başındaki ağrı azaldı, kalbindeki darlık genişledi. Gözlerine fer, omuzlarına güç, dizlerine derman geldi. Akşemseddin, Osmanlı padişahına şunları yazmıştı mektubunda:

> *"Allah'ın selamı, siz devletli padişahımızın üzerine olsun. Bizleri de size hizmetten alıkoymasın.*
>
> *Dünkü deniz savaşının kaybedilmesinin, zatıâlînizi üzdüğünü anlamak hiç de zor değil. Olay, sadece sizin üzülmenizle kalsa yine iyi... Bunun daha ciddi sonuçları olabileceğini anlayacak dirayettesiniz. Fakat ben, hocalık hakkımı kullanarak gördüğüm tehlikeleri size arz etmek istiyorum. Bu cesaretim için lütfen beni bağışlayınız.*
>
> *Birincisi, bu olayın sonunda düşman rahatladı, moral buldu.*
>
> *İkincisi, sizin hükmünüzün eksik, kararlarınızın isabetsiz, sözünüzün tesirsiz olduğu görüşü kuvvet kazandı.*
>
> *Üçüncüsü dualarımızın kabul olmadığı ifade edilir oldu.*
>
> *Bütün bunlara rağmen vakit gevşeklik ve yumuşaklık vakti değildir. Bu konuda kusuru tespit edilenler ile fethe karşı olanlar, görevden alınmak dâhil, şiddetli bir şekilde cezalandırılmalıdır. Eğer bunlar yapılmazsa, kaleye yeni bir hücuma kalkışıldığında yine gevşeklik gösterilecektir. Bunlardan Allah için canını ortaya koyan azdır. Söz konusu, ganimetten pay almak olursa canlarını dünya malı için ateşe atmaktan çekinmezler.*
>
> *Şimdi sizden ümidimiz ve ricamız şudur:*
>
> *Gücünüzün yettiği kadar ciddiyet ve gayretle işe*

sarılınız. Bu tür görevleri, işini en iyi yapacak kimselere veriniz. Bu, hem geçmişteki uygulamalara hem de dinin emirlerine uygundur. Unutmayın ki yüce Mevla'mız şöyle buyurmuştur: 'Allah, münafıklara ve kâfirlere ebedi olarak cehennem ateşini vaat etti. O, onlara yeter. Allah, onları rahmetinin sahasından uzaklaştırdı. Onlar için devamlı azap vardır.'

Bu ayete göre, bu işte gayret sarfetmeyenler de senin emrine uymayanlar da münafık hükmünde olup kâfirlerle cehennemde birlikte olacaklardır.

İşlerini daha sıkı tutmandan ve bu tür insanlara karşı daha sert davranmandan başka çare yoktur.

Başarı Allah'tandır; ama kul, elinden gelen ciddiyet ve gayreti eksik bırakmamalıdır.

Allah Resulü'nün sünneti de böyledir.

Hüzünlü bir hâldeyken okuduğum bu ayetlerden sonra biraz yattım. Rüyamda birtakım lütuflara, müjdelere eriştiğimi gördüm. İstedim ki benim eriştiğim lütuflarla müjdelere siz de erişesiniz.

Bu mektubu tamamen sizi sevdiğimden yazıyorum.

Bâkî selamlarımı sunarım.
Allah'a emanet olunuz.
Hocanız Akşemseddin."

Bu mektup, padişahın sıkıntılarını büyük ölçüde giderdi. Akşemseddin tamamen haklıydı. Söylediklerini yapmak için derhal harekete geçmeliydi. Ntekim çok geçmeden Donanma Kumandanı Baltaoğlu Süleyman Bey, padişahın huzurundaydı. Üzerinde, dünkü deniz savaşını kaybetmenin derin üzüntüsü vardı. Padişahın yüzüne bakamıyordu bile.

- Bağışlayın Hünkâr'ım, diyebildi sadece; Haçlı gemilerine engel olamadım.
- Olmalıydın Süleyman Bey! Bilmez misin bu savaşta hiçbir muharebeyi kaybetme lüksümüz yok!
- Bağışlayın Sultan'ım...
- Bunun bağışlanacak bir yanı yok ama...

Baltaoğlu'nun rengi attı. Acaba sonu nereye varacaktı bu işin?

- Yine de canını bağışladım senin. Biraz dinlen. İleride sana ihtiyacımız olabilir.

Kumandan, ancak padişahın eteğini öpüp huzurdan çıkarken rahat bir nefes alabildi.

Aynı gün, Gelibolu Sancakbeyi Hamza Bey, padişahın huzurundaydı.
- Beni emretmişsiniz Hünkâr'ım, dedi.

Sultan, hâlâ dünkü yenilginin etkisindeydi. Âdeta burnundan soluyordu. Bir hışımla sıraladı emirlerini:
- Bundan böye donanma komutanlığını sen yürüteceksin!
- Başüstüne Hünkâr'ım!
- Donanmanın bir daha başarısız olmasına asla tahammül edemem!
- Başüstüne Hünkâr'ım!
- Derhal göreve başla.
- Başüstüne Hünkâr'ım!

Hamza Bey'in omuzlarına ağır bir yük binmişti. Bunun altından kalkabilmek için dualar ederek huzurdan ayrıldı.

Padişah için gün bitmemişti. Topların yeniden ateşlenmesi emrini verdi. Hedefte bu sefer Haliç'teki Bizans gemileri vardı. Ancak bütün gayretlerine rağmen topçular hedeflerini vuramıyordu. Yeni başarısızlıklara tahammülü olmayan padişah otağına çekildi. Çoktandır üzerinde çalıştığı bir top modeli vardı. Muslihiddin Usta'yla Karaca Bey'i huzura çağırttı. Ustalar, otağa girdiklerinde padişahı masa başında çalışırken buldular. Bir müddet genç padişahın çalışmasını takip ettiler. "Maşallah!" dediler içlerinden, "Yüz bin kere maşallah!"

Ustaların geldiğini fark eden padişah,

- Yeni bir top modeli geliştirdim, diye doğrudan söze girdi.

Ustalar birbirine baktı. Sultan Mehmet, şâhî toplardan sonra nasıl bir top modeli geliştirmiş olabilirdi? Merakları uzun sürmedi:

- Biliyorsunuz, mevcut toplarımız, düz bir istikamet üzerinde atış yapıyor. Bu da menzile tam isabet oranını düşürüyor.

- Haklısınız Hünkâr'ım.

- Bu çizdiğim toplar ise dik yollu olacak!

- Dik yollu derken...

- Bu toplarda namludan çıkan mühimmat doğrudan hedefe gitmeyecek...

- Ya nereye gidecek Hünkâr'ım?

- Önce yukarıya doğru yükselecek ardından hedefe tepeden dik bir şekilde inecek.

- Demek istiyorsunuz ki yüksek yerlerin ardındaki hedeflere aşırtma vuruş yapabileceğiz.

- Aynen öyle!

- Hay aklınızla bin yaşayın Hünkâr'ım!

- Devletimizle beraber ustalar, devletimizle beraber.

- Hemen başlayalım çalışmaya.
- Hem de hiç vakit kaybetmeden...

Ustalar, yeni topun çizimlerini alarak huzurdan ayrıldı.

21 Nisan'ı 22 Nisan'a Bağlayan Gece

Bir yanda imanı, bir yanda aklı,
Şâhi toplarıyla tarih yazıyor.
Vuslatın ışığı zekâda saklı,
Kadırgalar tepelerde yüzüyor!

Bu gece belki de kuşatmanın dönüm noktası olacaktı. Küçük çaplı da olsa bazı muharebelerde uğranılan başarısızlıklar padişahı derinden üzmüştü. Üzülmenin bir faydası olmadığını anlayan Sultan, çoktandır planladığı bir şeyi hayata geçirmek istiyordu. Her önemli karar öncesinde olduğu gibi vezirleriyle bu konuyu istişare etmek istedi.

Havanın kararmaya yüz tuttuğu bu nisan akşamında, vezirler padişahın huzurundaydılar.

- Çoktandır zihnimi kurcalayan bir konu var. İstedim ki siz de bilesiniz bunu. Yine istedim ki bana bir yol gösteresiniz.

Çandarlı Halil Paşa,

- Zaman zaman görüşlerinize katılmasak da bilesiniz ki görüşleriniz bizim için emirdir.

- Görüşlerimin, hele de yeni buluşlarımın, tartışılmadan uygulanmasını istemem. Sizlerin fikirleri de değerlidir benim için.

- Sizi dinliyoruz Sultan'ım.

- Bildiğiniz gibi topçularımız, kara tarafından surları dövmeye devam ediyor. Ama henüz bir sonuç alamadık.

Çandarlı, manidar bir şekilde söze karıştı:

- Bu işin zorluğunu zatıâlinize arz etmiştik...
- Zorlukları yenmek bizim işimiz Paşa, hepimizin işi... Şimdi, diyorum ki surları sadece kara tarafından top ateşine tutmamız yeterli olmuyor.
- Haklısınız Hünkâr'ım.
- Öyleyse surlara Haliç tarafından da hücum etmeliyiz.
- Haliç'in ağzında o zincirler varken nasıl olacak bu? Üstelik Balataoğlu, Haliç'e girmeyi başaramamışken...
- Ben de onu sorarım size. Ne yapmalıyız da gemilerimizi Haliç tarafına geçirmeliyiz?

Vezirlerin tamamı, böyle bir şeye imkân olmadığını düşünüyordu. İçlerinden yine Çandarlı konuştu:

- Bunun mümkünü yoktur Sultan'ım!

Padişah, diğer vezirlerine sordu:

- Siz ne dersiniz devletli vezirlerim?

Hiçbirinden bir ses çıkmadı. Demek ki onlar da Çandarlı'ya katılıyordu.

Padişah, otağın içinde bir ileri bir geri dolaşmaya başladı. Bu konuya bir çare düşündüğü belliydi. Nihayet konuştu:

- Dolmabahçe'deki Maçka deresiyle Kasımpaşa arasını gemilerin geçeceği hâle getirsek...

Bütün vezirlerin hayretten ağızları açık kaldı. Çandarlı,

- Oraların kara parçası olduğunu unuttunuz galiba Hünkâr'ım, diyecek oldu.
- Hayır Paşa unutmadım! Gemileri tam da oradan geçirmek istiyorum!

"Gemileri karadan geçirmek" fikri vezirlerin aklını başından almıştı. Olacak iş değildi bu. Düşündükçe, savaşın

biraz da olmayacak işlerin başarılmasıyla kazanılacağını akletmeye başladılar. Çandarlı hariç tabii. O, her zamanki muhalif tavrını sürdürüyordu:
- Böyle bir şeyi başaramazsak dünyaya rezil oluruz!
- Rezil falan olmayız Paşa! Çok çok, padişah bir delilik daha yaptı ama olmadı derler.
Zağanos Paşa,
- Hünkâr'ımın görüşleri aklıma yattı. Demindenberi düşünüyorum nasıl olacak bu diye. Uygun kızaklar yapabilirsek gemileri pekâlâ karadan geçirip Haliç'e indirebiliriz.
Şehabettin Paşa,
- Bence de mümkün; öküzlerimiz, azaplarımız ne güne duruyor. Onlar da gemileri taşır, olur biter...
- Onların talimatını verdim bile!
Çandarlı, buruk bir ifadeyle konuştu:
- Demek ki kararınızı çoktan uygulamaya koymuşsunuz bile.
- İstedim ki kararımı önce sizde test edeyim. Vezirlerimin çoğunun benim gibi düşündüğünü görmek sevindirdi beni. Öyleyse derhal iş başına!

Padişah, vezirlerine ve kumandanlarına emirler yağdırıyordu. İlk emri Zağanos Paşa'ya oldu:
- Tez, surların önündeki karargâha yetiş! Gece yarısına kadar top ateşine devam edile! Ateşler yakıla! Davul, zil, boru çalına! Yüz bin asker, gece yarısına kadar hep bir ağızdan getirecekleri tekbir sesleriyle surlara hücum ede! Tam gece yarısı, evet tam gece yarısı sesler birden bire kesile. Öyle ki düşman asıl maksadımızı anlamaya!
- Başüstüne Hünkâr'ım!

Sıra, gemilere kara yolunu açacak komutana gelmişti. Komutan, dinlediklerini bir bir aklına yazdı:

- Kazmacılarla kürekçiler, bahsettiğim yerleri gemilerin geçişine elverişli hâle getire!
- Başüstüne Sultan'ım!
- Marangozlar, şimşir kerestelerden kalaslar yapa! Bunları, gemilerin geçeceği yollara döşeye!
- Başüstüne Sultan'ım.
- İki-üç bin varil zeytinyağı hazırlana. Bunlarla kalaslar yağlana ki gemilerin hareketi kolay ola!

Sırada donanma kumandanı Hamza Bey vardı. Padişah asıl önemli emirlerini ona saklamıştı:

- Sen ey Kaptanıderya Hamza Bey, donanma harekete hazır olacak.
- Başüstüne Hünkâr'ım!
- Ben emir verir vermez gemiler harekete geçecek!
- Başüstüne Hünkâr'ım!
- Elli gemi, birbirinden ellişer arşın (bir arşın, yaklaşık 75 cm'dir) mesafeyle karaya çekilecek.
- Başüstüne Hünkâr'ım!
- Tayfalar gemilerin içinde olacak.
- Başüstüne Hünkâr'ım!
- Yelkenler açılacak!
- Başüstüne Hünkâr'ım!
- Kürekler çekilecek!
- Başüstüne Hünkâr'ım!
- Her bir gemiyi 10 çift manda ve 200 yiğit asker çekecek!
- Başüstüne Hünkâr'ım!

Çok geçmeden ilk gemi hareket etti. Geminin karada

yüzmesi askerin moralini üst seviyeye çıkarmıştı. Hep bir ağızdan sevinç çığlıkları atılıyor, gökyüzü "Allahü Ekber!" nidalarıyla çınlıyordu.

İlk gemiyi diğerleri takip etti. Nihayet tam 67 gemi gece boyunca Pera (şimdiki Beyoğlu) sırtlarına çıkartılmış, sabah olmadan Haliç'e indirilmişti bile.

22 Nisan Pazar

İmparator Konstantin, sabaha kadar çalışmıştı. Uykusuzluktan gözleri kan çanağı gibiydi. Bizans'ı şu ana kadar iyi savunmuşlardı. Üstelik yardımlarına gelen Haçlı donanması padişaha karşı parlak bir zafer kazanmıştı. Fakat 15 gündür surların dışındakilerde en ufak bir yılgınlık yoktu. Padişah, inatla kuşatmaya devam ediyordu. Belli ki çok güvendikleri Çandarlı bile padişahın inadını kıramamıştı. Diğer yandan bu padişah, her an yeni bir savaş silahı icat ediyordu. Osmanlı'nın "şâhî" adını verdiği büyük toplar yetmiyormuş gibi şimdi de havadan tepelerine ölüm yağdıran bir top icat etmişti. Kimin aklına gelirdi böyle bir şey?

Kuşatma uzadıkça imparatorun içindeki sıkıntı artıyordu. Biraz hava almak niyetiyle karargâhının penceresine yaklaştı. Yaklaşmasıyla gözlerini ovuşturması bir oldu. Yorgunluktan hayal görüyorum zannederek bir kere daha baktı. Hayır, hayal görmüyordu. Osmanlı gemileri, işte Haliç'in bu tarafındaydılar! Bizans askerleri, şaşkınlıktan ne yapacağını şaşırmış bir şekilde sağa sola koşuyor, birbirlerine Osmanlı gemilerini gösteriyorlardı.

İmparator, pencereden bağırdı:
- Bu ne gafillik! Bu ne rezalet!
Aynı anda komutanları birbiri ardına karargâha doluşmaya başladı. Hep bir ağızdan konuşuyorlardı:
- Zincirler sapasağlam!
- Gemilerimize dokunulmamış!
- Karadan gelmişler!
- Gemiler karadan gelmiş!

İmparator âdeta kükredi:
- Siz neredeydiniz?
- Düşman gece yarısına kadar bizi oyaladı.
- Ateş yaktılar!
- Zil çalıp oynadılar!
- Gece yarısında birden seslerini kestiler.
- Herhâlde çok yoruldular diye düşündük.
- Demek ki bizi kandırmışlar.
- Böyle bir şeyi akıl edemedik.
- Nasıl akıl edesiniz ki? Baksanıza hâlâ nefesiniz şarap kokuyor.
- Bize şarabı siz dağıttınız sayın imparator, diyecek oldu birisi.
İmparator, hırsını ondan çıkardı:
- Sizi gidi şarap fıçıları... Sizi gidi küfeler... Ben size bu kadar mı kendinizi kaybedin dedim? Defolun karşımdan...
Kumandanlar süklüm püklüm çıkarken, imparatorun emri duyuldu:
- Sen, donanma kumandanı, bu ayıbı temizlemek sana düşer. Yoksa başına gelecekleri biliyorsun!

Donanma kumandanı burnundan soluyarak filosunun

başına geçti. İmparatordan işittiği azarın kat kat fazlasını kaptanlarından çıkardı. Hemen savaş pozisyonu almaları gerekiyordu. Fakat önce ayılmak zorundaydılar...

İmparator, işin şakaya gelir tarafı olmadığını anlamıştı. Derhal bir elçi grubunu padişaha gönderdi. Bunlar, önceden padişahı ziyaret eden küstah elçilere benzemiyordu. Omuzları çökük, başları eğikti. Sultana imparatorun yeni teklifini sundular:
- İmparatorumuz, en ağır şartları bile kabule hazırdır. Konstantiniyye karşılığında size Mora'yı teklif etmektedir. Yeter ki kuşatmayı kaldırın ve Bizans'ı rahat bırakın.
Padişahın fetih aşkı yüzüne yansımıştı. Her nefeste fethi soluyor, her kelimede fethi haykırıyordu. Kurduğu, kuracağı hiçbir cümle gökyüzünün boşluğunda kaybolmuyor, tarihe işlenmiş altın sayfalar hâlinde geleceğe aktarılıyordu. Bu inançla söyledi son sözünü:
- Ya ben Bizans'ı alırım, ya Bizans beni!

Elçiler başlarına dünya yıkılmış gibi ayrıldılar huzurdan.

23 Nisan Pazartesi

Haliç'teki Osmanlı gemileri derhal çalışmaya başladı. İlk işleri Kumbarahane ile Defterdar arasına bir köprü kurmak oldu. Çok ilginç bir köprü oldu bu. Binden fazla fıçı ve sandal, demir çengellerle birbirine bağlandı. Üzerlerine tahta döşendi. Oldukça sağlam olan bu köprünün üzerinden toplar geçebiliyor, yan yana beş kişi rahatlıkla yürüyebiliyordu. Böylece Osmanlı askerinin Galata sırtlarıyla kara surları arasındaki irtibatı sağlanmış oldu.

Bizanslılarda ise şaşkınlık, yerini korkuya bırakmıştı. Nihayet, korkunun ecele faydası olmadığını hatırlayan imparator, Sen Mari Kilisesi'nde "On İkiler Meclisi"ni toplantıya çağırdı. Burada yapılan görüşmelerden, Türk gemilerinin hemen yarın ani bir baskınla yakılması kararı çıktı.

24 Nisan Salı

Cenevizliler, düşmanın tetikte olduğunu ileri sürerek, gemileri yakma işini dört gün sonraya ertelettiler. Ancak Bizanslılar, onların asıl amaçlarını, çok sonra anlayacaklardı.

Cenevizliler, seçtikleri üç adamlarını gizlice Sultan'a gönderdiler. Padişahın, öteden beri kendilerine güçlük çıkarmayan bu insanlara karşı sempatisi vardı. Huzura çıkan temsilciler, Osmanlı padişahına, Bizanslıların Haliç'teki Türk gemilerini dört gün sonra yakmaya çalışacaklarını haber verdi.

Savaş, böyle bir şeydi işte. Kimin ne zaman ne yapacağı belli olmuyordu. Padişah, önemli olanın, adaletle insanlara güven vermek olduğuna inanıyordu. Bu sayede Venediklilerin sempatisini kazandığını düşünüyordu.

Temsilcilere teşekkür eden Sultan, onların memnun edilmelerini emretti.

24-27 Nisan Günleri

Haliç'teki köprüye bir top yerleştirildi. Bu top, bir yandan Bizans gemilerini, diğer yandan o taraftaki surları dövmeye başladı.

Bizaslılar, tek taraflı top atışıyla baş edemezken şimdi iki ateş arasında kalmışlardı. Buna rağmen canla başla savunmaya devam ettiler.

28 Nisan Cumartesi

Cenevizlilerin dediği oldu. Bizans gemileri, dördüncü günün sonunda güneş batarken Osmanlı gemilerini yakmak niyetiyle harekete geçti.

Baskını Venedikli kaptan Cocco yönetiyordu. Önde yün çuvallarıyla pamuk denklerinin yüklendiği bir tekne vardı. Bunları iki küçük kadırga takip ediyordu. Kadırgaların içi barut doluydu, dışı ziftle kaplanmıştı. Küçücük bir ateşle tutuşmaya hazır olan kadırgalar, Osmanlı donanmasını da alevler içinde bırakacaktı.

Sultan Mehmet'in donanmasından çıt çıkmıyordu. Galiba leventler, yorgunluktan uyuyakalmışlardı. Baskına gelenler böyle düşünüyordu.

Zafer düşleri gören Kaptan Cocco, evdeki hesabın çarşıya uymadığını anlayınca iş işten geçmişti bile.

Gemiler Kasımpaşa'ya yaklaştığında uykuda sanılan leventler hep birden uyanıvermişti. Sonrası, birbiri ardına patlayan Osmanlı topları... Sonrası içi barut dolu kadırgaların yanmaya başlaması... Sonrası, yangının Osmanlı gemilerine değil, Bizans gemilerine sıçraması... Sonrası kaptan Cocco'nun 150 mürettebatıyla sulara gömülmesi... Sonrası hüsran!

29 Nisan Pazar

İşte, sıradan bir savaş günü daha... Bizanslılar, Osmanlı gemilerini avlamaya giderken kendisi av olan Cocco'nun yerine bir başkasını kaptan yaptılar.
Dedik ya sıradan bir savaş günüydü işte.

30 Nisan-2 Mayıs Günleri

Bugünlerin en dikkat çekici yanı, şehirde yiyecek sıkıntısının ileri boyutlara ulaşması oldu. Öyle ki imparator, askerlerin ekmeğini bizzat dağıtmaya başladı.

Bizans'ta olan biten her şeyden casusları vasıtasıyla haberdar olan padişah, şehrin düşmesinin an meselesi olduğuna inanıyordu. Surların aralıksız dövülmesini emretti. Öyle ki düşmana bir nefeslik bile fırsat verilmeyecekti.

3 Mayıs Perşembe

Bizans'ı az da olsa sevindiren bir olay yaşandı: Haliç surlarına yerleştirdikleri iki top, Osmanlı donanmasına ateş açarak bir gemiyi batırdı. Padişahın bu olaya kızmaktan daha önemli işleri vardı: Kuşatmanın, aralıksız devamını sağlamak. Ta ki şehir düşene kadar...

4 Mayıs Cuma

Padişah, her ne kadar batırılan bu gemi için üzülmeye veya kızmaya vakit bulamasa da gerekli tedbirleri almayı ihmal etmedi. Kasımpaşa tepesine koydurduğu üç topla, Bizans topçusunu susturmayı başardı. Bu durum, Bizans'ta yeni bir korkuya sebep oldu. Artık her taraftan kapana kısıldıklarını hissediyorlardı.

Bizans'ın dini liderleriyle komuta kademesi, mevcut durumu görüşmek üzere imparatorun huzuruna çıktı. Hepsinin yüzünde korku ve endişe vardı. İçlerinden en kıdemlileri konuştu:
 -Saygıdeğer imparatorumuz, görüyoruz ki çalışmaktan yorgun düşmüşsünüz.
 - Yorgunluk önemli değil, yeter ki başımızdaki beladan kurtulalım.
 - Asker, sizi sağ salim yanında görmek istiyor.
 - Ne demek bu? Görüyorsunuz sağlığım yerinde...
 - Onu demiyoruz.
 - Ya ne diyorsunuz dostlarım, açık konuşun benimle.
 - Diyoruz ki sizi daha güvenli bir yere nakletsek...
 - Şehri kaderine mi terk edeyim yani?
 - ...
 - Korkak tavuklar gibi bırakıp kaçayım mı şehrimi?
 - Buna kaçmak denmez...
 - Ya ne denir kardeşim, ya ne denir?
 - Tedbir denir sadece.
 - İstemiyorum. Böyle bir tedbiri istemiyorum. Bunu böyle bilesiniz.

İmparatora bu fikri açanlar, onun kadar cesur olmadıkları için kendilerinden utanmışlardı. Başları önde ayrıldılar karargâhtan.

5 Mayıs Cumartesi

Zağanos Paşa... Padişahın çocukluk günlerinin lalası... Şimdi de en güvendiği adam... Tam bir şahin... Yaratılışındaki özellik, askerini yönetmesine yansımış... Galata-Beyoğlu sırtlarına yerleştirilen büyük toplarla Bizans donanmasını ve şehri bombalamaya devam ediyor... Nefes bile aldırmıyor düşmana.

6 Mayıs Pazar

Padişah, komuta kademesine emir verdi:
- Güneş battıktan sonra 30 bin askerle Topkapı surlarına hücum edile!

Davul ve zil sesleri Allahü Ekber nidalarına karıştı. 30 bin cengâver, Topkapı'ya, surların bu zayıf noktasına doğru, hücuma geçti. Yaklaşık üç saat süren çarpışmalardan bir netice alınamadı. Fakat bu, görünüşte böyleydi. Bizans, günden güne erimekteydi. Tamamen düşmesi an meselesiydi. Padişah bunu görüyor, hücumlarına aralıksız devam ediyordu.

7 Mayıs Pazartesi

Bizans gemileri, Osmanlı topçusunun atışlarından bizar olmuştu. Artık yeni bir kayıp vermek istemiyorlardı. Bunun için, hiç olmazsa zincirleri koruyalım diye savunma durumuna geçtiler.

8- 12 Mayıs Günleri

Osmanlı padişahı, öncekilerden daha güçlü bir taarruza hazırlanırken Bizanslılar, surları tamir etmekle meşgul oldular.

12 Mayıs Cumartesi

- Devletli Vezirlerim, Yiğit Komutanlarım,
Düşmanı bir hayli hırpaladık fakat öldürücü darbeyi henüz indiremedik.
Bu sefer Edirnekapı ile Tekfur Sarayı arasındaki surlara 50 bin kişilik kuvvetle hücuma geçile!

Padişahın bu emri de büyük bir coşkuyla yerine getirildi.
Fakat şehri düşürmek yine mümkün olmadı.
Padişah, önce Allah'a sonra askerine ve silahlarına güveniyordu. Ümidini hiçbir zaman kaybetmedi. Bu başarısız denemeden öğrendiği bir şey vardı: Şehir, dokuz canlıdır, öyleyse çok daha kapsamlı bir seferle gidilmelidir üstüne...

13 Mayıs Pazar

Sultan Mehmet, geniş kapsamlı bir sefer hazırlığı yapadursun Cabriel komutasındaki 400 Venedikli gemici, Ayvansaray civarındaki surları tamir ederek şehrin savunmasına yardım etmeye başladı. Padişah bu olayı duyduğunda,
- Bütün dünyayı çağırsalar imdada, bir adım geri gidersem namerdim, diye gürledi.

14-15 Mayıs Günleri

Bu iki gün, Osmanlı topçusunun yoğun top atışı, Bizanslıların ise yıkılan surları tamir çabasıyla geçti.

16-17 Mayıs Günleri

Padişah, bütün benliğiyle zafere kilitlenmişti. Bunun için elinden gelenin fazlasını yapıyordu. "Şâhî toplar", "havadan atış yapan toplar", "gemilerin karada yüzdürülmesi" o zamana kadar görülmemiş şeylerdi. Bütün bunların üstünde kuşatmanın gayesi bile başlı başına bir moral kaynağıydı. Komutan, Hazreti Muhammed'in (sav) övdüğü komutan olmaya çalışırken asker de aynı övgüye erişmenin gayreti içindeydi. Bütün bunlarla elbette bir sonuca varılacaktı. Sadece biraz zamana ve sabra ihtiyaç vardı.

Sultan, bu sefer lağımcıları ileri sürdü. Bunlar, Edirnekapı ile Haliç arasındaki surların altından tünel kazacaklardı. Böylece surların altından diğer tarafa geçmek mümkün olacaktı.

Öte yandan Bizanslılar da boş durmuyordu. Ne kadar zor durumda olsalar da savunma konusunda bayağı becerikliydiler. Osmanlı'nın lağım kazma faaliyetini tam zamanında fark ettiler. İki sur arasında kalan bölümde, Sultan Mehmet'in askerlerini kötü bir sürpriz bekliyordu: Bizanslılar tünelleri çökertmiş ve onlarca askeri şehit etmişti.

18 Mayıs Cuma

Gün, Bizanslılar için hiç de iyi başlamadı. Şafakla birlikte gözlerini açanlar karşılarında dev bir ahşap kule gördüler. Kulenin boyu o kadar büyüktü ki neredeyse surlara tepeden bakıyordu. Üstelik hareketliydi. Yakılma tehlikesine karşılık iki kat yaş öküz derisiyle kaplanmıştı. Üst katlarına merdivenle çıkılıyordu. Gövdesinde, ateş açmak için küçük pencereler vardı. Yürüyen dev, surlara dayandığında Bizanslıların şaşkınlığı son haddine varmıştı. Osmanlı padişahına küfürler savuruyorlardı. Bu adam tam bir belaydı ve onlara göre her türlü küfrü hak ediyordu.

İlk şaşkınlığın ardından olanca güçleriyle kuleye karşı koymaya çalıştılar. Küçük pencerelerden atılan oklar canlarını yaksa da kuleden surlara çıkmaya çalışan birkaç Osmanlı askerini, grejuva ateşiyle şehit ettiler. Kule, iki kat yaş öküz derisiyle kaplanmış da olsa nihayetinde ağaçtan yapılmıştı. Bu yüzden büyük gayretlerle kuleyi yakmayı başardılar. Kulenin alev aldığını gören Osmanlı askerlerinden bir kısmı, kaçarak canını kurtarmayı başardı; bir kısmı ise kızgın alevlere teslim olmak zorunda kaldı.

Bu olay Bizans'ta morallerin yükselmesini sağladı.

19 Mayıs Cumartesi

Bizans'ın dün yükselen morali, bugün yerle bir oldu. Osmanlılar, gerçekleştirecekleri genel bir taarruzda kullanmak üzere Galata sahiliyle Avcılar kapısı arasına tahtadan bir köprü inşa ettiler. Köprünün bitimiyle göklere yükselen "Allahü Ekber!" nidaları, Bizanslılarda moral namına bir şey bırakmadı.

20 Mayıs Pazar

Bizans için tehlike çanları iyiden iyiye çalmaya başladı.

600 kiloluk dev gülleler atan büyük toplar, surları iyiden iyiye tahrip ediyordu. Bütün uğraşlarına rağmen surları tamir etmenin gittikçe zorlaştığını görmek, imparatorun yüreğini ağzına getiriyordu. Ne çare ki korkunun ecele faydası yoktu.

21 Mayıs Pazartesi

İmparator, bütün kilise çanlarının çalınmasını emretti. Gökyüzü, metalik seslerle inledi. Olağan dışı bir durum olduğunu anlayan bütün Bizans, askeriyle siviliyle savunma hatlarına çekildi. Ortada gerçekten de olağan dışı bir durum vardı. Hamza Bey idaresindeki donanma, büyük bir süratle Haliç girişindeki zincirlerin olduğu bölgeye yanaşmıştı. İmparator, bu hareketten Osmanlı'nın genel bir hücuma geçtiği sonucunu çıkarmış, çanları bu yüzden çaldırmıştı. Hâlbuki padişah, genel bir hücumu henüz düşünmüyordu. Donanmanın bu hareketiyle düşmanın tavrını ölçmek istemişti sadece. Şunu iyice anladı ki Bizans'ın günleri sayılıdır. Bekle, dedi içinden; az daha bekle!

Aynı gün Osmanlı lağımcıları Eğrikapı civarında yeni bir tünel kazmaya başladı ve bunu surların temellerine kadar ilerletti.

22 Mayıs Salı

Bizans askerleri, Eğrikapı civarındaki tünel çalışmasını fark etti. Bu sefer, en iyi bildikleri işi yaparak tünelin içinde yangın çıkarttılar. Bu hareketleri yoğun dumandan kurtulamayan birkaç lağımcının hayatına mal oldu.

23 Mayıs Çarşamba

Sultan Mehmet, Bizans'ın iyice tükendiğinin farkındaydı. Bitirici darbeyi indirmesi an meselesiydi. Son bir düşünceyle, İsfendiyaroğlu Kasım Bey'i imparatora elçi olarak gönderdi. Kasım Bey'i kabul eden imparator, güçlü görünmeye çalışarak şöyle konuştu:

- Demek padişah bizden bir kere daha şehrin teslimini ister.
- Doğrudur sayın imparator.
- Daha fazla kan dökülmesinden duyduğu üzüntüyü belirtir.
- Doğrudur sayın imparator.
- Padişahınız bilmez mi ki bu savaş benim namus savaşımdır?
- Padişahımız sizin cesaretinizi takdir etmektedir.
- Eksik olmasınlar. Ben de onun cesaretini takdir ediyorum. Bize, şimdiye kadar tatmadığımız sıkıntılar yaşattı.
- Savaş bu imparator. Birbirine çarpan iki testiden biri mutlaka kırılır. Padişahım istiyor ki testilerin hiçbiri kırılmasın!
- Kırılsın efendim, kırılsın!
- Yani demek istersiniz ki...
-Demek isterim ki bu savaşı kanımın son damlasına kadar sürdürmeye kararlıyım. Tarihin beni, şehrini teslim eden bir imparator olarak anmasına izin vermeyeceğim. Bunu böyle bilin!
- Siz bilirsiniz imparator, siz bilirsiniz.

İmparatorun cevabı Sultan Mehmet'i şaşırtmadı. Ben de olsam böyle yapardım, dedi.

24 Mayıs Perşembe

Bizans'ta durumun kötüye gittiğini herkes görüyordu. Böyle giderse birkaç güne kalmaz şehir düşerdi. Son bir gayretle yıkılan surları tamire devam ettiler. Surları tamir etmenin de fayda vermeyeceğini anlayan Bizans, yine en iyi bildiği yollardan birine başvurdu: Casusları vasıtasıyla, denizden İtalyan donanmasının, karadan da Macar ordusunun şehre yardıma geldiği haberini yaydılar. Böylece Osmanlı ordusunda kafaların karışmasını istiyorlardı. Belki padişaha muhalif olan grup da bunu gerekçe göstererek kuşatmanın kaldırılmasını sağlayabilirdi. Bu belki'lerin sonucu yakında ortaya çıkardı.

25 Mayıs Cuma

Ayasofya'da geniş katılımlı bir toplantı yapıldı. Din adamları ve komutanlar, imparatorun şehri terk etmesini istiyordu. Bu teklif karşısında Konstantin küplere bindi:

- Siz beni ne zannettiniz? Şehrini bırakıp kaçacak bir alçak mıyım ben? Köpekler bile evlerine sadıkken ben şehrime sadık kalmayayım mı?

Komutan Jüstinyani, toplantıya katılanlara tercüman oldu:

- Sizin ne kadar kahraman biri oduğunuzu tarih kaydedecektir. Bunun aksini düşünmek bile abestir. Ancak, hiç istemeyiz ama savaş meydanında can verecek olursanız, ahalinin hâli ne olur? Bunu düşünmenizi rica ediyoruz.

- Benim böyle bir sona uğramam eminim halkımı memnun eder, kendileri için katlandığım şeyleri takdir ederler.

- Hiç olmazsa sayın imparator, şu teklifimizi kabul edin.

- Neymiş o?

- Saraydaki kadınları gemilerden birine nakledelim,

bari onlar kurtulsun.

- Olabilir, dedi imparator; dediğinizi yapın. Bir daha da bana başka bir teklifle gelmeyin.

26 Mayıs Cumartesi

Bizanslılar, Macar ordusunun yardıma gelmesini ümit ediyorlardı. Daha önce dedikodusunu yaydıkları bu hayal gerçek olursa Osmanlı padişahından kurtulacaklarına inanıyorlardı. Konstantin, hayal bile olsa bu fikri Sultan Mehmet'e karşı bir koz olarak kullanmak istedi. Bu ümitle padişaha bir elçi heyeti gönderdi.

Sultan, bir yandan savaşla meşgul oluyordu diğer yandan siyasi manevralarla... Acaba bu seferki elçilerin gerçek maksadı neydi? Bunu da kısa zamanda öğrenecekti.

Elçiler, padişahın huzurundaydı. Daha önceki gelişlerine göre bu sefer başları biraz daha dik duruyordu. Kendilerine güvenleri artmıştı sanki. Başkanları söz aldı:

- Sayın padişah, size daha önce yaptığımız teklifleri kabul etmeyerek kuşatmaya devam ettiniz.
- Sizden ancak tek bir teklifi kabul edebiliriz.
- Nedir o sayın padişah?
- Elbette şehri teslim etmeniz!

Elçilik heyeti, padişahın bu tavrından rahatsızlık duysa da bunu belli etmemeye çalıştı.

- Çok şakacısınız sayın padişah!
- Aksine hiç bu kadar ciddi olduğumu hatırlamıyorum.
- Ya Macar ordusunun bize yardım için yola çıktığını söylersem?
- Bu muydu sizi cesaretlendiren? Unutmayın ki taşıma suyla değirmen dönmez!

- Onlar taşıma su değil sayın padişah... Biz Hristiyan dünyası, suları ortak bir denize dökülen ırmaklar gibiyiz.
-Belli, belli; Bizans'ın kaderine terk edildiğinden belli!
- Bizansın yalnız olmadığını çok yakında anlayacaksınız sayın padişah. Onun için imparatorumuz size der ki...
- İmparatorunuz bana ne der? Yoksa kuşatmayı kaldırmamı mı ister?
- Tamı tamına bunu ister sayın padişah.
- Size daha önce de söyledim. Elinizden geleni ardınıza koymayın! İsterseniz bütün Hristiyan dünyasını yardıma çağırın! Kuşatma, ancak şehri teslim aldığımız gün son bulacaktır! Bir daha da bana böyle bir teklifle gelirseniz size karşı tavrım daha farklı olacaktır!

Bu son cümle elçileri titretmeye yetti. Bu sözlerin, şakaya gelir bir yanı olmadığını anlamışlardı.

Görevliler, elçileri uğurladı.

Elçilere gerekli cevabı veren padişah kısa bir süre dinlenmeye çekildi. Buna dinlenmek değil de olayları salim kafayla düşünmek dense daha doğru olurdu. Padişah, âdeta kendi kendisiyle konuşuyordu:

"Birkaç gündür asker arasında dolaşan dedikoduları sen de duydun. Kuşatmanın uzaması bazılarının morallerini bozmuş olabilir. İçlerinden bir kısmı, Bizans'a yardım geleceğine inanabilir. Canlarını kurtarmak için kuşatmanın kaldırılmasını bile isteyebilirler. Onları anlıyorum. Hele yanlarında Çandarlı Halil Paşa gibi her fırsatta kuşatmanın kaldırılmasını savunan devlet adamları varsa... Sinek küçüktür ama mide bulandırır, diye boşuna dememiş atalarımız. Bize düşen, yılanın başını küçükken ezmektir. Derhal bir toplantı tertipleyip askerin moralini en üst seviyeye çıkarmalıyım. Yarın çok geç olabilir. Bunun hemen bugün, bu dakika yapmalıyım."

Çok geçmeden vezirlerin, beylerbeyilerin, paşaların, alaybeylerinin, binbaşıların, yüzbaşıların, mülazımların, kapıkulu ağalarının ve donanma kumandanlarının otağdaki divan toplantısına geldikleri görüldü. Padişah, sözü uzatmadan konuya girdi:
- İsimlerinizi teker teker saymayacağım. Hepiniz benim için çok değerlisiniz. Çünkü hepiniz devletimizin hizmetinde bulunmayı şeref bilen kimselersiniz. Bu bakımdan siz dava arkadaşlarımla bir konuyu istişare etmek istedim. Biliyorsunuz kuşatma uzadı...

Çandarlı ve yandaşları, başlarıyla padişahı onayladılar.

- Kuşatmanın uzaması yetmiyormuş gibi, birkaç gündür ortalıkta bir dedikodu dolaşır. Güya, Macarlar Bizans'a yardıma gelecekmiş...
Çandarlı söze karıştı:
- Bunun basit bir dedikodu olmadığını biliyoruz Hünkâr'ım.
- Nereden biliyorsunuz Paşa?
- Bizim de kendimize göre haber kaynaklarımız var...
Çandarlı, kırdığı potun farkına vardı.
- Yani size iletilmek üzere önce bize söylenen bazı bilgiler var demek istedim.
- Bilmez misin ki Paşa, söz ağzınızdayken onun efendisi sizsiniz; söz bir kere ağzınızdan çıkarsa, sizin efendiniz olmuş demektir.
- Aldığım bilgileri size aktaracaktım...

- Söyle bakalım, neymiş bize aktaracağın bilgiler?
- Macarlar harekete geçmiş bile.
- Diyelim ki bu dedikodulara siz de inandınız...
- Dedikodu olmadığını sanıyorum...
- Bir an bu dedikodunun gerçek olduğunu kabul edelim; işte ben de bunun için topladım sizi.

Padişah, divandaki bütün üyeleri teker teker süzdü.
- Divanımız böyle bir ihtimal karşısında ne düşünür? Önce senden başlayalım Çandarlı, en kıdemli vezir sensin çünkü.

Çandarlı Halil Paşa; padişahın, kendisi hakkında hiç de iyi şeyler düşünmediğini biliyordu. Buna rağmen beni veziriazamlık görevinden almıyorsa gücümden çekindiğindendir, diye düşünüyordu. Buna güvenerek daha önce defalarca tekrarladığı görüşlerini bir defa daha ileri sürmeye çekinmedi:
- Siz, görevinizi yaptınız. Ceddinizden hiç kimse bu kadarını ümit bile edemedi. Şu ana kadar yaptığınız işler, size büyük şeref kazandırmıştır. Diğer yandan şiddetli çarpışmalar oldu. Çok asker kaybettik. Şehir, kuvvetli bir şekilde kendini savunuyor. Ordumuz tehlikede. Bizanslıların yanında Latinler de savunmaya katıldılar. İşte Macarlar yola çıktı bile. Daha kötüsü bütün Hristiyan dünyasını tahrik etmeye başladık. Yakında onlar da Bizans'a yardıma gelecektir. Aynı anda bütün Hristiyanların öfkesini üstümüze çekmeyelim. Siz zaten çok güçlüsünüz. Gücünüzü barış zamanında daha da artırabilirsiniz. Savaşın sonu, daima belirsizliktir. Savaşlar, refahtan ziyade felaket getirir. Benim diyeceklerim bu kadardır.

Akşemseddin, Molla Gürani gibi âlimlerle Şehabettin ve Zağanos Paşa gibi komutanlar, Çandarlı'dan farklı düşünüyorlardı. Onlar, Bizans'ın iyice bunaldığına ve zaferin yakın olduğuna inanıyorlardı.

Zağanos Paşa, kendisi gibi düşünenlere tercüman olurcasına konuştu:

- Sultan'ım, siz gücünüzü ispatladınız. Hâl böyleyken kim bizim içimize korku salmak, bizi yiğitken namert yapmak istiyor? Bizim yenilmez Sultan'ımız daha büyük planlar yapmalı, daha büyük işlere teşebbüs etmelidir. Surların büyük kısmı zaten tahrip oldu. Kalan kısmını da yıkabiliriz. Yeter ki bize tez zamanda geniş çaplı bir hücum imkânı daha veriniz. Allah'ın yardımıyla büyük zaferi siz kazanacaksınız.

Toplantıya katılanların çoğu bu ikinci görüşü benimsedi.

Padişah divandakilere şu soruları sordu:
- Benim gücüm, çok daha zayıf bir kuvvetle dünyayı kendisine itaat ettiren Makedonyalı Büyük İskender'in gücünden daha mı az?
- Hayır Hünkârım.
- Babam ve ondan önce dedem, şehri almak için böyle bir ordu kurabildi mi?
- Kuramadı Sultan'ım.
- Böyle savaş aletleri geliştirebildi mi?
- Hayır.
- Öyleyse?

Bu, son ve kısa sorunun cevabı, toplantının kararı olarak kayıtlara geçti: Genel bir hücuma geçilecekti.

Padişah, alınan karardan memnundu. Artık kendini daha güçlü hissediyordu. Yine de bir şeye ihtiyacı olduğunu düşünüyordu. Akşemseddin Hazretleri, nasıl ki Ebu Eyyub el Ensari'nin kabrini bulmuştu, kuşatmanın sonucu hakkında da bir bilgi verebilirdi. Bu niyetle sohbet arkadaşlarından şair Ahmet Paşa'yı,

- Şehri fethetmek ihtimali var mıdır, diye sorması için hocasına gönderdi.

Ahmet Paşa, Akşemseddin'den aldığı cevabı Sultan'a aktardı:

"Allah büyüktür. Bu kadar asker ve komutan, başlarında Sultanları olduğu hâlde tek bir vücut gibi hareket ettikten sonra bir kâfir kalesinin ne kıymeti vardır? Gayretle çalışmaya devam etsinler. İnşallah en kısa zamanda arzularına kavuşacaklardır."

- Bu cevap bana yetmez Ahmet Paşa! Tez bir daha gidesin Akşemseddin Hazretlerine! Bu sefer fethin kesin tarihini isteyesin!

Akşemseddin, padişaha gönderdiği ilk bilginin onu tatmin etmeyeceğini biliyordu. Bu yüzden, kendisine yardımcı olması için Allah'a dua üstüne dua ediyordu. İkinci defa gelen Ahmet Paşa'ya,

- Geleceği sadece Allah bilir. Biz kullar, ancak bazı şeyleri tahmin edebiliriz. Ben de kuvvetle tahmin ediyorum ki bu ayın 29'unda genel bir hücum yapılırsa inşallah zafer Hünkâr'ımızın olacak, surun iç tarafından ezan sesleri yükselecektir.

Bu cevap padişaha yetti. Artık içi içine sığmıyordu.

27 Mayıs Pazar

Padişah maddi manevi bütün tedbirlere başvurmuştu.

Sıra son hücüma gelmişti, son ve bitirici hücuma...
Askerin arasına salınan tellallar, büyük yürüyüşün iki gün sonra yapılacağını ilan ettiler.

28 Mayıs Pazartesi

Surların dışındakiler de içindekiler de büyük kapışmanın çok yakın olduğunu anlamıştı. Her iki tarafa göre de savaşın seyri bugün-yarın belli olacaktı. Son hazırlıklar yapıldı, son dualar edildi. Öyle ki ezan sesleriyle çan sesleri birbirine karıştı.

Sultan Mehmet'in otağında her zamankinden farklı bir toplantı vardı. Vezirler, komutanlar, din adamları, ilim adamları büyük bir ciddiyet içinde padişahı dinliyordu:

- Kaptanıderya Hamza Bey!
- Emredin padişahım!
- Donanmanla, Marmara denizi sahiline bakan surlara ok mesafesinde yaklaşacaksın; surlar üzerindeki Bizans askerini top, tüfek ve ok atışıyla canından bezdireceksin. Öyle ki bunların, diğer cephelere yardıma gidecek hâli kalmayacak.
- Başüstüne Hünkâr'ım!
- Bitmedi!
- Emredin Sultan'ım!
- Uygun noktalarda gemilerini karaya yanaştıracaksın. Zırhlı gömlek giymiş leventlerin merdivenle surlara tırmanmaya çalışacak.
- Başüstüne Hünkâr'ım!

Emri alan Hamza Bey, bir adım geri çekildi.
Padişah, Zağanos Paşa'ya döndü:

- Sen Zağanos Paşa!
- Emredin padişahım!
- Haliç surları senin...
- Tasalanmayın Sultan'ım!
- Haliç'in iki sahilini bağlayan köprüden geçerek buradaki surlara hücüm edeceksin.
- Başüstüne Hünkâr'ım!
- Haliç'teki filomuz top ve tüfek atışlarıyla sana destek olacak.
- Sağ olsunlar Sultan'ım.

Padişah bu seferki emirlerini Karaca Bey'e verdi:
- Karaca Bey!
- Emredin padişahım!
- Genel taarruz başlar başlamaz Edirnekapı ile Eğrikapı arasındaki hendekleri aşacaksın.
- Başüstüne Hünkâr'ım!
- Hendekleri aşınca surların yıkılan bölümlerine yaklaşıp burayı savunan askerlerin hakkından geleceksin.
- Başüstüne Sultan'ım!
- Sonraki hedefin surlara çıkmak!
- Başüstüne Hünkâr'ım, sonraki hedefim surlara çıkmak!

Padişah bu sefer iki paşaya birden hitap etti:
- Siz ey İshak ve Mahmut Paşalarım!
- Emredin padişahım!
- Emredin!
-Hücum emriyle birlikte Silivrikapı'ya en yakın yerdeki surlara çıkmaya çalışacaksınız!
- Başüstüne Sultan'ım!
- Başüstüne!

Padişah, bu sefer herkese birden hitap etti:
- Merkezdeki kuvvetlerimle Bayrampaşa Topkapı arası benim... Sağ kanadıma Halil Paşa; sol kanadıma Saruca ve Sâdi Paşalar komuta edecek. Bizim görevimiz, Topkapısı'nın kuzeyindeki surlarda açılan büyük gediğe hücum ederek düşmana son darbeyi indirmek...
Padişah bir iki nefes alıp verdikten sonra,
- Ve inşallah oradan şehre girmek!
Otağda bulunanlar neredeyse hep bir ağızdan,
- İnşallah Hünkâr'ım, diye gürlediler.

Son hücuma sayılı saatler kala otağda heyecan doruğa ulaşmıştı. Herkes padişahtan son bir konuşma yapmasını bekler gibiydi. Padişah da bu anı bekliyordu. Günlerdir üzerinde çalıştığı konuşmayı yapmanın tam sırasıydı. Üzerine çevrilen gözleri teker teker süzdü. Delici bakışları orada bulunanların âdeta yüreğine işledi. Ve nihayet heyecanını kelimelere yükleyerek konuşmaya başladı:

"Paşalarım,
Beylerim,
Ağalarım,
Silah Arkadaşlarım,

Cesaretinizi bir kat daha artırmaya çalışmayacağım. Bunu zaten her fırsatta, hatta gereğinden fazla gösterdiniz. Fakat benim asıl maksadım, zaferle biteceğine inandığım bu son hücüm vesilesiyle ebedi şan ve şerefin sizleri beklediğini müjdelemektir.

Bugün size son derece büyük ve aziz bir şehri hediye ediyorum! Bu şehir eski Romalıların payitahtı olup güzelliğin, zenginliğin, şan ve şerefin doruğuna ulaşmış bir cennet parçasıdır. İşte böyle bir şehri size bahşediyorum.

Şimdi, zaferimiz için birbirinizi teşvik ediniz. Unutmayınız ki bir muharebenin zaferle sonuçlanmasının üç şartı vardır: İyi niyet, bozgunculuktan kaçınma ve âmirlere itaat. Sükûnet ve disiplin içinde, verilen emirlerin dosdoğru yerine getirilmesi hâlinde başarılamayacak iş yoktur. Şimdi, yüce bir azmin verdiği coşkunlukla muharebeye koşunuz ve sahip olduğunuz kahramanlığı gösteriniz.

Bilesiniz ki surlara ilk önce çıkan, tarafımızdan büyük bir izzet ve ikramla karşılanacaktır. Bu kahramanın ordudaki rütbesi yükseltileceği gibi kendisine ve ailesine büyük hediyelerimiz olacaktır.

Bana gelince, sizin başınızda kanım ve canım pahasına çarpışacağıma yemin ediyorum. Diğer yandan herkesin nasıl çarpıştığını da bizzat takip edeceğim.

Şimdi hepiniz kendi bölgenize gidiniz. Yiyip içiniz ve birkaç saat istirahat ediniz. Emrinizdeki askerler de aynı şekilde hareket etsin. Her tarafta mutlak bir sükûnet olmasını sağlayınız. Sonra fecir vakti kalkınız ve askerinizi tam bir disiplin içinde son hücuma hazırlayınız. Başınıza gelebilecek hiçbir olayın veya hiçbir kimsenin tesirinde kalıp ağırbaşlılığınızı bozmayınız.

Mehter marşını duyar duymaz ve sancakların

dalgalandığını görür görmez hücuma geçiniz.
Savaşınız kutlu, gazanız mübarek olsun.
Unutmayın ki Allah'ın yardımı ve Peygamberimiz Hazreti Muhammed'in (sav) şefaati sizlerle beraberdir."

***

Aynı gün, aynı saatlerde surların dışında bunlar yaşanırken, surların içinde de hummalı bir faaliyet vardı. İmparator, maiyetini ve halkını son savunmaya en iyi şekilde hazırlamanın gayretindeydi. Ne var ki askerler de şehir halkı da 53 gündür devam eden kuşatmayı kırabilmek için gece gündüz çalışmaktan yorgun düşmüştü. Üstelik Topkapı mıntıkasında yoğunlaşan top atışları buradaki surlarda tamiri neredeyse imkânsız gedikler açmıştı. Yine de imparator, imkânsızı başarıp surları tamir ettirmenin gayretindeydi.

- Ha gayret yiğitlerim, diyordu surları tamire çalışanlara; ha gayret, bu hücumu da atlatırsak Osmanlı'nın sırtı yere gelmiş demektir. Artık bir daha bize saldırmaya cesaret edemez!

Ellerinde Meryem Ana tasviri olduğu hâlde surların önüne gelen bir grup rahip, koro hâlinde ilahi okumaya başladı. Maksatları, surları tamir etmeye çalışanlara moral vermekti. Bu destek işe yaradı. İşçiler, ilahilerin ritmine uyarak daha bir canla başla çalışmaya başladı. Fakat biraz sonra, çalışanların şaşkın bakışları altında, mukaddes bildikleri Meryem Ana tasviri, rahiplerin elinden kayarak yüz üstü yere düştü. Hemen herkes heyecanla resmi kaldırmaya koştu. Fakat nafile... Resim, sanki yere çivilenmiş gibiydi. Bütün uğraşlara rağmen resmi kaldırmak mümkün olmadı. Bu olayı uğursuzluk sayan askerler ve işçiler gözyaşları içinde istavroz çıkarmaya ve sağa sola kaçışmaya başladı. Sonunda papazlar resmi kaldırmayı başardı ama kalplere düşen korkuyu bir türlü çıkaramadılar. Üstelik bu korku dalga dalga bütün Bizans'a yayıldı.

İmparator, her türlü olumsuzluğa rağmen şehri savunmaya kararlıydı. Karargâhına çağırdığı komutanlara emir üstüne emir yağdırıyordu. Kadınlar ve çocuklar, Osmanlı askerine atılmak üzere taş toplayacaktı. Venedik askerleri, kara surlarını savunacaktı. Haliç'teki gemiler, Osmanlı donanmasına engel olacaktı. Bizans'ın elinde bir nevi esir hayatı yaşadığı hâlde bir gün padişah olma ümidini koruyan talihsiz Şehzade Orhan Çelebi, 600 kadar adamıyla Yedikule'nin deniz tarafındaki surları koruyacaktı.

Şehrin genel savunmasını ise Başkomutan Jüstinyani yapacaktı. Kuvvetleri yeniden teşkilatlandırmak ve gerekli yerlere konuşlandırmak onun göreviydi. Başkomutan, akıllıca bir düşünceyle Topkapısının kuzeyindeki zayıf surların gerisine derin bir hendek kazdırttı. Bunun önüne de kuvvetli bir şarapnel siperi yaptırttı.

İmparator, bu sefer şehri savunan bütün kuvvetlerin temsilcilerini Ayasofya'da bir toplantıya çağırdı. Askerin ve halkın moralini, ancak bu şekilde yükselteceğini düşünüyordu. Kendisini dinleyenlere şöyle seslendi:

- Asillerim!
Kumandanlarım!
Askerlerim!

Toplantımızı bu kutsal mekânda yapıyorum çünkü buraya her zamankinden daha çok ihtiyacımız var.

Bugüne kadar şehrimizi Sultan Mehmet'in askerine karşı en iyi şekilde savunmaya çalıştınız. Ancak savunma gücümüzü eskisinin kat kat üstüne çıkarmamız gerekiyor. 52 gündür başımıza bela olan günahkâr ve putperest Türklere ancak böyle karşı koyabiliriz.

Düşman toplarının yıktığı surlar sizi korkutmasın. Sizin gücünüz Tanrı'nın korumasından kaynaklanmaktadır. Sizler, Tanrı'nın bu gücünü kollarınız ve silahlarınızla düşman üzerine yöneltmelisiniz.

Şunu biliyorum ki onların acemi askerleri her zaman olduğu gibi çığlıklar atarak ve uzaktan fırlatacakları oklarla savaşa başlayacaktır. Ancak bu oklar, zırhlara bürünmüş askerimize bir şey yapamayacaktır.

Kartacalılarla savaştıklarında onların fillerinden ürkerek dehşete düşen Romalı süvariler gibi olmayın. Düşmanın çığlığından korkup kaçmayın. Sadece hayvanlar diğer hayvanlardan kaçar. Sizler cesursunuz. Size saldıran bu vahşileri tam bir erkek gibi karşılayın. Mızraklarınızı ve kılıçlarınızı yaban domuzlarının üzerine sürüyormuş gibi onların üzerine sürün. O alçaklara; hayvanlara karşı değil, efendilerine karşı savaştıklarını öğretin.

Biliyorsunuz ki inançsız düşmanlarımız, bütün Bizans'ın koruyucusu güzel şehrimizi tehdit ediyor. Tanrı'nın bu kutsal mekânlarını, atlarının pis nallarıyla kirleteceğine yemin ediyor.

Asillerim,
Kardeşlerim,
Oğullarım,

Hristiyanlığın ebedi şöhretinin korunması sizin elinizde. Haydi, azametli ruhlarınız büyük mücadeleye hazırlanarak daha da yükselsin.

Askerlerim,

Her türlü durumda komutanlarınıza itaat ediniz. Şunu biliniz ki bugün sizin şeref gününüzdür. Öyleyse yarınki büyük savaşa bütün benliğinizle hazır olunuz.
Tanrı'nın yardımıyla zaferin bizim olacağına inanıyorum.

İmparatorun bu konuşmasından sonra kendisini dinleyenlerin cesareti arttı. Hep birden, sonuna kadar savaşacaklarına yemin ettiler.

***

Osmanlı ordusunda son hücum için her şey hazırdı. Asker akşam yemeğinden sonra padişahın emriyle istirahate çekildi.

Konstantiniyye'nin üstüne akşam kızıllığı çöküyordu. Etrafta derin bir sessizlik vardı. Fakat bu, fırtınadan önceki sessizliği andırıyordu. Her an her şey olabilirdi. Nitekim biraz sonra Bizanslılar gördükleri manzara karşısında dehşete düştüler. Herkes birbirine surların dışındaki ışık cümbüşünü gösteriyordu. Askerlerin mızraklarına takılı meşaleler, şehri dört bir yandan alev topu gibi sarmıştı. Biraz sonra başlayan kılıç şakırtıları, alevlerin içinden yükselen ölüm çağrılarına benziyordu. Evet, padişahın askerleri, Bizans'a bir ölüm çağrısı yapıyordu. Surların içinde çoğu kişi, imparatorun şehri teslim etmeyişine kızıyor gibiydi. O zaman belki bu ölüm çağrıları, yerini, insana hayat veren nağmelere bırakırdı. Ama ok yaydan çıkmıştı bir kere. Başlarında kahredici bir ateş yanıyordu. Ateşe karşı koymaktan başka çareleri yoktu. Başarmak mümkün müydü bunu, bilmiyorlardı. Bekleyip göreceklerdi. Ne zor şeydi beklemek. İnsanın sinirleri alt üst oluyordu. Ne olacaksa olsundu. Yeter ki bitsindi bu azap. Yeter ki sönsündü bu kahredici ışıklar. Yeter ki sussundu şu mehter dedikleri baş belası marş. Yeter ki dinsindi gökyüzüne yükselen "Allahü Ekber!" nidaları.

Bizans'ın beklediği an geldi. Tam gece yarısı ışıklar söndü, mehter sustu, "Allahü Ekber!" nidaları dindi. Duyulan, sadece sessizliğin sesiydi. Bu daha kötüydü. Padişahın yaptığı, tam bir sinir harbiydi. Hâlbuki Bizans'ın sinirleri yerle bir olmuştu. Osmanlı, bunu görmüyor muydu? Görüyorsa niçin hücuma geçmiyordu? Böyle savaş mı olurdu? Savaş dediğin gürültülü olurdu. Gürültü ne kelime, savaşta bütün sesler yürekleri yırtarcasına çıkardı, yine öylesine yankılanırdı gökyüzünde. Ama işte öyle olmuyordu. Osmanlı ordusundan çıt çıkmıyordu. Ah, bir başlasaydı vuruşma! Ah, bir ses, bir çığlık duyulsaydı!

Biraz sonra başlayan top sesleri, Bizans'ın beklediği ses olmaktan uzaktı. Bunlar da sinir bozucuydu ama onlar, top sesi değil, asker sesi istiyorlardı. Birbirleriyle vuruşan askerlerin sesini...

29 Mayıs 1453 Salı

Yirmi dokuz mayıs... Sabah ezanı...
Huşû içindedir namazda Sultan.
"Övülmüş belde" den köhne düzeni
Silebilmek için niyazda Sultan.

Yusuf DURSUN

Sultan Mehmet, Bizans'ın ruhunu okuyordu sanki. Onu, o kadar iyi tanıyordu. Son hücum için her şey hazırdı. Asker, padişahın iki dudağına bakıyordu. Hücum emri verildiği anda, bir ok gibi ileri fırlayacaktı.

Vakit, gece yarısını iki saat kadar geçmişti. Osmanlı ordusunun ümitle, Bizans askerinin korkuyla beklediği ses duyuldu: Hücum!

Hücum emriyle birlikte Osmanlı ağır topçuları yoğun bir top atışına başladı. Önceki top sesleri Bizanslıların sinirlerini harap etmişti, bu sesler ise büsbütün akıllarını başlarından aldı. Aman Allah'ım, ne korkunç manzaraydı bu. Önce kulakları sağır eden bir ses duyuluyor, sonra vurulan hedeflerden canhıraş sesler yükseliyordu! Surları korumaya çalışan askerler mazgallardan başını çıkarmayagörsün, o baş, yerinde durmuyordu artık!

Top atışlarının korumasında ileri atılan hücum kolları "Allah, Allah!" nidaları altında merdivenlerini surlara dayadı. Bir anda yüzlerce merdiven, surları sarmaşık gibi sarmaya başladı.

Kaleyi savunanlar merdivenleri yıkmaya, düşen askerlerin üzerine ok yağdırmaya davrandı. Surların tepesine yaklaşanları ise grejuva ateşiyle püskürtmeye çalıştılar. Yıkılan merdivenlerin yerine hemen yenisi konuyor, şehit olan askerlerin yerini, yenileri alıyordu. Türk hücum kolları, bu hareketi birkaç defa tekrarlamak zorunda kaldı. İki saat kadar süren bu ilk hücum denemesinde şehir ayakta kalmayı başardı.

Birinci hücum kolunun yorulduğunu anlayan padişah, bu yiğit askerlerin geri çekilmesini emretti.

Bu kısacık geri çekilme anında az da olsa dinleneceklerini ümit eden Bizans askeri yanılmıştı. Bu sefer, kargı ve kalkanlarıyla Anadolu piyadeleri ileri atıldı. Bu cengâverler, bir hamlede hendekleri aşarak dış surlara tırmanmaya başladı.

Anadolu piyadelerinin karınca sürüsü gibi dış surlara tırmanması, şehirde büyük bir korkuya sebep oldu. Çanlar, hiç susmadan çalıyordu. Eli ayağı tutan herkes, surlara yardıma çağrılıyordu. Askerlerin çoğu, zırhlı gömleklerini giymişti. Bu hâlde, mazgal deliklerinden merdivenleri deviriyor, yere düşen askerleri tüfekle, okla, olmadı taşla öldürmeye çalışıyorlardı. Kalkanlarıyla kendilerini koruyarak surlara tırmanmayı başaranlar, Bizans'ın meşhur grejuva ateşiyle karşılaşıyordu. Kızgın yağlar, kocaman kazanlarla Osmanlı askerinin üzerine boşaltılıyordu. Manzara her iki taraf için de korkunçtu. Ölüm, asker ayırımı yapmıyordu. Önüne kim gelirse biçiyordu.

Sultan, zaman zaman birliklerin içine kadar giriyor, yorulmuş olanları takviye ediyordu. Buna rağmen gerek merkezden gerekse sağ ve sol kollardan henüz bir netice alınamıyordu.

Padişah, ikinci hücum kolunu üçüncüsüyle değiştirmeden önce sabah namazını kıldırdı. Vezirleri, komutanları, hocaları, din adamları ve yeniçeriler, Hünkârın ardında saf tutmuştu. Namazdan sonra bütün eller semaya açıldı. Cemaat, padişahın yaptığı duayı büyük bir huşu içinde dinledi:

"Ey Rabb'im,

Sen, rızık veren ve her şeyi bilensin. "Tek" sensin. Hiçbir şeye muhtaç değilsin. Doğurmamış, doğrulmamışsın. Buna rağmen kâfirler, teslis fikrini ortaya atıp, "Tek Allah" yerine "Baba-Oğul-Rûhu'l-Kudüs" üçlemesini getirdiler. "Benden sonra gelecek ve adı Ahmet olacak bir peygamberi müjdeleyin." ayetini, İncil'den çıkardılar. Kur'an-ı Kerim'deki, "Siz de atalarınız da apaçık bir sapıklık içindesiniz." ayetinde uyarılanlardan oldular.

Ya Rabb'im,

Ben aciz kulunun tek arzusu ise Sana inanmayanlarla savaşıp elimden geldiğince Sana lâyık olmaya çalışmaktır.
İrade Senin, güç Senin, kudret Senin, yardım Senindir.
Bizim sabrımızı ve gücümüzü artır. Senin adına yaptığımız bu savaşta bize yardım et!"

Padişahın duası bittiğinde cemaatin "Âmin!" nidaları semayı, gözyaşları yanakları kapladı.

Padişah, üçüncü hücum kolunu ileri sürdü. Bunlar yedek kuvvetlerle yeniçerilerdi. Osmanlı ordusunun bu en iyi eğitimli askerlerinin ileri sürülmesi, son darbenin vurulması anlamına geliyordu.

Her hücumda olduğu gibi bunda da önce toplar sahneye çıktı. Sanki surların üzerinde aynı anda yüzlerce şimşek çakıyordu. Ardından gaziler hücuma geçti. Yedek kuvvetlerin bir bölümüne komuta eden Bayram'ın sesi duyuldu:

-Yürüyün aslanlarım, son hücumdur bu!

Hemen yakınlardan Ulubatlı Hasan gürledi:

- Haydi yiğitlerim, zafer bizimdir!

Her iki grup da canını dişine takmış, surlara tırmanmaya başlamıştı.

Mehter, en güzel marşını çalıyordu.

Zurnalar, nakkareler, kösler en ihtişamlı seslerini çıkarıyordu.

Şehir ha düştü ha düşecekti.

Güneş doğmak üzereyken Bizans'ın mecali kalmamıştı.

Komutan Jüstinyani, son bir gayretle yedek kuvvetlerini asıl vuruşmanın cereyan ettiği Topkapı ile Edirnekapısı arasına sürdü. Bu durum, iyice tükenmekte olan askere az da olsa nefes aldırdı.

İki ordunun yedek kuvvetleri birbirine öldürücü darbelerle saldırıyordu. Öyle bir an geldi ki Bizans askerinin iyice eridiği görüldü. Ne yazık ki bunların yerine gelecek yeni kuvvetleri yoktu.

Asker, kendilerini cesaretlendirmeye çalışan komutanları Jüstinyani'nin bir kütük gibi yere devrildiğini görünce dehşete kapıldı. Komutan bir an boş bulunmuş, mazgallardan dışarı bakmaya çalışmıştı. İşte bu kısacık anda vınlayan bir ok, yıldırım hızıyla komutanın omzuna saplanmıştı. Ne oluyor demeye kalmadan ikinci bir ok bu sefer elini parçalamıştı.

Komutan, kan kaybediyordu. Böyle giderse kan kaybından ölebilirdi. Derhal seyyar hastaneye götürüldü. Burada yapılan acil müdahelenin ardından hayata tutunabildi. Komutanın, savunma hattından ayrılması, bir daha da askerin arasına dönmemesi moralleri iyice tüketti. Ortada bir panik havası oluşmaya başladı.

- Komutan bizi bırakıp kaçtı!
- Hadi biz de kaçalım!
- Ben kaçıyorum bile!
- Canını seven kaçsın!

ULUBATLI HASAN BURÇLARDA

Biri var, "Ya Allah!" diyen sesine,
Cümle ervah, misk ü amber döküyor.
Biri var, burçların en tepesine,
Demirden eliyle bayrak dikiyor.

Yusuf DURSUN

Bizans askerindeki bozgunu fark eden padişah, askerine seslendi:
- Düşman bozuldu yiğitlerim, ileri!
Bu emri duyan asker coşkun seller gibi ileri atıldı.
Ulubatlı Hasan, sol elinde kalkanı, sağ elinde kılıcı, ağzında palası olduğu halde surlara tırmanmaya başladı. Ardında kendini takip eden 30 kadar arkadaşı vardı. Bir can pazarıydı yaşanan. Can alınıyor, can veriliyordu. Ulubatlı Hasan'ın yiğitlerinden 18 kadarı, canlarını surların üstüne bırakmışlardı. Osmanlı sancağını surlara dikmek, Ulubatlı'ya nasip oldu. Beline bağladığı sancağı çıkarmış oracığa dikivermişti. Görülmemiş bir manzaraydı bu. Görülmemiş fakat özlenen bir manzara... Atılan büyükçe bir taşla iki surun arasına yuvarlanması da orada vücuduna onlarca ok isabet etmesi de önemli değildi artık. Osmanlı sancağı surların üstündeydi ya bu yeterdi.

Ulubatlı Hasan'ın sancağı surların tepesinde dalgalandırdığı dakikalarda bir başka tarafta bir başka kahraman daha çıkmıştı surların üstüne. Rumeli Beylerine bağlı askerlerden Süleyman'dı bu yiğit. Üstelik üzerine gelen oklardan kurtulmayı başarmış, surun diğer tarafına geçmişti bile. Karışdıran Süleyman yalnız da değildi. Kendisi gibi Rumeli'den gelen onlarca asker vardı yanında. Hep birlikte, ellerinde kılıç, yeni vuruşmalara doğru koşuyorlardı. Karşılarına çıkan Bizans askerlerini etkisiz hâle getirmeleri uzun sürmedi.

Diğer yandan Ulubatlı Hasan'ın cansız bedeni orada kaldı ama kendisi gibi yüzlerce yeniçeri, toplarla iyice tahrip olan birinci suru aşmayı başardı. Şimdi iki sur arasındaydılar. Buradaki çatışma çok da uzun sürmedi. Yeniçeriler, Bizans'ın yorgun askerlerini kılıçtan geçirdiler.

Durumun ciddiyetini anlayan Konstantin, kahramanlığı bir kenara bırakarak gemilere doğru kaçmaya başladı. İmparatorun kaçtığını gören asker iyice panikledi. Artık her biri kendi canını kurtarmanın derdine düştü.

Yeniçerilerin ikinci surda açılan gedikten şehre girmeleri zor olmadı.

Şimdi surların içinde amansız bir koşu başlamıştı. Osmanlı askeri, kaçanların peşine düştü. Kiliselere sığınanlar canını kurtardı, diğerleri yakalandığı yerde öldürüldü.

Bayram da kaçanları kovalayanlar arasındaydı. Birden geri dönüp kendine saldırmaya çalışan bir Bizanslı gördü. İki askerin kılıcı havada buluştuğunda birinin kolu titremeye başladı. Bayram, iyice yorulan bu kola kuvvetli bir hamle yaptı. Bizanslı askerin kılıcı bir yana gitti kendi bir yana. Bir şahin gibi avının üstüne atılan Bayram, "Allahü Ekber" diyerek öldürücü darbeyi indirdi.

Ağzından şükür sözleri dökülen Bayram, öldürdüğü askerin aslında İmparator Konstantin olduğunu bilmiyordu.

DELİNİR TOPKAPI YOLLAR AÇILIR

Delinir Topkapı, yollar açılır;
Fetih melekleri, siz önden girin.
Fatih'in yüzünde güller açılır,
Ey güzeller, gülü Fatih'e verin.
Yüce Yaradan'a eller açılır,
Şükür secdesinde Fatih'i görün.

Yusuf DURSUN

Topkapısı içeriden de kırılmıştı. Osmanlı askeri akın akın şehre girdi.

Hazreti Muhammed'in (sav), "Konstantiniyye mutlaka fethedilecektir. Onu fetheden kumandan ne güzel kumandan, asker ne güzel askerdir." müjdesine kavuştuğunu anlayan genç padişah atından inerek şükür secdesine kapandı. Secdede o kadar uzun kaldı ki etrafındakiler telaşlanmaya başladı. Allah'tan biraz sonra gözyaşlarını silerek doğruldu da endişeli bekleyiş sona erdi. O kadar çok ağlamıştı ki başını koyduğu toprak sırılsıklam olmuştu.

Aynı gün öğleden sonra da vezirleri, komutanları, hocaları ve din adamlarıyla birlikte muhteşem bir alayla şehre girdi.

Kır atının üstündeki padişah henüz 21 yaşındaydı. Hemen yanında ak saçıyla ve ak sakalıyla Akşemseddin geli-

yordu. Bizans kızları ellerindeki çiçekleri padişah zannettikleri Akşemseddin'e uzattılar. O ise,
- Sultan Mehmet odur, çiçekleri ona veriniz, diyerek padişahı işaret etti.
Genç kızlar bu sefer padişaha yöneldi.
- Evet, Sultan Mehmet benim, fakat o benim hocamdır; çiçekleri ona veriniz.
Bu cevap, sadece Bizanslı kızları değil bu konuşmayı duyan yaşlı Bizanslıları da etkiledi. İçlerinden biri,
- Hocasına böyle değer veren bir komutan değil Bizans'ı dünyayı bile fetheder, dedi.

Yaşlı Bizanslının kullandığı "fetih" kelimesi Sultan Mehmet'e bir gerçeği hatırlattı. Yıllar öcesinden "fetih aşkına" diye hedef tahtasına fırlattığı oklar bugün şehrin kalbine saplanmıştı. Artık o, Konstantiniyye'yi fetheden padişahtı. Artık o, Sevgili Peygamberimizin müjdelediği kumandandı. Artık o bir "fatih"ti.

Fatih Sultan Mehmet, henüz heyecanını üzerinden atamamıştı ki kendisine bir şeyler söylemek istediğini belli eden yeniçeri ağasını fark etti.
- Ne söylemeye çalışırsın Ağa'm!
- Yeniçerilerim keşiş elbisesi giymiş birini yakalamışlar.
- Ne var bunda?
- Fakat keşişe benzemiyormuş bu adam?
- Ya neye benziyormuş?
- Tıpkı bizim gibi bir Osmanlı'ya...
- Bir Osmanlı neden keşiş elbisesi giysin ki?
- Biz de onu merak ettik. Biraz sıkıştırınca anladık ki bu adam...

- Yoksa...
- Evet, anladık ki bu adam Orhan Çelebi'den başkası değil.
- Vay hain vay!
- Ne yapmamızı emredersiniz?
- Orhan Çelebi, bize karşı bir Bizans komutanı gibi savaşmadı mı?
- Savaştı...
- Öyleyse...
- Siz bilirsiniz Hünkâr'ım.
- Ben bileceğimi bilirim de bir de hocama sorayım.

Genç Fatih, Akşemseddin'le kısa bir görüşme yaptı. Vardıkları sonuç açıktı: Orhan Çelebi'nin hayatının bağışlanması, içindeki padişahlık hırsını söndürmeyecektir. Fitnenin devam etmemesi için böyle bir yola gidilmemelidir.

Yeniçeri Ağası, aldığı emri uygulamak üzere oradan ayrıldı.

3. BÖLÜM
YENİÇAĞ FATİHİ

AYASOFYA'DA CUMA NAMAZI

Ayasofya... Mabetlerin ulusu...
Ezan sesleriyle müşerref oldu.
Sardı benliğini cennet kokusu,
Kubbeden sütuna nur ile doldu.
Fatih'ten aldığı gönül dolusu
Sevgiyle bir tatlı huzura daldı.

Yusuf DURSUN

Fatih Sultan Mehmet, kendisini bildi bileli bir aşkla yanıp tutuşmuştu. Yüreğine bu aşkın ilk ateşi, daha minik bir bebekken annesi Mikrime Sitti Hatun'dan dinlediği ninnilerle düşmüştü. Amasya'da geçen çocukluk yıllarında hocalarının telkinleri, bu ateşin harlanmasını sağlamıştı. Hele de Manisa'daki ilk döneminde ruhuna kazınanlar... Bir yandan hocaları, diğer yandan lalaları... Her biri genç şehzadeyi yavaş yavaş padişahlığa hazırlamış, bunu yaparken de ruhundaki ateşi sürekli canlı tutmuşlardı. Kısa süren padişahlık döneminden sonra tekrar Manisa'ya döndüğünde yanında lala olarak bu sefer Zağanos ve Şehabettin Paşalar vardı. Bu Paşalar devletin "şahin" yönünü temsil ediyordu. Böyle paşaların elinde yetişen Sultan Mehmet, elbette içindeki aşkın ateşini canlı tutacaktı. Öyle ki bu ateş, genç şehzadenin benliğini zerre zerre kuşatmıştı. Bundan böyle Şehzade Mehmet, sadece bu aşk için yaşayacak, ölürse sadece bu aşk için ölecekti.

Şehzadelikten sultanlığa geçerek II. Mehmet adını alan genç padişah, artık içindeki aşk ateşinin yüreğinden çıkıp bütün bir Bizans'ı sarması gerektiğini düşünmüştü. Öyle de yaptı. Duygularını dizginlemeyi bıraktı. Karşısına çıkan bütün engelleri birer birer aştı ve hedefine ulaştı. Konstantiniyye'yi fethederek kutlu müjdeye erişti.

21 yıl boyunca edindiği onca ilim ve irfan boşa gitmemişti. Bunun için Allah'a ne kadar şükretse azdı. Topkapı surlarından şehre girdiği zaman yaptığı şükür secdesini hatırladı. "Yetmez." dedi, "Bu kadarcık şükür yetmez, aldığım her nefeste şükretsem yeridir." Vezirleri, komutanları, hocaları, din adamlarıyla Ayasofya'ya doğru ilerlerken böyle düşünüyordu. Kır atının dizginlerini çekti. Soylu at, binicisinin ne demek istediğini anlamıştı. Başını hafif yukarı kaldırarak durdu. Padişahın etrafındakiler de durdu. Gördüler ki Ayasofya'nın bahçesine girer girmez atından inerek şükür secdesi için yere kapanan, sonra da yerden aldığı bir avuç toprağı başından aşağı döken bu insan, bir padişahtan ziyade, takva ehli bir Müslümana benzemektedir. Padişah, bu hareketiyle, "Topraktan yaratıldık, yine toprağa döneceğiz." demek istemiştir.

Padişahın bu hareketi savaşı kaybedenlerin bile takdirini toplamıştı. O ise Ayasofya'yı hayranlıkla seyre durmuştu. Bu ne muazzam bir yapıydı böyle! Demek ki bu muhteşem eser, artık çan sesinden kurtulacak, ezan sesiyle şereflenecekti.

Savaştan sağ kurtulan Bizanslıların bir kısmı başta Patrik olmak üzere Ayasofya'ya sığınmışlardı. Padişahın burada kendilerine bir zarar vermeyeceğini ümit etmekteydiler.

Fatih Sultan Mehmet'in kalabalık bir grupla Ayasofya'ya girdiğini gören yerli ahali ağlamaya, sızlamaya başladı. İçlerinden bazıları padişahın çizmelerini öpmeye yeltendi. Genç Fatih, bu taşkın hareketlere engel oldu. Sonra da Patriğe seslendi:
- Ayağa kalk Patrik Efendi!
Patrik, korku ve heyecanla ayağa kalktı. Ellerini göbeğinin üstünde birleştirdi. Başı, hâlâ yerdeydi.
- Kaldır başını Patrik Efendi, yüzüme bak!
Patrik, bu kesin emri yerine getirdi. Gözleri padişahın gözlerine temas eder etmez yeni bir korku dalgasına kapıldı. Bu bakışların sahibi, insanın yüreğini ağzına getirirdi.

Genç padişah,
- Ben Fatih Sultan Mehmet, diye söze başladı ve devam etti:
- Sana ve arkadaşlarına ve dahi bütün halkına söylüyorum ki bugünden itibaren hayatınız ve hürriyetiniz konusunda benim gazabımdan korkmayınız.

Patrik, kulaklarına inanamıyordu. Gerçekten doğru mu duymuştu? Genç padişah Rumcayı mükemmel konuşuyordu. Ne demek istediği gayet açıktı. Buna rağmen Patrik, duyduklarına inanmakta güçlük çekti. Etrafına baktığında bütün Rumların sevinçle birbirlerine sarıldıklarını gördü. Demek ki padişahın dedikleri doğruydu. Kimse onların canına kastetmeyecek, hürriyetini elinden almayacaktı.
Patrik, bu sefer genç padişahın eteğini öpmeye davrandı. Yeniçeriler, kaşla göz arasında patriğin üstünü aradılar. Silahı olmadığını anlayınca izin verdiler. Patrik de büyük bir hürmetle öptü padişahın eteğini.

Buradaki işi bitince Fatih, Ayasofya'nın kubbesine çıktı. Şehri bir de kuşbakışı seyretmek istedi. Gördüğü manzara içler acısıydı. Yalnız surlar değil, bütün şehir harap vaziyetteydi. Belli ki bu perişanlık, sadece kuşatma sırasında olmamıştı. Her taraftan yüzyıllardan beri süregelen köhnemişlik akıyordu. Açık sarnıçlar bostan tarlalarına dönmüş, kilise harabelerine baykuşlar tünemişti. Uzun zamandan beri kullanılmayan hipodromun deprem artığı manzarası içler acısıydı. 250 yıl kadar önce Latinlerin yakıp yıktığı Büyük Saray'ın sütunları yerde geziyordu. Genç Fatih, Ayasofya'nın kubbesinden inerken işinin bitmediğini aksine yeni başladığını anladı. İçindeki ateş, yeni bir hâle bürünmüştü. Bu şehir yeni baştan imar edilmeliydi. Bunu yapmak yine ona düşüyordu. Bu aşkla ve bu ateşle verdi ilk emrini:

- Bir müezzin ezan okusun!

Derhal, bir müezzin bülbül sesiyle ezan okudu. Fatih Sultan Mehmet ve beraberindekiler ikindi namazına durdular.

Namazdan sonra Fatih'in yeni emri geldi:

- Ayasofya'ya bir mihrap ve bir minber yapılsın. Duvarlardaki resimler kapatılsın. Cuma namazını burada kılacağız!

Padişahın bu emri "Allahü Ekber!" nidalarıyla karşılandı.

Takvimler 1 Haziran 1453 Cuma gününü gösterirken fetihten sonraki ilk cuma namazı Ayasofya'da kılındı. Böylece, bir Osmanlı geleneği olarak diğer kiliseler olduğu gibi bırakılırken şehrin en büyük kilisesi camiye çevrilmiş oldu.

Cuma namazını, padişahın ısrarı üzerine Akşemseddin kıldırdı. Bu değerli âlim hutbede öyle bir cümle söyledi ki duyanlar hem "maşallah" hem "inşallah" dedi: "İnanıyorum ki yakın bir gelecekte bu şehrin İslam'ı bol olacaktır. Yine kuvvetle tahmin ediyorum ki bu güzel şehrin adı "İslambol" olarak değişecektir."

***

Fatih Sultan Mehmet, cuma namazından sonra, veziriazamı Çandarlı Halil Paşa'ya,
- Paşa'm, Allah'ın yardımıyla hep birlikte büyük bir iş başardık...
- Doğrudur Hünkâr'ım... Bu başarının aslan payı sizindir...
- Ben kendimi sizden ayrı tutmam Paşa... Hele de askerimden hiç ayrı tutmam...
- Allah sizden razı olsun...
- Derim ki bu zaferi bir şenlikle taçlandırsak...
- Münasiptir padişahım...
- Bu işi sen organize et...
- Başüstüne...
- Bir şey daha...
- Emredin padişahım,
- Asker, ganimetten payına düşeni alsın. Ama zinhar tarihi eserlere dokunulmasın. Özellikle Ayasofya iyi korunsun. Bu güzel mabedin bir çinisi bile sökülmesin.
- Başüstüne Hünkâr'ım, başüstüne...
- Bir de...
- Emredin padişahım,
- Yarından itibaren Ayasofya'da dersler başlasın. Burası artık bir ilim yuvası olmalı. Bu işlerle Molla Hüsrev hocamız ilgilensin. Bu konuda ne isterse yerine getirilsin...

- Başüstüne padişahım.

Çandarlı Halil Paşa, bütün bu güzel emirleri verenin, çoğu kararına karşı çıktığı genç padişah olduğuna inanamadı. Bir zamanlar onu "çocuk" görmekle ne kadar yanıldığını şimdi daha iyi anlıyordu.

Çandarlı Halil Paşa'nın talimatıyla askere ganimet toplama izni verildi. Padişahın tarihi eserlerle ilgili hassasiyeti özellikle hatırlatıldı. Buralardan bir çivi dahi sökülmeyecekti.

Ganimet toplama işinden sonra Okmeydanı'nda üç gün üç gece süren şenlikler yapıldı. Asker arasında çeşitli oyunlar, yarışmalar tertiplendi. Şehitler için hatimler indirildi, dualar edildi. Gazilere, zafer hediyesi olarak mal, mülk ve arazi dağıtıldı.

FETİHNAMELER

Fethin ilk günleri... Büyük coşku devam ediyor.
Padişah, hocası Molla Gürani'yle konuşuyor:
- Hocam, sizin gibi değerli âlimlerin, zaferimizdeki payı büyüktür.
- Herkes üstüne düşeni yapmıştır padişahım. Biz de öyle...
- Sağ olun hocam, hizmetleriniz unutulmayacaktır.
- Siz sağ olun Hünkâr'ım, devletimiz sağ olsun.
- Hocam, dilerim ki dostumuz olan devletlere birer "fetihname" gönderelim.
- İsabet buyurdunuz Devletli'm, sevincimizi dostlarımızla paylaşmak eski bir âdettir zaten.
- Fetihnamelerin ilkini sizin hazırlamanızı rica etsem...
- Sizin ricanız bizim için emir sayılır efendim...
- Estağfirullah hocam...
- İlk mektubu kime yazmamı emredersiniz?
- Biliyorsunuz İslam dünyasının günümüzdeki en güçlü devleti Mısır Memlüklüleridir.
- Doğrudur.
- İlk fetihnamenin Memlük hükümdarı Seyfeddin İnal'a yazılması uygundur diye düşünüyorum.
- Doğru düşünüyorsunuz Hünkâr'ım, şimdi izin verirseniz mektubu yazmaya başlayayım.

- Buyurun hocam.

Molla Gürani, hazırladığı fetihnameyi Fatih Sultan Mehmet'e imzalattı, devletin mührüyle mühürledi, Emir Cemaleddin el Kâbûnî başkanlığında bir elçi grubuna teslim etti. Elçiler, Mısır'da büyük bir coşkuyla karşılandı. Memlük hükümdarı Seyfeddin İnal, padişahtan gelen fetihnameyi dikkatle okudu. Okudukça yüzüne bir huzur yayıldı. Ardından yanında bulunanların da duyması için mektubu adamlarından birine yüksek sesle okuttu:

"Rahman ve Rahim Olan Allah'ın Adıyla,

Hükümdarlığın gerçek sahibi olan Allah'ım!
Sen, hükümdarlığı dilediğine verirsin, dilediğinden geri alırsın. Dilediğini yüceltir, dilediğini alçaltırsın. Her türlü iyilik Senin elindedir. Gerçekten Sen her şeye kadirsin.

Vakit, Memlüklülerle Osmanlıların dostluk ve sevgiyle birbirlerine kenetlenme vaktidir. Bizden önceki sultanların âdetlerinden en güzellerinden birisi Allah yolunda mücadele etmeleri ve bunu yaparken hatırlarına asla bir korkunun gelmemesiydi. Biz de bu asil yoldan ayrılmadan, Hazreti Peygamber'in (sav), "Bir insanın ayakları Allah yolunda toprağa bulanırsa Allah ona cehennem ateşini haram eder." hadis-i şerifine tutunarak atalarımızı takip ediyoruz.

Bu yıl, yüce Allah'ın ipine sarılarak farz olan gazayı eda etmeye çalıştık ve askerimizi Konstantiniyye üzerine gönderdik. İyi korunan ve boyun eğdirilmesi güç olan bu şehri kuşattık. Şehrin her tarafı surlarla çevriliydi. Bu şehrin halkı, iman ehline karşı kendilerini büyük görürdü. Üstelik Rodos, İspanya, Venedik, Ceneviz ve bunlar gibi devletlerin şirk ve isyan ehlinden yardım alırlardı. Kahraman atalarımız, hakkını vererek çalıştıkları hâlde onu ele geçirememişlerdi.

Bu şehri kara tarafından kuşatmak için top, tüfek, zemberek ve çok sayıda savaş aleti; deniz tarafından kuşatmak için de çok sayıda gemi hazırlattım. Onları da her türlü silah ve malzemeyle donatarak 6 Nisan 1453 tarihinde buraya ulaştım.

Önce şehir halkını İslam dinine davet ettim. Ancak onlar kibir gösterdiler ve davetimize uymadılar. Bunun üzerine şehri kuşattık. Aramızda 53 gün süren şiddetli çarpışmalar oldu. Nihayet Allah'ın yardımı, Peygamber'in mucizelerinin bereketi ve dört halifenin himmetiyle 29 Mayıs 1453 sabah vaktinde şehir fethedildi. Şehrin define ve hazineleri ganimet olarak alındı. Çanların yerinde ezan okunmaya başlandı. Lutfedip bizi bu nimete kavuşturan Allah'a hamdolsun. Eğer O bize göstermeseydi biz doğru yolu bulamazdık.

Allah, bu kuluna iki mutluluk nasip etti. Bunlardan birisi tahta çıkışım, diğeri de bu fetihtir. Biz de elçilik heyetimizi, savaş ganimetlerinden oluşan bir kısım hediyeyle birlikte siz değerli dostumuza gönderdik. Her ne kadar bunlar denizde bir damla gibi olsa da kabul göreceğini umuyoruz.

Hayırlı işlerinizi anlatan cevabi mektubunuzda ayrıca sağlık haberlerinizin de yer almasını ümit ve temenni ediyoruz. Bu düşüncemizin kabulü de yine Allah'ın yardımıyla olacaktır. Doğruyu ancak O bilir ve yalnız O'na dönülecektir."

***

Fatih Sultan Mehmet, bir fetihname de Mekke şerifine gönderdi. Ondan gelen cevabı; vezirleri, komutanları, hocaları ve devletin ileri gelenleriyle yaptığı bir toplantıda bizzat kendisi okudu:

"İslam'ın ve Müslümanların yardımcısı,
Hükümdar ve devlet başkanlarının sultanı,
Resul-i Ekrem'in (sav) getirdiği dine yeniden hayat veren,
Gaza ve cihatta atalarını geçen,
Çağdaşları arasında fetihleriyle övülen,
"Allah, adalet ve ihsanı emreder." ayetini tatbik etmekle şereflenen,
Osmanoğullarının iftihar ettiği muzaffer sultanın huzurunda saygıyla eğiliriz.

Hazreti Peygamber'in (sav), ehl-i beytinin ve onun soyundan gelenlerin hatırına dünya döndükçe dostları her zaman galip, düşmanları mağlup olsun. Rakiplerinin kaleleri sağlamlığına rağmen fethedilsin; memleketlerinin ve ülkelerinin etrafı, azametine rağmen ele geçirilsin. Her zaman dostlarının alınları ak, yüzleri sevinçli olsun. Müşriklerin yüzleriyse kara zindan gibi olsun. Muzaffer orduları, aziz ve duaları kabul eden Allah tarafından takviye edilsin. Zafer sancakları daima dalgalansın.

Yüksek mektubunuz ve fethi müjdeleyen satırlarınız, samimiyetle size dua etmeye devam eden ve dostunuz olmakla övünen kardeşinize en güzel bir zamanda geldi. Mektubunuzu saygıyla karşıladık, hürmetle öptük. Hicaz halkı arasında edeple açarak Kâbe-i Muazzama'nın karşısında okuduk. İçinde, iman edenler için rahmet ve şifa kaynağı olan Kur'an-ı Kerim'den parçalar gördük. Anlatılanlardan, Resul-i Ekrem'in (sav) mucizesinin apaçık gerçekleştiğini anladık. Bu güç işi kolaylaştırıp nasip ettiği için Cenab-ı Hakk'a şükrettik.

'Dostluk miras olarak alınır.' sözüyle hareket ederek Müslüman toplumlar arasında, mukaddes yerlerin sakinlerine sevgi göstermek hususunda, aziz atalarınızın yolunda yürümenizden memnun olduk.

Seyyid, âlim ve fakirlere dağıtılmak üzere yüklü bir miktar para göndermenize ayrıca sevindik. Hazreti Peygamber'in (sav) 'Kendisine ihsanda bulunulan kimsenin, ihsan eden kimse için yaptığı dua reddedilmez.' sözü gereğince sizin için halis kalplerle dua ettik.
Cenab-ı Hakk'ın kâmil lütfundan sizi, şimdiki ve öteki dünyaların en iyi nimetlerine ulaştırmasını niyaz ederiz.

Huzurunuza Kâbe-i Muazzama'nın kapı örtüsünü, zemzem suyuna batırılmış çeşitli Hint kumaşlarından örnekleri hediye olarak gönderdik. Yüce insanlar katında mazeret kabul edildiğinden, yüksek kapınızın ağaları tarafından da bu basit hediyelerimizin kabul edilmesi ümit olunur.
Allah size güçlü bir devlet ve parlak bir saltanat ile kıyamet gününe kadar devam ve ebedilik versin. Âmin!"

AVRUPA KAN AĞLIYOR

Fatih'in askerlerinden kurtulmayı başaran Bizanslılar, soluğu Ege adalarında aldılar. Böylece dünyaya duyurulan bu acı haber özellikle Hristiyan dünyasında geniş yankı uyandırdı. Yetkili ve etkili kimseler yazdıkları mektuplarla durumu Venedik Senatosu'na ve Papa'ya ilettiler.

Mektuplardan biri Senato'da okunduğunda ortalığı derin bir hüzün kapladı. Hüzün, çok geçmeden yerini öfkeye, öfke ise intikam ateşine bıraktı. Her kafadan bir ses çıkıyordu. Ağıtlar yakılıyor, çığlıklar atılıyor; saçını başını yolanlar, göğsünü yumruklayanların yanında intihar edenler bile oluyordu.

Her tarafta yeni bir Haçlı seferi düzenleme fikri baş gösteriyordu.

Haberi duyan Papa V. Nikolas, "Hristiyanlığın utancıdır bu!" diye bağırmaya başladı. Onun da ilk aklına gelen, yeni bir Haçlı seferi düzenlenmesiydi. Bu konuda Hristiyan dünyasını, kendi öncülüğünde birleştireceğini umuyordu. Papa'nın, 12 Temmuz 1453 tarihinde Hristiyan devletlere gönderdiği hüzün dolu mektupta şunlar yazıyordu:

"Allah'ın Seçilmiş Kulları,
Aziz İmparatorlar!

Osmanlı padişahı Sultan Mehmet, Konstantiniyye'nin üstüne bir kâbus gibi çökerek kutsal şehrimizi elimizden almıştır. Bu olay, hepimizin şanlı tarihine sürülmüş kara bir lekedir. Zira şehrin temiz sokakları, Osmanlı çizmeleriyle kirletilmiştir. Karadeniz, bize kapanmış; Eflak, elimizden çıkmıştır. Türklerin kılıcı tepemizde böyle sallanmaya devam ederse korkarım sırada Sırbistan, Macaristan, Almanya hatta söylemeye dilim varmıyor ama Roma bile vardır.

Vakit birleşme vaktidir.
Vakit Osmanlı padişahına haddini bildirme vaktidir.
Vakit, Türkleri geldikleri yerlere sürme vaktidir."

***

Bizanslı tarihçi Dukas da bu acıyı en fazla hissedenlerden biriydi. Kaybettiği şehrine yazdığı ağıtta şunları söylüyordu:
"Ey bütün şehirlerin başı!
Ey yeryüzü cenneti, şimdi güzelliğin nerede?
Havarilerin gömülü bulunduğu anıtlar nerede?
İmparatorların cesetleri nerede?
Yollar, tarlalar, bağlar azizlerin, soyluların, rahiplerin ve rahibelerin kalıntılarıyla doluydu. Bunlar şimdi nerede?
Ne büyük felaket!
Ne büyük felaket!"

AHİDNAMELER

Şehirde savaşın izleri yavaş yavaş silinmeye başladı. Yerli ahalinin yüzü gülüyordu. Eskiden olduğu gibi dükkânları yağmalanmıyor; her köşe başında eşkiyalar görünmüyordu. Yeniçeriler sokaklarda dolaşıyor, kimsenin suç işlemesine meydan vermiyordu.
Sık sık bir araya gelen Rumlar, aralarında şöyle konuşuyordu:
- Bize yıllardır Türklerin barbar olduğu söylendi.
- Barbarlık ne kelime; insan eti yiyen yamyam dediler onlar için...
- Hiç de öyle olmadıklarını gördük işte.
- Haklısın; Türkler ne barbar, ne de yamyam...
- Gerçi savaşta pek çok askerimizi öldürdüler ama...
- Canım savaş bu, çocuk oyuncağı değil ya; savaşta elbette askerler ölecek.
- Yalnız bizim mi? Onların da binlerce askeri ölmedi mi?
- Her neyse, savaşı geride bıraktık. Şimdi barış zamanı...
- Türkler, savaş kadar barışı da iyi biliyor...
- Kimsenin inancına karışmıyorlar.
- Kimseyi, milletinden dolayı küçük görmüyorlar...
- Herkesin, istediği gibi yaşamasına izin veriyorlar...
- Tek istekleri, kendilerine bağlılık...

- Böyle giderse millet padişaha gönüllü olarak bağlanacak...
- Hani, bizi zalimlerin zulmünden kurtaracağına inandığımız melek vardı ya...
- Bana kalırsa bu melek padişahın ta kendisi...
- Haklısın komşu, haydi işimize bakalım.

Halkın, hayatından memnun olması Fatih Sultan Mehmet'in hoşuna gidiyordu. Artık yerli halk da onun koruması altındaydı. Biliyordu ki ülkeler kılıçla fethedilir, ama adaletle yönetilirdi. Öyleyse, henüz küçük bir çocukken babasından öğrendiği gibi adalet terazisini doğru kullanmalıydı. Hatta öyle bir sistem kurmalıydı ki bu terazi kendinden sonra bile doğru tartmaya devam etmeliydi. Bunun için düşündüğü bir yol vardı padişahın. Yaptığı bir toplantıda vezirlerine,

- Himayemiz altına giren farklı dinden ve milletten insanlara birer "ahidname" versek nasıl olur, diye bir soru sordu.

Çandarlı Halil Paşa, çoktandır yapmadığı bir şeyi yaparak padişahı destekledi:

- İsabet buyurursunuz Hünkâr'ım. Özellikle Hristiyanlar, geleceklerinden emin olursa huzur ortamı uzun süre devam eder.

Diğer vezirler de böyle düşünüyordu. Osmanlı Devleti, güçlü bir devletti. İdaresi altındaki unsurlara birtakım haklar vermek, onun büyüklüğünün şanından sayılırdı.

Bu toplantıdan sonra ilk ahidname Ortodoks kilisesi mensuplarına verildi. Gerçi patrik, daha ilk gün Fatih Sultan Mehmet'ten bu konuda söz almıştı; fakat şimdi verilen söz, bir ahidnameyle kalıcı hâle getiriliyordu.

Patrik, önce Ortodoksların Gennadios'u seçildi. Sonra düzenlenen bir ziyafete davet edildi. Ziyafet salonu gayet güzel hazırlanmıştı. Masalarda yiyecek namına âdeta yok yoktu. Hristiyan davetliler, ömürlerinde böyle bir ağırlama görmemişlerdi.

Yemekler yenildi, dualar edildi; iki taraf arasında samimi bir sohbet başladı.

Biraz sonra patriğin, Hünkâr'ın huzuruna geldiği görüldü. Fatih Sultan Mehmet,

- Size bu tâcı takmak benim için gurur kaynağıdır, diyerek dini liderin başına bir taç taktı. Ardından,

- Bu asayı vermek de öyle, diyerek patriğe bir de asa verdi.

Patrik, sevinçten ve heyecandan güçlükle yaptığı konuşmada,

- Daha düne kadar can korkusu içinde yaşıyorduk. Sizi, büyük bir tehlike olarak görmemiz bir yana, Katoliklerden de âdeta ikinci sınıf vatandaş muamelesi görüyorduk. Ama siz geldiniz...

Patrik, burada heyecanını yenmek için bir bardak su içti. Sonra,

- Ama siz geldiniz ve bizi Ayasofya'ya topladınız. Tam ölüm fermanımızı beklerken hayatımızı bağışladınız. Bu da yetmiyormuş gibi bizi tacımızla ve asamızla yeniden buluşturdunuz. Bir bilseniz, ah bir bilseniz bunlar bizim için ne kadar önemli... Bütün dünya bilsin ki bizler, artık Osmanlı ailesinin bir parçasıyız...

Patriğin sözleri takdirle karşılandı.

Padişah, elinde tuttuğu ahidnameyi salonda bulunanlara göstererek,

- Birlikte yaşamak, birbirimizin haklarına saygı göstermekle olur. Biz, burada aslında dinimizin bir emrini yerine getirmeye çalışıyoruz. Bizler, kendimize yapılmasını istemediğimiz bir şeyi başkasına yapmayız. Ola ki bizden sonra bu kuralı unutanlar çıkabilir. İşte bu yüzden bir ahidname hazırlattık.

Fatih Sultan Mehmet, ahidnameyi yüksek sesle okumaya başladığında salondan çıt çıkmıyordu:

"Ben Fatih Sultan Mehmet Han olarak emrediyorum ki
Kimse patriğe tahakküm etmesin,
Kiliseleri camiye çevrilmesin,
Evlenme ve ölüm merasimleri Rum kilisesinin usullerine göre yapılsın,
Bu emirlere uymayanlar en ağır şekilde cezalandırılsın."

Patriğin de Ortodoks halkın da söyleyecek bir sözü kalmamıştı. Sadece padişaha bağlılıklarını ifade ettiler, hem de defalarca...

Ortodokslara verilen bu ahidnamenin hemen ardından, Osmanlı'ya bağlılığını bildiren Galata Cenevizlilerine de buna benzer haklar verildi.

Fatih Sultan Mehmet, şehirde bulunan Ermeni ve Yahudileri de hoşgörü kanatlarının altına aldı.

Padişahın bu tavrının, bütün dünyada yankı bulması gecikmedi. Özellikle farklı coğrafyalarda yaşayan Yahudiler, Konstantiniyye şehrine göç etmeye başladılar. Burada kendi inançlarını serbestçe yaşamanın tadına vardılar.

DOĞRUYU SÖYLEMENİN CEZASI

Huzur ortamının yayıldığı günlerin birinde, yeniçeriler Bizans zindanlarına hapsedilmiş bir keşiş buldular. Zavallı, günlerdir aç susuz kalmanın perişanlığı içindeydi. Vücudunun her yerinde önceden gördüğü işkencelerin izi vardı. Kapatıldığı hücrede kendini bulan yeniçeriye, yarı Rumca, yarı Türkçe,
- Nerde kaldınız be, az daha gelmeseydiniz açlıktan ölecektim, dedi.
Yeniçeri,
- Sen de kimsin, deyince keşiş, kısaca başından geçenleri anlattı.
Yeniçeri,
- Anlaşıldı, dedi; seni padişaha götürelim. Ama önce karnını doyuralım...
- Çok teşekkür, çok teşekkür...
Karnı doyurulan, üstü başı temizlenen keşiş, padişahın huzuruna çıkarıldı. Fatih, adamcağızı şöyle bir süzdü.
- Belli ki işkence görmüşsün. Kim yaptı bunu sana?
- Bizanslılar...
- Neden?
- Efendim, siz şehrin surlarına dayanınca imparator beni çağırdı ve Türkler şehri alacaklar mı, diye sordu.
- Sen ne dedin?

-Okuduklarıma, duyduklarıma, gördüklerime dayanarak, evet alacaklar, dedim.
- Doğru söylemişsin.
- Doğru söyledim ama bu bana pahalıya mal oldu. Beni zindana attılar, günlerce işkence gördüm; aç suzuz kaldım. Yeniçeriler bulmasaydı beni, açlıktan ölecektim. Şükran borçluyum size, şükran...
- Bizden önce, Allah'a şükret. Bundan sonra şehrimizde istediğin gibi yaşayabilirsin.
- Teşekkür, çok teşekkür...
- Bir soru da ben sorayım sana...
- Buyurun efendim...
- Bu güzel şehir bizim elimizde kalır mı?

Keşiş bir an düşündü. Belli ki vereceği cevapla padişahı kızdıracağından korkuyordu.

- Çekinme, dedi padişah; vereceğin cevap ne olursa olsun, senin kılına dokunulmayacak.

Rahatlayan keşiş konuştu:
- Sizdeki adaletle, askerinizdeki cesarete bakılırsa şehir uzun yıllar sizde kalabilir.
- Ya sonra?
- Sizin de aranızda fitne, fesat, bozgunculuk artar; yöneticileriniz adaletten ayrılırsa bu şehir size de yâr olmaz.

Padişah, etrafındakilerin de duyacağı bir sesle,
- Doğru söylüyorsun keşiş efendi, doğru; diyerek sözü noktaladı. Sonra da görevlilere,
- Keşişin bütün ihtiyaçlarını karşılayın, emrini verdi.

***

Takvimler 1453 yılının Haziran başlarını gösteriyordu. Fetih tamamlanmış, şehirde sükûnet sağlanmıştı. Fakat

Fatih'in ruhu henüz huzur bulmamıştı. İçinde sanki gittikçe büyüyen bir ur vardı. Bu ur, Çandarlı Halil Paşa'dan başkası değildi. Tedbir almazsa yakında bütün benliğini kaplayacak hatta Çandarlı ailesi Osmanoğullarına rakip bile olabilecekti.

Çoktandır düşündüğü şeyi uygulamaya koydu.

Bir gece sabaha karşı Çandarlı Halil Paşa'nın kapısı çalındı. Haremağası, gelen yeniçerileri içeri buyur etti. Onlarsa pervasızca Çandarlı'nın odasına yöneldi. Haremağası'nın onları engelleyecek ne gücü ne yetkisi vardı. Adam irisi yeniçeriler veziriazamı tuttukları gibi dışarı çıkardılar. Çandarlı,
- Bre densizler, bu ne cürettir, diyecek oldu.
- Ferman padişahımızındır Paşa, cevabıyla dondu kaldı.

Fatih Sultan Mehmet, ta çocukluğundan beri kendisine kök söktüren Çandarlı Halil Paşa'yı Yedikule Zindanlarına attırdı.

Kaderin cilvesine bak, diye düşündü kendi kendine; Bizans zindanlarından bir keşiş çıkarıldı, yerine bir vezir konuyor. Eh ne diyelim, etme bulma dünyası!

FATİH KANUNNAMESİ

Fatih Sultan Mehmet, bir yandan "fetihname"lerle büyük fethini İslam âlemine duyurmuş; bir yandan "ahidname"lerle şehirde bulunan farklı dinden ve milletten insanların her türlü haklarını garanti altına almıştı. Sırada bunlardan daha önemli bir konu vardı. Devlet teşkilatına, imparatorluğun büyüklüğüne ve coğrafi konumuna yaraşır bir düzen getirmesi gerekiyordu. Her birimin yetki ve sorumluluğu en ince ayrıntısına kadar belirlenecekti. Böylece devlet işlerinde en ufak bir boşluğa yer bırakılmayacaktı. Bunun için bir kanunname hazırlattı.

"Fatih Kanunnamesi" üç kısımdan oluşuyordu.
Birinci kısım, devlet ileri gelenlerinin teşrifattaki yerlerini düzenliyordu.
İkinci kısımda divan toplantısı, has oda teşkilatı, saray hizmetkârlarının bayramlaşma merasimleri gibi gibi işler düzene sokuluyordu.
Üçüncü kısımda suçlar ve cezalar ile makam sahiplerinin gelirleri düzenleniyordu.
Bu kanunname, kısa zamanda etkisini gösterdi. Osmanlı Devleti, bir imparatorluk olma yolunda hızla ilerlemeye başladı.

ŞEHRİN ÇEHRESİ DEĞİŞİYOR

Sultan Mehmet, Konstantiniyye'yi fethederek çok büyük bir iş başardığını biliyordu. Artık o, "Sultan" değil, "Fatih" diye anılır olmuştu. Diğer yandan Fatih'in hocası Akşemseddin de şehrin adının gelecekte "İslambol" olabileceğini tahmin etmişti. Bunun bir tahmin olmaktan çıkıp gerçeğin ta kendisi olabilmesi, burada yaşayan Müslümanların gerçekten "bol" olmasına bağlıydı. Bu gerçeği gören Fatih Sultan Mehmet, şehirde büyük bir iskân faaliyetine girişti. Osmanlı coğrafyasının çeşitli yerlerinden getirilen Müslüman halk, şehrin muhtelif semtlerine yerleştirildi.

Bursa'dan gelenler Eyüp Sultan'a,
Trabzon'dan gelenler Bayezid Camii civarına,
Samsun'un Çarşamba ilçesinden gelenler, Çarşamba semtine,
Tireliler Vefa semtine,
Kastamonu'dan gelenler Kazancı Mahallesi'ne,
Gelibolu'dan gelenler, Tersane'ye,
Aksaray'dan gelenler Aksaray'a,
Arnavutluk'tan gelenler Silivrikapı'ya,
Manisa'dan gelenler, Macuncu Mahallesi'ne,
İzmir'den gelenler, Büyükgalata Mahallesi'ne yerleştirildi.

Fatih Sultan Mehmet'in kendisi de Beyazıt'ta yaptırdığı ahşap bir sarayda kalmaya başladı.

Fatih'in, Akşemseddin ve diğer din âlimlerinin teşvikiyle bütün vezirler, emirler, beyler, paşalar, şeyhler, dervişler şehrin imarında önemli görevler üstlendi. Bunlar, âdeta birbirleriyle yarışırcasına şehri güzelleştirmek için çalıştılar. Öyle ki şehir, kısa zamanda yepyeni bir kimliğe büründü. Nihayet, genç padişahın bu başarısı, "Fetih" suresinin birinci ayetinde geçen "feth-i mübin" ifadesiyle anılır oldu. Evet; hakkı, batılın tahakkümünden kurtarmasıyla bu fetih, sıradan bir fetih olmaktan çıkmış, "feth-i mübin" derecesine yükselmişti.

Mademki şehri almakla Bizans İmparatorluğu'nu tarih sahnesinden silmişti, öyleyse onun yerine ondan daha değerli, ondan daha uzun ömürlü yepyeni bir şehir kurmalı, böylece dünya tarihinde yeni bir dönem, hatta yeni bir çağ açmalıydı. Fatih, şehri imar faaliyetlerine hız verirken bunları düşünüyordu.

Padişah, atılan her adımın sağlam temellere dayanması gerektiğini biliyordu. Bunun yolu da ilimden geçiyordu. Bu bakımdan ilim yuvalarının kurulmasına büyük önem verdi.

Daha Ayasofya'da kılınan ilk cuma namazından sonra burada eğitim faaliyetini başlatmıştı. Hocası Molla Hüsrev, yanına kendisi gibi değerli ilim adamlarını almış, Ayasofya'yı bir üniversite hâline getirmişti.

Bu ilk üniversiteden kısa bir zaman sonra Fatih Sultan Mehmet'in emriyle Molla Zeyrek yönetiminde Zeyrek Üniversitesi kuruldu.

Takvimler 1459 yılını gösterdiğinde Eyüp Sultan Camii, yapılan eklemelerle üniversite hâline getirildi.

Bu dönemin asıl üniversitesi ise, padişahın adını taşıyan Fatih Camii Külliyesi içinde yer alıyordu. Caminin iki yanında toplam sekiz adet medrese bulunuyordu. Buralarda fen bilimlerine ve dini bilimlere ait bölümler vardı. Darüşşifa denilen bölüm, devrinin en önemli tıp fakültesi konumundaydı. Külliyede ayrıca hoca, öğrenci ve misafirler için yemekhane vardı. Misafirler "kervansaray"da ağırlanıyordu. "Muvakkithane" denilen bir bölümde namaz vakitleri belirleniyordu. Külliyenin önemli bir bölümü de "sıbyan mektebi" idi. Burada, henüz okul çağına gelmemiş çocuklara özel eğitim veriliyordu. Büyük bir kütüphane ile zenginleştirilen külliyede bahçeler, meydanlar ve hocalara tahsis edilen evler bulunuyordu.

Bir gün Fatih Sultan Mehmet, kendi adını taşıyan bu üniversiteyi ziyarete geldi.
Kendisini ağırlayan başmüderrise,
- Görüyorum ki çok güzel işler yapıyorsunuz, dedi.
Başmüderris,
- Allah, devletimize zeval vermesin; sizi de başımızdan eksik etmesin.
- Bir gün ben de her fani gibi bu dünyayı bırakıp gideceğim. Önemli olan bu ilim yuvasının sağlam temeller üzerinde geleceğe yürümesidir. Bunu hiç unutmayın.
- Haklısınız padişahım.
- Hoca kadronuz nasıl?
- Sayenizde iyidir, Hünkâr'ım.
- Ben de burada ders vermek istiyorum, bana bir oda hazırlayın.

-Devletli padişahımızın aramızda bulunmasından şeref duyarız. Ancak...
- ....
- Ancak siz de biliyorsunuz ki burada hoca olmak için...
- Evet...
- Burada hoca olmak için gereken sınavı geçmelisiniz...
-Haklısınız, dedi Fatih; kendi koyduğumuz kuralı kendimiz bozarsak olmaz. Sınava girelim.
- Yapılacak ilk sınava sizi de bekliyoruz padişahım.
-Şimdiden heyecanlamaya başladım hocam, ya başaramazsam?
- O zaman biraz fazla çalışır bir sınava daha girersiniz; ama ben size güveniyorum Hünkâr'ım!

Yapılan ilk sınavda başarılı olan Fatih Sultan Mehmet, üniversitenin hoca kadrosuna girmeye hak kazandı. Bu hakkı da zaman zaman ders vermek suretiyle kullandı.

Fatih Sultan Mehmet, Edirne'ye dönmeden önce vezirlerin, beylerin, Paşaların ve bütün devlet erkânının hazır bulunduğu bir toplantı düzenledi. Toplantıda Süleyman Bey'le Hızır Çelebi'nin bulunmasını özellikle istedi.

Her toplantıda âdet olan giriş konuşmalarından sonra Hızır Çelebi'yle Süleyman Bey'i yanına çağırdı. Anlaşılan onlarla ilgili önemli kararları vardı. Önce Hızır Çelebi'ye döndü:

- Sen ey Hızır Çelebi hocam, bilirsin sana karşı derin bir saygım vardır.

- Eksik olmayın padişahım.
- Hatırlar mısın, daha ilk padişahlık yıllarımdaydı seni tanımam.
- Hatırlamaz olur muyum Hünkâr'ım.
- Mısırlı bir âlim gelmişti Edirne'ye. Sorduğu sorulara bizim âlimlerin cevap veremeyişi beni kızdırmıştı. Bunun üzerine bana seni tavsiye ettiler. Sen de o âlimin bütün sorularını cevapladığın gibi karşı sorularınla onu zor durumda bıraktın. O gün bugündür seni yanımdan ayırmam...
- Allah razı olsun padişahım.
- Ama şimdi ayrılacağız.
- Anlamadım...
- Ben Edirne'ye dönüyorum...
- Ya bendeniz?
- Sen burada kalıyorsun.

Hızır Çelebi boynunu büktü.
- Takdir padişahımındır.
- Burada kalıyorsun ama şehrin kadısı (mahkeme başkanı ve belediye başkanı) olarak...

Hızır Çelebinin keyfine diyecek yoktu.
- Emredersiniz padişahım.

Fatih Sultan Mehmet, bu sefer Süleyman Bey'e döndü:
- Sen de Süleyman Bey, Rumeli beyleri arasında surlara ilk çıkan asker olmakla bizim takdirimizi kazanmıştın. O günden beri sana ayrı bir değer vermekteyiz.
- Eksik olmayın padişahım.
- Bir sözümüz daha vardı hatırlarsan...
- Hatırlıyorum Hünkâr'ım...
- İşte şimdi o sözü yerine getiriyorum ve seni şehrimize subaşı (vali) tayin ediyorum.

Bu haber de Süleyman Bey'i sevince boğdu.
- Allah sizden razı olsun Sultan'ım.
- İstedim ki Edirne'ye dönünce gözüm arkamda kalmasın. İkiniz el ele verin ve dünyanın bu en güzel şehrini daha da güzelleştirin. Sizden ilk olarak, Yedikule üzerine son derece sağlam bir kale yapmanızı istiyorum. Sonra da devletimizin şanına yakışır bir saray... Siz de bir ararştırın ama Topkapı sırtlarının bu saray için uygun olduğunu düşünüyorum.
- Emredersiniz padişahım.
- Emredersiniz.

Fatih Sultan Mehmet, bu görev dağılımından sonra toplantıda bulunanlara hitaben,
- Bilesiniz ki bundan böyle payitahtım İstanbul'dur, dedi.

Padişah, "Konstantiniyye" yerine "İstanbul" kelimesini kullanmıştı. Bu isim, orada bulunan herkesin hoşuna gitti. En çok da Akşemseddin'in... Fatih Sultan Mehmet, daha önce hocasının telaffuz ettiği "İslambol" kelimesini unutmamıştı anlaşılan.

Toplantı sona erdiğinde Fatih Sultan Mehmet, hocası Molla Gürani'nin yanına geldi.
- Biraz kalabilir misiniz hocam, dedi.
Molla Gürani,
- Başüstüne padişahım...
- Estağfirullah hocam, size bir şey söyleyecektim de...
Molla Gürani bu sefer,
- Buyur evladım, dedi.
Bu hitap, Fatih'i daha çok memnun etti. Çoktandır

kimse kendisine böyle seslenmemişti.
- Muhterem hocam, arzu buyurursanız bundan böyle birlikte çalışmak dilerim.
- Ne gibi?
- Sizi, vezirim olarak görmek istiyorum.
Molla Gürani, bu güzel teklif karşısında duygulandı.
- Vezirlik bana göre değil Mehmet, bırak ben üniversitemde hoca olarak kalayım.
- Siz bilirsiniz ama istedim ki hizmetlerinize karşılık bir şey yapayım.
- Dedim ya vezirlik bana göre değil.
- O zaman sizi Bursa'ya kadı olarak göndersek?
-Molla Gürani, kısa bir duraklamadan sonra,
- Olabilir, dedi. Bu işi yapabilirim.
Fatih Sultan Mehmet,
- Hayırlı olsun hocam, diyerek Molla Gürani'nin elini öptü.

Padişah yeni görev dağılımlarını yaptıktan sonra gönül rahatlığıyla döndü Edirne'ye.

FETİHTEN SONRA...

Padişah, İstanbul'u emin ellere bırakarak Edirne'ye döndü. Çocuklarıyla ve çocuklarının anneleriyle hasret giderdi. Şehzade Bayezid, yokluğunda Edirne'deki işleri doğrusu iyi idare etmişti. Bir aksilik olmazsa, kendinden sonra Osmanlı tahtına Bayezid oturacaktı. Onu, şimdiden devlet yönetimine hazırlıyordu.

Padişahın fetih aşkını dizginlemeye çalışan bir kişi olmuştu, o da Yedikule zindanlarından getirilip Edirne zindanlarına atılan Çandarlı Halil Paşa'ydı. Gerçi eski veziriazamın padişaha engel olmaya çalışacak gücü kalmamıştı ama ne olur ne olmazdı. Bu bakımdan kesin kararını veren Fatih Sultan Mehmet, 10 Temmuz 1453 tarihinde Çandarlı Halil Paşa'yı idam ettirdi. Bu olay, vezirleri ve diğer devlet adamları arasında Fatih'in otoritesini zirveye çıkardı.

Fatih de olsa Sultan Mehmet'e dinlenmek yoktu. Hatta daha fazla çalışması gerekiyordu. Neredeyse kılıcı kınına girmiyor, çizmesi ayağından çıkmıyordu. Bütün bunları yaparken en büyük destekçisi Akşemseddin yanında değildi artık.

Akşemseddin, buradaki görevinin bittiğine inanıyordu. En büyük görevi, Şehzade Mehmet'i İstanbul'un fethine hazırlamaktı. Bunu da hakkıyla başardığına göre artık köşesine çekilebilirdi. Padişahın ısrarlarına rağmen İstanbul'da kalmamış, ailesiyle Göynük'e yerleşmişti. Vaktini öğrenci yetiştirmekle geçirecekti.

Akşemseddin, Göynük'teki ilk gecesinde kendini hatıraların koynunda buldu:

"1390 yılında Şam'da doğmuştu. Soyu Hazreti Ebubekir'e dayanıyordu. Küçük yaşlarda Kur'an-ı Kerim'i ezberlemişti. 7 yaşındayken ailesiyle birlikte Samsun'un Kavak nahiyesine yerleşmişlerdi. Babasının vefatından sonra eğitimini tamamlayıp Osmancık Medresesine müderris olmuştu. Bu arada fen bilimlerine merak sarıp tıp tahsili yapmıştı. İlim adamı kimliğine rağmen içinde, bitmeyen bir tasavvuf aşkı vardı. Bu aşkın izine düşerek, kendine bir mürşit aramaya başlamıştı. Onu tanıyanlar ya Ankara'daki Hacı Bayram Velî'ye ya da Halepteki Şeyh Ziyaüddin'e bağlanmasını tavsiye etmişlerdi.

Hacı Bayram Velî'ye bağlanmak niyetiyle Ankara'ya gittiğinde rastladığı bir kişiye bu büyük veliyi nerede bulacağını sormuştu. Aldığı cevaba ne kadar da şaşırmıştı:

Hacı Bayram Velî, müritleriyle birlikte dükkân dükkân dolaşıp para toplayan şu adamdır!

Böyle bir zatın bir dilenci gibi davranmasını yadırgamış ve ona bağlanmaktan vaz geçmişti.

Şimdiki hedefi Şeyh Ziyaüddin'e bağlanmak üzere Halep'e gitmekti.

Günlerce yol aldıktan sonra konakladığı bir handa bir rüya görmüştü. Boynunda bir köpek tasması vardı, bu tasmanın ipi de Hacı Bayram Velî'nin elindeydi. Kendisi Halep'e doğru gitmek istiyor fakat Hacı Bayram onu Ankara'ya doğru çekiyordu.

Gördüğü rüyanın etkisiyle apar topar Ankara'ya dönmüş, Hacı Bayram Velî'nin dergâhını bulmuştu. Büyük veli, müritleriyle beraber tarlada çalışıyordu. Kendisi de müritler gibi tarlada çalışmaya başlamış fakat Hacı Bayram'dan yüz bulamamıştı.

Yemek vakti geldiğinde Hacı Bayram Velî ve müridleri, yemek artıklarını da köpeklerin çanağına dökmüşlerdi."

Akşemseddin, burada biraz nefeslenerek heyecanını yenmeye çalıştı. Hatırladığı şeyler, her insanın kolaylıkla kaldıracağı türden değildi çünkü.

Akşemseddin, hatıra denizinde yüzmeye devam ediyordu:

"Gördüğü rüyayı hatırlamış, 'Sen buna layıksın.' diyerek köpeklerin çanağına dökülen artıkları yemeye başlamıştı. Hacı Bayram Velî, bu hareketten memnun olmuş, 'Tevazunla kalbimize girdin, gel yanımıza!' demişti.

Sonrası malumdu. Hacı Bayram Velî zamanla kendisini çok sevmiş ve ona özel bir görev vermişti. Bu görev, Şehzade Mehmet'i büyük fethe hazırlamaktı."

Akşemseddin, hatıralardan kurtulunca aldığı kararı bir daha düşündü. Hiçbir şüphesi yoktu. Görev tamamlandığına göre padişahın yanında bulunmasına gerek kalmamış demekti. Üstelik orada kalması hem padişah için hem de devlet için kötü sonuçlar doğurabilirdi. Çünkü Fatih Sultan Mehmet, son zamanlarda vaktinin çoğunu dergâhta geçirmeye başlamıştı. Hatta bir keresinde, "Hocam, Allah'ın izni ve sizin yardımlarınızla büyük fethi gerçekleştirdik. Kabul edersen bundan sonraki hayatımı senin müridin olarak geçirmek istiyorum." demişti. "Akşemseddin'in altına post, Fatih'in eline kılıç yakışır." diyerek bu teklife şiddetle karşı çıkmıştı. Orada kalsaydı, tıpkı babası gibi, dünya işlerinden elini eteğini çekmekte ısrarcı olabilirdi. Padişahın teklifini kabul etmemekle iyi yaptığını düşünüyordu. Fatih Sultan Mehmet böylece asli işine dönerek cihan padişahı olma yolunda ilerleyecekti.

Akşemseddin, Göynük'te kendini tasavvufun derinliklerine bıraktı. Çevresindeki halka gittikçe genişliyordu.

ŞAİR PADİŞAH

Havada yine savaş kokusu vardı. Buna rağmen Fatih, zaman zaman ruhunu dinlendirmekten geri kalmıyordu. Yeri geldiğinde bir arslan gibi kükremeyi bilen bu cengâver, yeri geldiğinde bir gül yaprağı kadar narin olabiliyordu. Böyle zamanlarında şair arkadaşlarını davet ederdi saraya. Yine öyle yaptı.

Dönemin önde gelen şairleri birer birer geldiler. Biraz sonra söz meclisi açılacak, şairler birbirlerine son şiirlerinden örnekler sunacaklardı. Fatih Sultan Mehmet, bunların içinde en çok Ahmet Paşa'yı beğenirdi. Onun içli mısraları, aşkın ete kemiğe bürünmüş hâli gibiydi. Biraz da ona verdiği değer yüzünden vezir yapmıştı bu ünlü şairi.

Söz meclisi açıldı.

Birbirinden güzel mısralar havada uçuştu.

Fatih Sultan Mehmet, Ahmet Paşa'ya hitaben,

- Devrimizde sizin gibi bir şair bulunması bizim için büyük talihtir, diye konuştu.

Ahmet Paşa,

- İltifat buyuruyorsunuz Hünkâr'ım, asıl sizin gibi şair bir padişaha sahip olmak bizim için bulunmaz bir nimettir.

- Öyleyse şiirin hakkını verelim, dedi şair padişah. Hani geçen sohbetimizde okuduğunuz "vay gönül" redifli bir murabbanız vardı ya onun giriş bölümünü bir daha okur musunuz?

Ahmet Paşa, büyük bir coşkunlukla istenen bölümü okudu:

"Gül yüzünde göreli zülf-i semensây gönül
Kuru sevdâya yiler bîser ü bîpay gönül
Demedim mi sana dolaşma ana hây gönül
Vay gönül vay bu gönül vay gönül ey vây gönül"

(Yasemin (kokulu) saçlarını gül yüzünde gördüğümden beri
  Gönlüm, başsız ve ayaksız (bir şekilde) kuru bir sevdanın peşinde koşar.
  Ey gönül, ben sana demedim mi ona dolaşma (diye)
  Vay gönül vay bu gönül vay gönül ey vay gönül)

Şairlerin; "Yaşa, var ol!" sözleri birbirine karıştı.
Ahmet Paşa zeki bir adamdı.
- Bu şiiri özellikle istemenizin bir amacı olmalı, dedi.
Şair padişah,
- Var, dedi; bu şiiri özellikle istememin bir amacı var...
- Bize de lutfetseniz?
- Aynı redifli bir şiir yazdım da...
- Oh ne âlâ, ne âlâ... Padişahımız, bizi bu şiirden mahrum etmezler inşallah...
Fatih Sultan Mehmet, yeni yetme bir şair gibi kızardı. Oysaki onun hiç de yabana atılacak bir şair olmadığını usta şairler de kabul ediyordu. Şiirlerindeki coşkunluk, ruhunun mısralara yansıması gibiydi. Döneminin şiir anlayışını iyi biliyor, diğer şairlerin şiirlerini takip ediyordu.

"Yardım eden" anlamına gelen "Avnî" mahlasını kullanması ise onun karakterini yansıtıyordu. Fatih Sultan Mehmet, bir padişah olarak değil, şair Avnî olarak okudu şiirini:

> *"Bilmedim derd-i dilin ölmek imiş dermânı*
> *Öleyin derd ile tek görmeyeyin hicrânı*
> *Mihnet ü derd ü gama olmağ için erzâni*
> *Avniyâ sencileyin mihnet ü gam-keş kânı*
> *Gönül eyvây gönül vay gönül eyvây gönül"*

(Gönül derdinin dermanının ölmek olduğunu bilmedim. Ayrılık acısı görmektense bu dert ile öleyim daha iyi. Çektiğim bütün sıkıntıya, derde ve gama layık olmak için Ey Avniya, senin gibi sıkıntı ve gam çekmekte usta olayım. Gönül eyvây gönül vay gönül eyvây gönül)

Şiir bitince sordu padişah:
- Nasıl buldunuz?
- Harika...
- Maşallah...
- Özellikle "Avniya" kelimesiyle yaptığınız tecahül-i ârifâne (Şairin, bildiği bir şeyden bilmiyormuş gibi bahsetmesi sanatı. Burada şair, "Avniya" derken bir başkasından bahseder gibi davranmıştır. Oysaki bahsettiği kişi, kendisidir.) sanatı takdire değer.
- Ahmet Paşa, siz konuşmadınız?
- Ne diyebilirim ki? Gerçekten harika olmuş. Böyle bir şiirin yazılmasına vesile olduğum için ayrıca bahtiyarım.
- Sağ olun dostlarım, sağ olun.
- Siz sağ olun, devletimiz sağ olsun ki biz de yaşayalım, sanatımız da yaşasın!

Toplantı bitmişti.

Fatih Sultan Mehmet, yeniden havadaki savaş kokusuyla baş başa kaldı.

***

Papa, Hristiyan devletlere yolladığı davet mektubunun sonuçlarını almaya başlamıştı. Bunlardan bir kısmı Papa'nın çağrısına uyarken bir kısmı yeni bir maceraya atılmaya cesaret edememişti.

Artık iyice tecrübe sahibi olan Fatih Sultan Mehmet, casusları vasıtasıyla Hristiyan dünyasında olan bitenleri günbegün takip ediyordu. Muhtemel bir Haçlı seferinde Papa'nın en büyük destekçisi olabilecek Venediklilerle bir antlaşma yaptı. Buna göre doğudaki kolonilerini güvence altına alan Venedik, Haçlı saflarına katılmaktan vaz geçti. Aynı şekilde Karadeniz ve Ege'de bulunan Cenevizliler de padişahla anlaştılar. Onlar da kendilerine dokunulmaması karşılığında Haçlılara katılmayacaklardı. Sadece Rodos şövalyeleri, Papa'ya bağlı olduklarından, padişahın dostluk teklifini kabul etmediler. Sırbistan, daha farklı bir yol denedi. Bir yandan Osmanlı ile dost olmak için kendilerine ait bazı kalelerin anahtarlarını padişaha gönderdiler, diğer yandan Haçlı seferlerine katılmak için Macarlarla görüşmeye başladılar. Bunu öğrenen Fatih, Sırpların üzerine bir çizgi çekti.

Padişah, 1454'te Sırbistan üzerine sefer düzenledi. Ostroviç, Omol ve Sivricehisar'ı zaptetti. Fakat Osmanlı ordusu çekilir çekilmez bir taraftan Macarlar, diğer taraftan Sırplar Osmanlı topraklarına girdi. Bölgede kalan Firuz Bey düşmana engel olamadı ve esir düştü. Bu haber

üzerine Fatih, vezirlerini ve komutanlarını topladı.
- Görür müsünüz Sırplarla Macarların yaptığını, dedi.
Vezirler,
- Karşımıza erkek gibi çıkamadılar; biz yokken meydanı boş buldular...
- Topraklarımıza girdiler...
- Üstelik Firuz Ağa'yı da esir ettiler, diye görüş bildirince Fatih Sultan Mehmet gerekenin yapılacağını söyledi.

Padişahın, ordusuyla hücuma kalktığını öğrenen Macarlar ve Sırplar, yeni bir savaşı göze alamadı. Firuz Ağa'yı serbest bırakarak Osmanlı'ya haraç vermeyi kabul ettiler. Fatih, bununla yetinmedi. 1455'te yeni bir sefer yaparak Sırbistan'ı Osmanlı topraklarına kattı.

***

Fatih'in hedefinde bu sefer Belgrad vardı. Kuzeyden gelecek tehlikelere karşı Tuna kıyılarının ve özellikle Belgrad'ın alınması lazımdı.

Ordu, 1456'da Belgrad üzerine yürüdü. Bu hareket, Avrupa'nın birleşmesini sağladı. Almanya ve İtalya, Belgrad'a yardım için asker gönderdi.

Belgrad, Fatih'in babası tarafından da altı ay gibi uzun bir süre kuşatılmış fakat bir sonuç alınamamıştı.

İstanbul Fatih'i Sultan Mehmet, burayı kolaylıkla alacağını düşünüyordu. Fakat işler umduğu gibi gitmedi. Osmanlı donanması Macar donanmasına yenildi. Savaşta Rumeli Beylerbeyi Dayı Karaca Bey şehit olunca Osmanlı ordusunda dağınıklık baş gösterdi. Haçlı askerleri yeniçerileri mağlup etti.

Yenilmek, Fatih Sultan Mehmet'in kabulleneceği bir şey değildi. Elindeki kamçıyı kır atına şaklattığı gibi düşman saflarının üstüne yürüdü. Yakın çevresindeki yeniçeriler, padişahı koruyabilmek için ileri atıldılar. Bu hareket Osmanlı ordusunu yeniden canlandırdı. Fakat şehir düşmek üzereyken bir terslik daha oldu. Yeniçeri Ağası Hasan Ağa şehit oldu. Üstelik Fatih Sultan Mehmet de yaralandı. Bu hâlde bile savaşa devam etmek isteyen Fatih'e, vezirleri engel oldu.

- Belgrad her zaman alınır fakat sizin gibi padişah bir daha bulunmaz...

Fatih, anlamıştı söylenmek istenenleri.

Belgrad kuşatması kaldırıldı.
Ordu Edirne'ye döndü.

ACIYI BAL EYLEMEK

Edirne Sarayı'nda hummalı bir faaliyet vardı.
Fatih Sultan Mehmet, büyük oğlu Bayezid'i Amasya'ya sancakbeyi olarak gönderiyordu.
Nasıl ki bir zamanlar aynı yollardan kendisi geçmişse şimdi de oğlu geçecekti. Bayezid yine şanslı sayılırdı. Her ne kadar babasını az görse de bu yaşına kadar Edirne'de ailesiyle yaşamıştı. Artık 9 yaşındaydı. Devletin katı kurallarını tanıma vakti gelmişti. İlk tanıyacağı kural ise, baba hasretine dayanmak olacaktı. Bu acıyı tadarken yalnız da olmayacaktı. Annesi Gülbahar Hatun'la birlikte gidiyordu Amasya'ya. Anne-oğul el ele verecek, Amasya'nın elma bahçelerini birlikte gezeceklerdi. Asıl amaçları ise Bayezid'i tahta hazırlamaktı. Çiçek Hatun, minicik oğlu Cem Sultan'ı bile padişahlığa layık görürken; Gülşah Hatun'un oğlu Şehzade Mustafa sırada beklerken Gülbahar Hatun, Bayezid'in hakkı olan padişahlığı hiçbirine kaptırmayacaktı. Öyleyse şehzade oğlunun, babasına yaraşır bir şekilde yetiştirilmesi gerekiyordu.
Şehzadeyle birlikte Amasya'ya âdeta küçük bir ordu gidiyordu. Vezirler, lalalar, hocalar, muhafızlar, arkadaşlar...
Fatih Sultan Mehmet, oğlunu son bir defa öpüp kokla-

dıktan sonra annesine teslim etti. Anne-oğul, arabaya binene kadar bekledi. Nihayet kamçılar şaklatıldı, arabalar hareket etti. Uğurlayanların içinde en mahzunu da en metin görüneni Fatih Sultan Mehmet'ti. Ne de olsa söz konusu devletin menfaatleri gereği, acıyı bal eylemeyi öğrenmişti.

PADİŞAHIN ELİ KESİLE...

Fatih Sultan Mehmet, Edirne'de bulunsa bile zaman zaman İstanbul'a gidiyor, devlet görevlilerini teftiş ediyordu.
Yine böyle bir gündü.
Kadı Hızır Çelebi'nin makam odasındaydılar.
Havadan sudan konuşsalar da Hızır Çelebi, padişahın asıl niyetini biliyordu.
- Teftişimizi alnımızın akıyla verdik mi Hünkâr'ım?
- Aman hocam, teftiş ne kelime, benimki bir nezaket ziyareti işte...
- Öyle olsun. Memnun kaldınız mı bari bu ziyaretten?
- Çok memnun kaldım çok... Sizin gibi değerli bir kadı'ya sahip olmak bizim için büyük bir nimet...
- Sağ olun padişahım. Şimdi size hoşunuza gitmeyeceğini tahmin ettiğim bir haberim var.
Fatih Sultan Mehmet, meraklandı:
- Hayrola hocam, neymiş bu haber?
- Dışarıda bir adam var... Eli kesik bir adam...
- Bunun benimle ne ilgisi var?
- Bu adam bir Rum Mimar... Fatih Camii'nin inşaatı sırasında...
- Şimdi hatırladım. Bu adam, inşaatta kullanılacak mermer sütunları gereksiz yere kestirmişti, ben de...

- Siz de onun elini kestirdiniz.
- Evet, aynen öyle oldu.
- Bu adam bize gelerek sizden şikâyetçi oldu. Geleceğinizi bildiğim için kendisini buraya çağırttım.
- İyi etmişsiniz, gelsin de yüzleşelim.
- Öyle değil. Mahkeme salonuna geçeceğiz. Kendinizi orada savunacaksınız.

Fatih Sultan Mehmet, hafifçe terlemeye başladı. Başka çaresi yoktu. Mahkeme salonuna geçtiler. Rum mimar, adı okunarak salona çağırıldı, davacı sıfatıyla kendine ayrılan yerde ayakta beklemeye başladı. Padişah, oturduğu yerden mimarı süzüyordu.

Kadı Hızır Çelebi,
- Beyim, davacı ile hukuk önünde yüzleşeceksin, ayağa kalk deyince mahcup bir şekilde ayağa kalktı.

Şimdi Rum mimar ile Osmanlı padişahı, aynı konumdaydı.

Hızır Çelebi, padişaha,
- Bu adam sizden davacı... Elini haksız yere kestirdiğinizi düşünüyor. Bu konuda ne diyeceksiniz?
- Bir haksızlık yaptığımı düşünmüyorum. Cami inşaatında kullanılacak sütünları kesmenin cezasını verdim sadece.

Hızır Çelebi, Rum mimarı da dinledikten sonra,
- Birazdan hakkınızdaki karar verilecektir. Duruşmaya 10 dakika ara veriyorum.

Bu 10 dakika boyunca Fatih Sultan Mehmet de Rum mimar da kendisini diğerinin yerine koydu. Rum mimar, padişahın devletin işlerinde ne kadar titiz olduğunu düşünüyordu. Bu konularda hiçbir hatayı affetmiyordu. Padişah ise bir an kendi elinin kesildiğini farz etti. Canı yandı, kızgınlıktan ne yapacağını bilemedi. Rum mimara haksızlık yaptığını düşündü.

Duruşma yeniden başladı. Hızır Çelebi,
- Gereği düşünüldü, dedi. Padişah II. Mehmet'in, davacının elini haksız yere kestirdiği anlaşıldığından... Salonda bütün nefesler tutulmuştu. Acaba ne karar verilecekti? Hızır Çelebi devam etti:
- Kısasa kısas hükmü gereğince Osmanlı padişahının elinin kesilmesine...

Padişah şaşkınlık içerisindeydi. Buna rağmen boynunu bükmüş, hükme rıza göstermişti.
Rum mimar şaşkınlıktan öte ne yapacağını bilemez hâlde... Eli ayağı titriyor sadece... Kendine gelir gelmez,
- Kadı Efendi, Kadı Efendi; davamdan vaz geçtim. İslam adaletinin büyüklüğü karşısında küçüldüm. Böyle bir padişahın elini kestirip kıyamete kadar lanetlenmeyi göze alamam, dedi.

Hızır Çelebi,
- Davandan vaz geçmen, padişahın ceza almayacağı anlamına gelmez. Onu, sana tazminat ödemeye mahkûm ediyorum. Duruşma bitmiştir.

Hızır Çelebi, duruşmanın bittiğini söyler söylemez Padişah, Rum mimara,
- Düşündükçe bu olayda hatalı olduğumu anlamaya başladım. Hakkını helal et. Tazminatını fazlasıyla ödeyeceğim. Ayrıca sana bir de ev alacağım.

Öteden, Hızır Çelebi'nin sesi duyuldu:
- Bütün bunları şahsi paranızla ödemeniz gerektiğini...
Fatih, Hızır Çelebi'nin sözünü tamamladı:
- Elbette biliyorum. Özel işlerimde devlet malını kullanarak haram yediğimiz görülmemiştir elhamdülillah.

Duruşma salonu boşaldı. Padişahla Hızır Çelebi yalnız

kaldılar. Her ikisi de birbirlerine manalı manalı bakıyordu. Belli ki söyleyecek sözleri vardı. Padişah erken davrandı:

- Eğer bu davada padişah olduğum için bana iltimas eyleseydin, kılıcımla kafanı uçururdum!

Hızır Çelebi'nin cevabı, Fatih'inkinden geri kalır değildi:

- Siz de padişahlığınıza güvenip hükmü tanımasaydınız masamın altında duran şu topuzla başınızı ezerdim!

FETİH AŞKI BİTMEZ

Fatih Sultan Mehmet'in adaleti, komşu devletlerin takdirini kazanmaya başladı. Mora ve eski Yunan medeniyetinin merkezi olan Atina, kendi istekleriyle Osmanlı Devleti'ne katıldı. Böylece Balkanların neredeyse tamamı Osmanlı sınırlarına dâhil olmuştu.

Bu bölgeyi sağlama alan Fatih Sultan Mehmet, yönünü bu sefer Anadolu'ya çevirdi.

1461 yılının bir bahar günüydü. Ordu ve donanma sefere çıkmıştı fakat nereye gidildiğini padişahtan başka bilen yoktu. Gerçek, yakında anlaşılacaktı. Nitekim Amasra'ya hâkim olan Cenevizliler bir sabah Osmanlı ordusunu ve donanmasını karşılarında görüverdiler. Şaşkınlıkları geçince karşı koymanın gereksiz olduğunu anladılar ve çareyi teslim olmakta buldular. Böylece Amasra, kan dökülmeden Osmanlı'ya katılmış oldu.

Amasra yakınlarında Sinop vardı. Burası İsfendiyaroğullarının merkeziydi. Bir beylik hâlinde Osmanlı'ya bağlıydı. Fakat Fatih, buranın da tamamen Osmanlı topraklarına katılmasını istiyordu. Henüz kuşatma başlamadan Sadrazam Mahmud Paşa, beyliğin başındaki İsmail Bey'le temasa geçti. Yapılan görüşmelerden sonra İsmail

Bey, şehri Osmanlı'ya teslim etti. Bu dostane hareketiyle de Fatih'in takdirini kazandı. Artık o, Osmanlı'ya bağlı Filibe'nin sancak beyiydi.

Hemen herkes sırada Trabzon olduğunu düşünüyordu. Fatih, bir kere daha tahminleri alt üst etti. Padişahın orduları Sivas üzerinden Erzincan'a doğru ilerlemekteydi.

Daha önce Uzun Hasan'ın elde ettiği Koyulhisar kalesi üç günlük bir kuşatmanın ardından geri alındı. Hemen her yerde Fatih Sultan Mehmet'ten üstün olduğunu ifade eden Uzun Hasan gafil avlanmıştı. Bu itibarla bir elçilik heyetini padişaha gönderdi. Heyette Uzun Hasan'ın annesi Sara Hatun, Çemişgezek Beyi Kürt Hasan'la birlikte dönemin en büyük astronomi âlimi Ali Kuşçu da yer alıyordu.

Uzun Hasan'ın annesi Sara Hatun, ilerlemiş yaşının verdiği olgunlukla konuştu:

- Fatih Sultan Mehmet Bey oğlum...
- Seni dinliyorum anne...
- Mademki bana anne diyorsun, dediklerimi yaparsın.
- Bu biraz da ne diyeceğine bağlı...
- Anneler evlatları için kötü bir şey diyemez.
- Bilirim anne, bilirim.

-Diyeceğim şu ki aranızda vuruşmayın, boş yere kardeş kanı dökülmesin.

- İyi dersin anne, ben de bunu isterim lakin...
- Bu işin lakini yok oğul; artık Uzun Hasan, senin karşına çıkmayacak.
- Bu yetmez...
- Daha ne istersin?
- Trabzon Rum İmparatorlu'ğuna yardım etmeyecek...
- Tamamdır; oğlum, bu isteğini de yerine getirecektir.

Fatih bu sefer heyette bulunan Ali Kuşçu'ya döndü:
- Hocam, sizin şöhretinizi duymayan kalmadı. Görüyorum ki siz sadece büyük bir astronomi, matematik, dilbilimi âlimi değil, aynı zamanda bir "arabulucu" imişsiniz.
- Söz konusu kardeş kavgası olunca padişahım, bu savaşı durdurmak bize düştü. Ama gördüm ki Sara Hatun savaşı başlamadan bitirdi bile...
- Yalnız o değil, hepiniz değerlisiniz benim yanımda.
- Eksik olmayın padişahım.
- Sana başka bir şey söylesem?
- Buyurun?
- Biz seferlere devam ederken sen İstanbul'a gitsen; akrabalarından, değer verdiğin ilim adamlarından istediğin kadarını da yanına alsan nasıl olur? Ayasofya Üniversitesinin sana ihtiyacı var!

Ali Kuşçu, bu beklenmedik teklif karşısında bir an şaşırdı. Sonra da,
- Sizinle birlikte çalışmak benim için şereftir padişahım, dedi.
Padişah, yeniden Sara Hatun'a döndü:
- Anne, Ali Kuşçu'yu İstanbul'a gönderiyoruz. Ama sen, bir müddet daha bizim misafirimiz olacaksın. Çemişgezek Beyi Kürt Hasan, durumu Uzun Hasan'a iletir.
Sara Hatun, ne diyeceğini bilemedi. Ama şunu anladı ki padişah, Uzun Hasan'a hâlâ güvenmez. Bu yüzden kendisini bırakmaz. "Padişah beni esir aldı." diye düşünse de bunu dillendirmedi.

***

Fatih ve ordusu Trabzon'a doğru çetin bir yolculuğa

çıktı. Engebeli arazide ilerlemek oldukça zordu. Sara Hatun bir ara padişaha,

- Oğul, senin gibi nice beyleri kapısında ırgat diye çalıştıran bir padişahın kuş tüyü yataklarda yatması lazım gelirken bir Trabzon Kalesi için bunca sıkıntıya değer mi? Burasını da gelinime bağışlasan olmaz mı, diye sordu.

Padişah,

- Sen bizim bu eziyeti bir Trabzon Kalesi için mi çektiğimizi zannedersin? Bizim elimizde tuttuğumuz kılıç, İslam kılıcıdır. Bu yolda cefa çekmezsek bize gazi demek yalan olmaz mı? Allah rızasını kazanmak yolunda bu sıkıntılardan daha çoğunu bile çekmeye razıyım.

Sara Hatun, alacağını almıştı. Artık bu konuda hiç konuşmadı.

Donanma, ordudan bir ay önce gelmişti Trabzon'a. Şehrin kalesini top atışlarıyla yıkmaya çalışıyordu. Fakat henüz ciddi bir başarı elde edememişti. Tam ümitsizliğe düşeceklerken, Fatih ve ordusu yetişmişti işte. Hem de aşılmaz denilen yolları aşarak. İmparator David, bu durumda iyice kapana kısıldığını düşündü. Uzun Hasan'ın annesinin de Fatih'in yanında olduğunu öğrenince iyice yıkıldı. Artık dostu Uzun Hasan'ın kendisine yardım etmesi mümkün değildi.

İmparator zeki bir adamdı. Osmanlı'yla savaşa devam etmektense şehri teslim etmeyi uygun buldu. Böylece Trabzon Rum İmparatorluğu 15 Ağustos 1461'de tarihe karıştı.

Fatih, Trabzon Rum askerlerinin mallarını Osmanlı askerine dağıttı. Hazinenin en kıymetli eşyalarını da Sara

Hatun'a hediye etti. Bununla da yetinmedi, ilk eşi Gülbahar Hatun'dan olan kızı Gevher Sultan'ı Uzun Hasan'ın oğlu Uğurlu Mehmet Bey'le evlendirdi. Amacı, bu yolla Anadolu'daki Türk birliğini sağlama almaktı.

***

Fatih Sultan Mehmet, Trabzon'un fethinden sonra Edirne'ye döndü. Kendisi Anadolu seferindeyken Balkanlar yeniden hareketlenmişti.

Büyük padişah 1462'de, yaptırdığı insanlık dışı işkencelerle "Kazıklı Voyvoda" olarak ünlenen Eflak voyvodasını dize getirdi. Böylece Eflak toprakları, Osmanlı Devleti'nin sınırlarına dâhil oldu. Fatih'in bu başarısı kendisine düşmanlık besleyen devletleri iyice sindirdi.

Bosna, Hersek, Midilli, Macaristan, Arnavutluk, Eğriboz, birbiri ardı sıra Osmanlı hâkimiyetine girdi. Özellikle Bosna halkı, gördükleri iyi muamele sonunda Müslümanlığı kabul etti.

Fatih'in Avrupa seferlerini fırsat bilen Karamanoğulları, Sancakbeyi Şehzade Mustafa'ya rağmen isyan ederek Larende'yi geri aldılar. Üzerlerine gönderilen Rum Mehmet Paşa'yı da mağlup ettiler. Hatta Paşa, canını zor kurtardı. Padişah bu sefer Karamanoğullarının üzerine Sadrazam İshak Paşa'yı gönderdi. Konya civarındaki bütün toprakları elinden alınan Karamanoğulları Devleti, tarih sahnesinden silinmiş oldu.

Karamanoğullarının akibeti, Akkoyunluların hoşuna

gitmedi. Uzun Hasan, defalarca yenilmesine rağmen Osmanlı'ya başkaldırmaktan geri durmuyordu. Askerinin çokluğu, ona her şeyi yapabilme cesareti veriyordu. Sayıca Uzun Hasan'ın ordusundan daha az olan Osmanlı ordusunun en büyük avantajı başlarında Fatih Sultan Mehmet gibi bir padişah bulunmasıydı. Nitekim Otlukbeli'de karşılaşan iki ordudan galip geleni, Osmanlı ordusu oldu. Uzun Hasan, bu sefer bir elçi göndererek barış istedi. Bir daha Osmanlı topraklarına saldırmaması şartıyla teklifi kabul edildi. Fakat o, sözünü yine tutmadı ve bu sefer de Venediklilerle temasa geçti. Ne çare ki Venediklilerin Osmanlı'ya karşı koyacak güçleri kalmamıştı. Bütün Avrupa, Fatih Sultan Mehmet'in gücünü kabul etmek zorunda kaldı.

***

Fatih, kendinden emin bir şekilde topraklarını büyütmeye devam ediyordu.

Kırım, Boğdan ve İşkodra'nın Osmanlı topraklarına katılması zor olmadı. Padişahı sadece Venedikliler biraz uğraştırdı. Sonunda onlar da Fatih'e boyun eğmek zorunda kaldılar.

Venedik konusu sağlam bir şekilde çözüldükten sonra padişah, dikkatini İtalya'ya çevirdi. Önce Temmuz 1480'de bu bölgeye yakın olan Otranto üzerine yürüdü. Şehir, iki koldan yapılan hücuma dayanamadı ve teslim oldu. Fatih, Otranto zaferiyle Batı Akdeniz'de İtalya hâkimiyeti için bir üs elde etmiş oldu. Bu durum, Papalık tarafından endişeyle karşılandı. Şayet Roma, Fatih'in eline geçerse Papa da padişahın himayesine girmiş olacaktı. Bu ise Hristiyan dünyasının kabul edebileceği bir şey değildi. Bu yüzden Papa, Avrupa devletlerini Türklere karşı yeniden birleşmeye çağırdı. Bu çağrı karşılık bulmadı. Avrupa devletleri Osmanlı ordusunun karşısına çıkmaya cesaret edemedi.

FATİHLER DE ÖLÜR...

1481 yılına girildiğinde Fatih'in gündeminde üç konu vardı:

Mısır'da hüküm süren Memlük Devleti'ni ortadan kaldırmak,

Rodos ve çevresindeki bütün adaları teslim almak,

Ve nihayet İtalya'nın fethi...

1481 baharında padişahın tuğları Üsküdar'da dalgalanmaya başlamıştı bile. Mehter, en güzel marşlarını çalıyor; asker, sefer için tetikte bekliyordu. Fakat vezirler dâhil kimse seferin yönünü bilmiyordu. Sadece tahminler yapılıyordu o kadar.

Aradan üç gün geçmesine rağmen sefer emri verilmemişti. Asker, nereden bilebilirdi ki padişahın hastalığı artmıştır. Ayaklarındaki nikris, şiddetini o kadar artırmıştır ki koca Sultan, atına dahi binememiştir.

Nihayet sefer emri verilmiştir fakat hedef hâlâ belli değildir. Padişah, bütün gücünü toplayarak ancak at arabasıyla yola çıkabilmiştir.

Kısa bir müddet sonra at arabasına dahi binemeyecek duruma gelen Fatih, orduya konaklama emri vermiştir. Bulundukları yer, Gebze yakınlarındaki Hünkâr Çayırı denilen yerdir.

Cihan padişahı, otağında dinlenmeye çalışmaktadır. Ağrıları o kadar fazladır ki dinlenmek bile azaptır onun için.

Başta vezirleri olmak üzere yakın çevresindeki herkes, kaçınılmaz sonun yakın olduğunu düşünmektedir.

Otağa çağrılan hafızlar, padişahın başucunda Kur'an-ı Kerim okumaya başlamıştır. Sadece onlar değil elbette, otağda bulunan herkes ezberden bildikleri sureleri okumakta ve sultanları için dualar etmektedir.

Fatih'in otağından çok uzakta, Göynük'te de buna benzer bir sahne yaşanmaktadır. Akşemseddin, kendisine malum olmuş gibi İstanbul fatihi için Kur'an-ı Kerim okumaktadır.

Fatih'in her an yanında bulunan doktorları, otağın bir köşesinde durum değerlendirmesi yaparlar. İranlı başhekim, yardımcılarına sorar:
-Hünkârın tedavisinde eksik kalan bir şey var mıdır?
-Yoktur efendim...
-İsterseniz bir de padişahın eski başhekimi Yakup Bey'i çağıralım. Bir de onun görüşünü alalım.
-Olur efendim, padişahı kurtarmak için ne lazımsa yapmak boynumuzun borcudur.

Yakup Bey, kısa sürede ordugâha ulaştı.
Eski ve yeni doktorlar, padişaha uygulanan tedaviyi tartıştılar.
Yakup Bey,
-Yapılacak her şeyi yapmışsınız. Ben de olsam bunları yapardım.
-Ama padişahımızı kurtaramıyoruz.
-Bizler, inanmış insanlarız. Biliriz ki fatihler de ölür...
Bu cümle, gerçeği ifade etmesine rağmen doktorları

kızdırdı. Özellikle İranlı başhekim,

- Senden nasihat değil çare istedik Yakup Bey, çare...
- Haklısınız. Birden boş bulundum işte. Bağışlayın beni...
- Çare Yakup Bey, çare?
- Son çare olarak ayağından kan alalım. Bakalım tahliller nasıl çıkacak...

Bu yöntem aslında bilinen bir yöntemdi fakat sadece son demini yaşayan hastalara uygulanırdı.

Büyük padişahın ayağından alınan kan örnekleri tahlil edildi. Görüldü ki vücutta gereğinden fazla biriken asit, eklemleri istila etmiştir. Bacaklardaki ve ayaklardaki şiddetli ağrının sebebi budur. Üstelik ağrıyan bölgelerde bir insanın kaldıramayacağı kadar iltihap birikmiştir.

Bu sonuç doktorları şaşırtmadı. İranlı başhekim,

- Padişahımız efendimize kendisini bu kadar yormaması gerektiğini söylemiştik.

Eski başhekim Yakup Bey,

- Biz de efendim, biz de söylemiştik kendinizi bu kadar yormayın diye...
- Dinletemedik.
- Biz de öyle...
- İçimdeki fetih aşkı sönmedikçe seferlere devam edeceğim, diyordu.
- Feth-i Mübin'e layık olmaya çalışıyordu.
- Bir keresinde, artık dinlenseniz dediğim için, Allah'ın razı olduğu bir kul olmayayım mı, diye beni azarlamıştı.
- Peygambere layık bir ümmet olmak yolunda sakın bana engel olmaya kalkışmayın, diyordu.

Doktorlar kendi aralarında böyle fısıldaşırken duydukları cılız bir sesle irkildiler:

- Eşhedü en lâ ilâhe illallah ve eşhedü enne Muhammeden Resulullah...
Ardından, hafızların sesi duyuldu:
- İnna lillahi ve inna ileyhi raciun...

Sonrası, sakalları ıslatan gözyaşları...
Sonrası, otağın içinde yankılanan hıçkırıklar...
Sonrası, vezirlerin telaşı...
Sonrası, veziriazamın sükûnet telkin eden sesi...
Sonrası, padişahın vefatının askere duyurulmaması kararı...

Tarih 3 Mayıs 1481'di.
Osmanlı tahtında 30 yıl hüküm sürmüş, İstanbul'un fethiyle Ortaçağ'ı kapatıp Yeniçağ'ı açmış, 964 bin kilometrekare olarak teslim aldığı Osmanlı topraklarını 2 milyon 214 bin kilometrekareye çıkarmış Gazi Fatih Sultan Mehmet Han, bu dünyadaki ömrünü tamamlamış, ebedi âlemde yepyeni bir sefere çıkmıştı.

Fatih'in çıktığı bu yeni seferde yanında kimse yoktu.
Ne eşleri ve çocukları ne de onların birbirleriyle yürüttükleri iktidar kavgaları;
Ne vezirleri ne de onların ayak oyunları;
Ne âlimliği ne de hocaları;
Ne şairliği ne de içli mısraları;
Ne mal, ne mülk, ne para, ne pul, ne taht, ne taç...
Hiçbir şey, ama hiçbir şey yoktu yanında.
Sadece kocaman kavuğuna sararak yıllardır başının üstünde taşıdığı kefeni vardı yanında. Evet, koca padişah, yıllardır başında taşıdığı kefene sarılmıştı.
Cihan padişahı giderken yapayalnızdı ama yanında

muazzam bir dua ordusu vardı.
Onun yeri artık Fatih Külliyesi'ydi.
Bir zamanlar ancak sınavla bir oda edinebildiği Fatih Külliyesi, şimdi ağır misafirini bekliyordu. Bu, o kadar ağır bir misafirdi ki yer nasıl dayanacaktı bilinmez? Yürekler nasıl kaldıracaktı, belli değil... Ama kara toprak bu... Kim gelmiş ki koynuna kabul etmemiş? Kim gelmiş ki yerim yok demiş?

***

Bugün, Kurban Bayramı'nın ilk günüydü.
Yazar adayı, saatlerdir bütünleştiği koltuğa şöyle bir yaslandı. Aylardır üzerinde çalıştığı romanın ilk hâlini bitirmişti. Gönül dünyasında, kendisine desteklerini esirgemeyen herkese şükranlarını sundu.
Sonra da yüce Yaradan'a şöyle dua etti:

"Sana sonsuz şükürler olsun ya Rabbi! Senin yardımın olmasaydı bu romanı bitiremezdim.
Peygamber Efendimize (sav) sonsuz salât ü selam olsun ya Rabbi! Habibinin himmeti olmasaydı bu roman yarım kalırdı.
Fatih Sultan Mehmet kuluna sonsuz teşekkürler olsun ya Rabbi! Onun manevi destekleri olmasaydı bu romana başlayamazdım bile.
Ya Rabbi, âciz bir kulun olarak Senin tükenmez hazinenden bir şey daha istiyorum:
İçinde bulunduğumuz mübarek günlerin yüzü suyu hürmetine bu aciz kuluna sadaka-i cariye olacak eserler vermeyi nasip eyle.
Senin her şeye gücün yeter.
Âmin."